성경 이야기와
한국 이야기

성경 이야기와
한국 이야기

최운식 지음

보고사
BOGOSA

머리말

　2020년 봄에는 코로나19의 창궐로 사회 분위기도 크게 달라졌고, 개인의 일상생활도 많은 제약을 받고 있다. 필자의 경우를 보면, 사회적 거리두기 실천에 따라 교회에 가서 예배드리지도 못하고, 집에서 영상예배를 드리고 있다. 강의에 나가는 일도, 친구들과의 모임을 비롯한 친교 모임도 다 미루고, 외출을 삼가고 있다. 그러다 보니, 밖에 나가는 일은 사람이 적은 시간대에 공원에 나가 걷거나, 집 뒤에 있는 금호산을 지나 매봉산 팔각정까지 다녀오는 일이 전부이다. 이런 일과가 몇 달째 계속되고 있고, 이 일이 언제 풀릴지도 모르는 답답한 상황이다.

　이러한 때에 나는 무엇인가 뜻있는 일을 해야 한다는 생각에서 여러 가지 궁리를 하였다. 그런 중에 문득 한국의 설화와 민속을 공부하기 시작하면서 가졌던 생각이 떠올랐다. 성경에 나오는 이야기와 그에 대응되는 한국 이야기를 비교하여 공통점과 차이점을 찾아보고, 이들 이야기가 지닌 교훈적·신앙적 의미를 정리해 보겠다고 했던 일이다. 그래서 곧바로 이 일을 시작하였다.

　이야기는 어떤 사물이나 사실, 현상에 대하여 일정한 줄거리를 가지고 하는 말이나 글이다. 이야기는 사실을 바탕으로 만들어질 수도 있고, 이야기를 만드는 사람의 상상력이나 영감에 의해 꾸며질 수도 있다. 성경에는 많은 이야기가 수록되어 있다. 그중 몇몇 이야기는 그에 대응할 만한 이야기가 한국에서 구전 또는 문헌 기록으로 전해 온다.

성경 이야기와 대응해 살펴보려고 하는 한국의 이야기는 학계에서 '설화'라고 하는 이야기 자료이다. 설화는 우리 민족이 생활 속에서, 공동의 의식에 의해 형성된, 일정한 구조를 가진 이야기이다. 그중에는 진실하고 신성하다고 믿는 신화도 있고, 실제로 있었다고 주장하며 증거물을 제시하는 전설도 있으며, 흥미 위주의 민담도 있다. 그 속에는 우리 민족의 역사·신앙·관습·세계관, 꿈과 낭만·웃음과 재치, 또는 생활을 통해서 얻은 교훈이나 역경을 이겨내는 슬기와 용기 등이 문학적으로 형상화되어 있다.

성경 이야기에는 인간에 대한 하나님의 사랑과 은총, 우주 만물을 주관하시는 깊은 뜻과 계획이 녹아 있다. 이러한 이야기를 한국의 이야기와 비교하는 것이 성경의 신성함을 격하시키는 일이 되지는 않을까 하는 걱정스런 생각도 들었다. 그러나 성경 이야기와 한국의 이야기를 비교하는 것은, 성경 이야기의 내용을 바르게 이해하고, 이질감을 해소하는 데에 도움을 줄 수 있을 것이라는 생각이 더 강하게 들었다. 외래종교인 기독교의 성경 이야기를 바르게 이해하는 데에는 한국 이야기에 대한 이해가 전제될 때 더욱 효과적이기 때문이다.

성경 이야기는 아무 의심 없이 '신성하고', '진실하며', '사실'이라고 믿어야 한다. 이것은 기독교 신앙의 바탕이 되는 말이다. 그러나 무조건 믿으라고 하는 것보다는 진실성과 사실성에 관해서도 생각해 보고, 그 이야기가 갖는 의미가 무엇인가를 이해하는 바탕 위에서 믿음이 형성되어야 참된 믿음이 될 수 있다. 성경 이야기를 무조건 믿다가 뒤늦게 한국이나 다른 나라의 이야기에 비슷한 이야기가 있다는 것을 알게 될 때에는 믿음의 기반이 흔들릴 수 있다. 사전에 두 이야기를 알고, 그 의미를 이해해 두면 이런 일은 일어나지 않을 것이다.

한국의 이야기는 우리가 어려서부터 접해 왔기 때문에 우리와 아주 친숙하다. 그러므로 한국 이야기는 우리들에게 흥미와 함께 역사적 지식과 교훈을 주었고, 민족적 자부심과 긍지도 갖게 해 주었다. 이러한 이야기를 바르게 이해하는 바탕 위에서 성경 이야기를 이해하고, 공통점과 차이점을 알게 되면, 성경 이야기가 지니고 있는 의미와 가치 이해에 더 가까이 다가갈 수 있을 것이다.

이 책은 다음의 세 가지 요령으로 집필하였다. 첫째, 성경에 나오는 이야기를 바르게 이해할 수 있도록 하였다. 그래서 『새번역 성경』의 내용을 원문 그대로 적고, 이해를 돕기 위한 설명을 곁들였다. 지금 많은 교회에서 『성경전서 개역개정판』을 사용하고 있으므로, 이를 텍스트로 하면 친근감이 있어 좋을 것이라는 생각도 하였다. 그러나 『성경전서 개역개정판』은 어려운 한자어와 모호한 표현, 쉼표와 마침표도 없이 길게 쓴 문장, 잘못 이해할 소지가 있는 표현, 뜻을 분명하게 드러내지 못하는 표현, 표현이 적절하지 않은 문장, 현대에 쓰지 않는 표현이 많다. 그래서 읽기에 불편하고, 내용 이해에 어려움이 많다. 특히 기독교 신자가 아닌 일반 교양인의 경우에는 이해하기 어려운 글이 될 수도 있다. 그래서 이런 문제가 없는 『새번역 성경』을 텍스트로 삼았다. 둘째, 한국 이야기의 전체 또는 요지를 소개하고, 한국설화 연구의 성과를 압축하여 설명함으로써 이를 바르게 이해할 수 있게 하였다. 셋째, 두 이야기를 비교하여 공통점과 차이점을 정리하였다. 이 과정에서 성경 이야기가 지니고 있는 신성성과 신앙적 의미도 간단히 언급하였다.

필자는 한국 설화와 민속을 연구한 사람으로, 어려서부터 신앙생활을 하였고, 교회 장로로 봉직하였으나 신학을 전공하지 않았으므로, 성경에 대한 지식은 부족하기 짝이 없다. 그래서 이 책의 집필이 무모한 일이 아닐까 하는 생각도 들었다. 그러나 한국 이야기를 공부한 기독교인 중 누군가는 해야 할 일이라는 생각에서 용기를 냈다. 이 책이 한국 이야기의 이해를 바탕으로, 성경 이야기를 바르게 이해하는 데에 도움이 되었으면 좋겠다.

필자와 같은 전공의 기독교인으로서, 성경 이야기와 한국의 이야기에 관해 자주 의견을 나누어 온 김기창 전 백석대학교 교수(백석대학교회 원로장로)와 이복규 서경대학교 교수(서울산성교회 장로, 국문학 및 신학 전공)가 이 책의 초고를 꼼꼼하게 검토해 주어서 큰 힘이 되었다. 고마운 마음을 이 책에 담아 둔다. 그리고 이 책의 출판을 맡아준 보고사 김흥국 대표와 편집을 위해 수고한 황효은, 표지를 예쁘게 디자인해 준 오동준 씨에게 감사한다.

2020년 8월 15일
의재서실에서 최운식 적음

차례

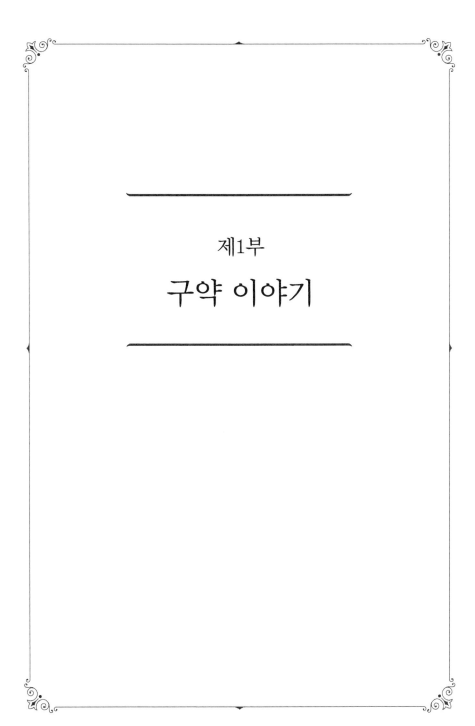

제1부

구약 이야기

❧ 1 ❧
천지의 창조와 개벽

사람들은 오래전부터 '우주 만물은 어떻게 해서 생겼을까?'에 관해 골똘히 생각하며 답을 찾으려고 애를 썼다. 그 결과 천지창조설과 천지개벽설이 대두되었다. 또 진화설과 빅뱅(Big Bang)설도 나왔다.

천지창조설은 위대한 신인 하나님이 천지를 만드셨다는 것으로, 성경에 기록되어 널리 알려졌다. 천지창조설은 성경을 기록한 유대인들에 앞서 이집트, 바빌론, 아시리아 사람들이 만든 이야기가 있었고, 그보다 더 앞서 수메르 사람들이 만든 이야기가 있었다. 중국과 인도에도 창조신화가 있었으며, 몽고와 터키 등 유라시아의 유목민들도 창조신화를 가지고 있었다.

천지개벽설은 태초에 우주는 혼돈 상태에서 하늘과 땅이 열리고, 만물이 생겼다는 것으로, 중국에서 시작되었다. 진화설은 사람이 동물에서 진화한 것이라는 주장이다. 빅뱅설은 약 150억 년 전 초기 우주가 매우 높은 온도와 밀도에서 대폭발을 일으켜 현재의 우주가 탄생하였다는 주장이다.

성경은 천지창조설을 받아들여 하나님이 천지만물을 창조하는 과정을 상세히 설명한다. 한국의 역사서인 『삼국사기(三國史記)』와 『삼국유사(三國遺事)』에는 천지창조 같은 이야기가 없다. 그러나 오래전부터 구전되어 온 무가(巫歌)에는 하늘과 땅, 사람이 어떻게 하여 생겼는가에 관해 이야기한다. 이런 자료에는 천지창조설과 천지개벽설이 혼합되어 나타난다.

천지창조 이야기

태초에 하나님이 천지를 창조하셨다. 성경에는 하나님이 말씀으로 우주 만물을 만드시는 과정이 구체적으로 표현되어 있다.

태초에 하나님이 천지를 창조하셨다. 그때 땅이 혼돈하고 공허하며, 어두움이 깊음 위에 있고, 하나님의 영은 물위에 움직이고 계셨다.

하나님이 말씀하시기를 "빛이 생겨라" 하시니, 빛이 생겼다. 그 빛이 하나님 보시기에 좋았다. 하나님이 빛과 어둠을 나누셔서, 빛을 낮이라 하시고, 어둠을 밤이라고 하셨다. 저녁이 되고, 아침이 되니, 하루가 지났다.

하나님이 말씀하시기를

"물 가운데 창공이 생겨, 물과 물 사이가 갈라져라."

하셨다. 하나님이 이처럼 창공을 만드시고서, 물을 창공 아래에 있는 물과 창공 위에 있는 물로 나누시니, 그대로 되었다. 하나님이 창공을 하늘이라고 하셨다. 저녁이 되고 아침이 되니, 이튿날이 지났다.

하나님이 말씀하시기를

"하늘 아래에 있는 물은 한곳으로 모이고, 뭍은 드러나거라."

하시니, 그대로 되었다. 하나님이 뭍을 땅이라 하시고, 모인 물을 바다라고 하셨다. 하나님이 보시기에 좋았더라. 하나님이 말씀하시기를

　"땅은 푸른 움을 돋아나게 하여라. 씨를 맺는 식물과 씨 있는 열매를 맺는 나무가 그 종류대로 땅 위에서 돋아나게 하여라."

하시니, 그대로 되었다. 땅은 푸른 움을 돋아나게 하고, 씨를 맺는 식물을 그 종류대로 돋아나게 하였다. 하나님 보시기에 좋았더라. 저녁이 되고 아침이 되니, 사흘날이 지났다.

　하나님이 말씀하시기를

　"하늘 창공에 빛나는 것들이 생겨서, 낮과 밤을 가르고, 계절과 날과 해를 나타내는 표가 되어라. 또 하늘 창공에 있는 빛나는 것들은 땅을 환히 비추어라."

하시니, 그대로 되었다. 하나님이 두 큰 빛을 만드시고, 둘 가운데서 큰 빛으로는 낮을 다스리게 하시고, 작은 빛으로는 밤을 다스리게 하셨다. 또 별들도 만드셨다. 하나님이 빛나는 것들을 하늘 창공에 두시고 땅을 비추게 하시고, 낮과 밤을 다스리게 하시며, 빛과 어둠을 가르게 하셨다. 하나님이 보시기에 좋았다. 저녁이 되고 아침이 되니, 나흘날이 지났다.

　하나님이 말씀하시기를,

　"물은 생물을 번성하게 하고, 새들은 땅 위 하늘 창공으로 날아다녀라."

하셨다. 하나님이 커다란 바다 짐승들과 물에서 번성하는 움직이는 모든 생물을 그 종류대로 창조하시고, 날개 달린 모든 새를 그 종류대로 창조하셨다. 하나님 보시기에 좋았다. 저녁이 되고 아침이 되니, 닷샛날이 지났다.

　하나님이 말씀하시기를,

　"땅은 생물을 그 종류대로 내어라. 집짐승과 기어 다니는 것과 들짐승을 그 종류대로 내어라."

하시니, 그대로 되었다. 하나님이 들짐승을 그 종류대로, 집짐승도 그 종류대로, 들에 사는 모든 길짐승도 그 종류대로 만드셨다. 하나님 보시기에 좋았다. 하나님이 말씀하시기를,

"우리가 우리의 형상을 따라서, 우리의 모양대로 사람을 만들자. 그리고 그가, 바다의 고기와 공중의 새와 땅 위에 사는 온갖 들짐승과 땅 위를 기어 다니는 모든 길짐승을 다스리게 하자."

하시고, 하나님이 당신의 형상대로 사람을 창조하셨으니, 곧 하나님의 형상대로 사람을 창조하셨다. 하나님이 그들을 남자와 여자로 창조하셨다. 하나님이 그에게 복을 베푸셨다. 하나님이 그들에게 말씀하시기를

"생육하고 번성하여 땅에 충만하여라. 땅을 정복하여라. 바다의 고기와 공중의 새와 땅 위에서 살아 움직이는 모든 생물을 다스려라."

하셨다. 하나님이 말씀하시기를,

"내가 온 땅 위에 있는 씨 맺는 모든 채소와 씨 있는 열매를 맺는 모든 나무를 너희에게 준다. 이것들이 너희의 먹거리가 될 것이다. 또 땅의 모든 짐승과 공중의 모든 새와 땅 위에 사는 모든 것, 곧 생명을 지닌 모든 것에게도 모든 푸른 풀을 먹거리로 준다."

하시니, 그대로 되었다. 하나님이 손수 만드신 것을 보시니, 보시기에 참 좋았다. 저녁이 되고, 아침이 되니, 엿샛날이 지났다.

하나님은 하늘과 땅과 그 가운데 있는 모든 것을 다 이루셨다. 하나님은 하시던 일을 엿샛날까지 다 마치시고, 이렛날에는 하시던 모든 일에서 손을 떼고 쉬셨다. 이렛날에 하나님이 창조하시던 모든 일에서 손을 떼시고 쉬셨으므로, 하나님은 그날을 복되게 하시고 거룩하게 하셨다.

〈『새번역 성경』「창세기」 1:1~2:3〉

위의 기록을 보면, 하나님은 엿새 동안 우주 만물과 사람을 창조하셨다. 이를 차례대로 적으면 첫째 날은 빛, 둘째 날은 하늘, 셋째

날은 땅과 모든 식물, 넷째 날은 해와 달과 별, 다섯째 날은 새와 물고기, 여섯째 날은 집짐승·들짐승·길짐승·사람을 창조하셨다. 그리고 일곱째 날에는 창조하시던 모든 일에서 손을 떼시고 쉬셨다. 위 기록의 중심 내용은 ①우주 만물 창조, ②인간 창조, ③안식일의 시작 등 셋으로 구분할 수 있다. 하나님은 우주 만물과 사람을 창조하심으로, 하나님의 절대적인 권능을 드러내셨다. 그리고 보기 좋은 세상을 만드시고, 은혜와 사랑을 드러내셨다. 이렇게 하여 하나님의 영광을 드러내셨다.

하나님이 우주 만물을 창조하시기 전에는 '땅이 혼돈하고 공허하며, 어두움이 깊은' 상태였다고 한다. 이것은 철학에서 말하는 '카오스(chaos)' 상태로, 모든 것을 생성할 수 있는 무한한 가능성을 지닌 상태이다. 하나님은 이런 상태에서, 말씀으로 우주 만물과 인간을 창조하셨다. 이것은 하나님이 '전능하신 분', '절대적인 신'임을 뜻한다.

하나님께서 창조하신 것 중 가장 중요한 것은 사람을 만드신 일이다. 하나님은 사람을 만드신 뒤에 복을 주시면서 세 가지 일을 말씀하셨다. 첫째, 생육하고 번성하여 땅에 충만하여라. 둘째, 땅을 정복하여라. 셋째, 바다의 고기와 공중의 새와 땅 위에서 살아 움직이는 모든 생물을 다스려라. 이것은 하나님께서 사람에게 주신 특별한 사랑과 은총이다.

하나님은 엿새 동안 일을 하시고, 일곱째 날에는 쉬셨다. 엿새 동안 일하고, 일곱째 날에는 하나님을 경배하면서 쉬라는 안식일은 십계명의 네 번째 계명이 되었다. 그래서 유대교인이나 예루살렘을 중심으로 한 동방 교회는 일곱째 날인 토요일에 안식과 기도를 하였다.

A.D. 321년 로마 황제 콘스탄티누스 1세가 일요일 예배에 관한 첫 번째 법령으로, '존엄한 태양의 날에 쉬어야 한다'고 하였다. 이 것은 안식일을 폐지하고 과거 로마인들이 믿던 태양신 숭배일인 일 요일을 기독교 주일로 제정한 것이다. 이를 계기로 로마교회(지금의 가톨릭)를 중심으로 한 서방교회는 일주일의 첫째 날인 일요일을 주 일(주의 날)이라고 명명하고, 신자들이 교회에 모여서 예배하고 하느 님의 말씀을 들었다. 주일은 예수께서 부활하신 주간의 첫날이며, 아담에 의하여 이루어진 인류의 창조와 예수의 피로써 맺어진 새 계약을 경축하는 날이다. 이날은 기쁨과 즐거움으로 가득 찬 날로, 이날만은 고행과 극기도 중지하고, 교회의 예배에 참석할 것을 의 무로 한다.

주일의 휴무는 영혼의 구원과 자유를 상징한다. 이날은 그리스도 교인들뿐만 아니라, 어느 곳의 어느 누구나 모두 휴식을 즐기는 세 계의 공통적인 휴일이 되었다. 지금은 유대교와 기독교 소수파인 안식교 등이 토요일을 안식일로 지키고 있을 뿐이다.

천지개벽 이야기

한국의 문헌신화에는 천지 창조나 인간 창제에 관한 내용이 자세 히 나타나지 않고, 몇 편의 무가(巫歌)에 단편적으로 서술된다. 무가 는 무(巫)가 굿할 때 부르는 노래로, 구전되는 신화이기도 하다. 무 가의 이해를 돕기 위해 무속에 관해 간단히 살펴보겠다.

우리나라에는 아주 오랜 옛날부터 무(巫, shaman)를 중심으로 하 는 신앙이 형성되어 전해 온다. 이를 민간신앙의 한 형태로 보아

'무교(巫敎)'라고 하기도 하고, 민속의 일환으로 보아 '무속(巫俗)'이라고 하기도 한다. 무속을 종교로 보는 것이 적절한가는 종교의 기본 요건을 갖추고 있는가를 따져보면 알 수 있다. 종교의 세 가지 기본 요건은 ①교리, ②사제자(司祭者), ③신도이다. 기독교에는 교리를 적은 성경이 있고, 사제자인 천주교의 신부나 개신교의 목사가 있으며, 많은 기독교 신자가 있다. 불교 역시 교리를 적은 불경이 있고, 사제자인 승려가 있고, 이를 믿고 따르는 신도가 있다. 이슬람교의 경우도 마찬가지다.

무속의 사제자는 얼마나 될까? 무속의 사제자는 우리가 흔히 '무당'이라고 하는 사람들로, 그 숫자를 정확히 알 수는 없다. 1950년대에 조직된 전통무교 단체인 대한경신연합회가 밝힌 바에 따르면, 회원이 현재 30만여 명이라고 한다. 이것으로 보아 그 세(勢)를 짐작할 수 있다. 그러면 무속의 신도는 얼마나 될까? 필자가 전에 충북 제천에서 만났던 무녀에게 신도가 얼마나 되느냐고 물으니, 거침없이 약 2,000명이 된다고 하였다. 신도 명부가 있느냐고 물으니, 주소·성명과 사주, 즉 생년월일시를 적은 명부를 보여 주었다. 서울에서 만난 무녀에게 같은 질문을 하였더니, '신도'라고 하기는 좀 어색하다고 하였다. 그래서 '단골'이 얼마나 되느냐고 물으니, 100여 명이 된다고 하였다. 어떤 무녀는 30여 명이 된다고 하였다. 어떤 사람을 단골이라고 하느냐는 물음에는 '일 년에 한 번 정도 굿을 하고, 수시로 찾아오거나 연락하는 사람'이라고 하였다. 무당들은 이런 사람을 '단골손님' 또는 '신도'라고 한다. 단골손님의 수는 무당의 영적 능력에 따라 다르지만, 많으면 수백에서 수천 명, 적어도 수십 명의 단골손님과 인연을 맺고 있다. 그러므로 무속의 신도는 대단히 많다고 할 수 있다. 그런데 교리는 체계를 갖추지 못한 채 관습과 구전으로 전해 오고 있다. 그래서 종교의 세 가지 요건을 갖추고 있기는 하지만, 현대 종교와 같은 체계를 갖춘 종교로 보는 데에는 문제가 있다. 그래서 민속학자들은 '무교'라 하지 않고, '무속'이라는 명칭을 많이 쓴다.

흔히 무당이라고 부르는 무는 '신병(神病)'이라는 종교 체험을 통하여 신의 영력(靈力)을 획득하여 신과 교통하는 신권자(神權者)이다. 이들은 신의 영력에 의해 점복(占卜)을 하고, 인간의 길흉화복을 굿으로 조절하는 능력을 지니고 있으며, 민간의 종교적 지도자 역할을 하고 있다. 한국의 무는 ①종교의식을 집행하는 사제자의 역할, ②신도들의 병을 고치는 의사의 역할, ③점으로 앞일을 알아맞히는 점복예언자의 역할을 한다. 이 외에 ④오락적인 기능을 하기도 한다. ①②③은 모든 종교의 사제자가 갖는 기능인데 비하여 ④는 한국 무당만이 지니는 기능이다. 이것은 '굿 구경한다'는 말에서 알 수 있는 것처럼 굿이 신과 인간을 즐겁게 하는 내용이 많음을 말해 준다.

한국의 무는 ①무당형, ②단골형, ③심방형, ④명두형으로 구분한다. ①무당형은 타고난 무당이 아니라 사는 동안에 신병을 앓다가 강신(降神) 체험을 하고, 내림굿을 하여 된 무당이다. 이들은 주로 중부 이북 지방에 분포되어 있다. ②단골형은 혈통을 따라 사제권이 계승되어 인위적으로 된 세습무(世襲巫)이다. 이들은 주로 호남 지역에 분포되어 있었다. 이들은 사제권에 의한 일정 지역의 관할권을 계승해 왔는데, 이를 '단골판'이라고 한다. ③심방형은 단골형과 같이 사제권이 혈통을 따라 대대로 계승되는 세습무이다. 이들은 영력을 중시하여 구체적인 신관이 확립되어 있다. 주로 제주도 지방에 분포되어 있다. ④명두형은 죽은 아이의 영혼이 강신하여 된 점복 전문의 점쟁이로, 정통굿의 주관은 하지 못한다. 무당형은 신통력이 인정되어 민간의 호응을 받으며 전국으로 확산되었다. 그러나 단골형은 신통력이 부족하여 민중의 호응을 받지 못하였고, 과학적이고 합리적인 사고의 발달과 미신타파 운동, 외래종교의 영향 등으로 20세기 후반에 들어와 소멸의 길을 걷고 있다.

고대 부족국가 시대부터 무는 곧 '군(君)'인 동시에 신과의 교섭자로서의 위치에 있었고, 그 활동은 초인적인 것으로 인식되었다. 무의 직능은 신과 접촉하여 얻은 신통력을 공동사회의 이익을 위해서 활용할 줄 아는 신성(神聖)의 전문가였다. 이와 같은 무의 직능은 삼한 여러 나라의 천군(天君)이나 부여의 영고(迎鼓), 예(濊)의 무천(舞天) 등 국가적 대제전에서도 엿볼 수 있다. 고대사회는 신과 접촉하여 신통력을 얻은 사람이 부족 또는 부족국가의 수장이 되어 그 집단을 이끄는 제정일치(祭政一致) 시대가 한동안 이어졌다.

고조선의 시조 '단군(檀君)'은 몽골어로 최고의 샤먼을 가리키는 '텡그리(tengri)', 호남 지방에 전해 오던 '단골(단굴, 당골, 당굴)'과 음이 비슷하다. 그러므로 단군은 이들을 '檀君'으로 기록함으로써 정착된 것이라 할 수 있다. 이로 보아 단군은 제정일치 시대의 지도자로, 신통력이 뛰어난 무당이었을 것이다. 『삼국유사』를 보면, 고조선을 건국한 단군은 천 년을 다스리다가 산신이 되었다고 한다. 이것은 단군 한 사람이 천 년을 다스렸다는 것이 아니라, 제1대 단군이 죽은 뒤엔 여러 대의 단군이 뒤를 이어 왕 노릇하고, 산신으로 추앙되었음을 말하는 것이다.

『삼국유사』를 보면, 신라 제2대왕인 "남해거서간(南解居西干)은 또한 차차웅(次次雄)이라고도 한다. 이것은 존장의 칭호로서 오직 이 임금에게만 칭한 것이다"라고 하였다. 『삼국사기』에는 김대문(金大問, 통일신라 때의 저술가·문장가)의 말을 인용하여, 차차웅은 방언으로 '자충(慈充)'이고, '무당'을 이르는 말이라고 하였다. 이로 보아 신라 초기에는 신을 섬기는 사제자인 무당이 통치권까지 가진 왕이 되었음을 알 수 있다. 사제자가 왕이 되어 통치권을 행사하던 제정일치 시대는 후대로 내려오면서 통치권이 강화됨에 따라 변화되었다. 그래서 사제자는 통치권을 지닌 왕의 자문 역할을 하다가 통치자에게 종속되고, 그 영향력이 약화되었다. 그러나 민중들의 호응과 지지는 끊이지 않아 무당과 무속은 지금까지 이어오고 있다. 이처럼 무속의 역사는 고조선에서 신라를 거쳐 지금까지 이어지고 있다.

무가는 무당이 무속의 의식인 굿을 할 때에 부르는 노래이다. 아주 먼 옛날부터 전해 오는 무가는 사제자인 무당이 최고의 지식과 영감을 동원하여 신을 찬양하고, 간절한 소원과 희망을 담아 부르는 노래이다. 그러므로 그 속에는 무가를 전파·전승해 온 사람들의 신관(神觀), 인간관, 세계관, 가치관, 슬픔과 기쁨, 간절한 소망 등이 담겨 있다.

무가 중에서 고유한 등장인물이 있고, 그 인물의 활동을 중심으로 한 줄거리를 갖추고 있는 이야기를 서사무가라고 한다. 이를 '본풀이'라고도 하는데, 이는 신의 유래를 설명하므로 붙여진 명칭이다. 이는 무속신의 이야기이고, 무속 의식에서 구연되므로 무속신화이다. 청중들 앞에서 악기 반주에 맞추어 줄거리를 노래한다는 점에서 구비서사시이기도 하다. 서사무가의 기원은 고대 무속 제전에까지 소급된다. 영고·동맹·무천 등과 같은 고대 제천의식이나 단군제·동명제·혁거세제와 같은 국조제(國祖祭)는 고대의 무속 제전이다. 이러한 제전에서 형성된 신화가 오늘까지 전해 온 것이 바로 서사무가이다. 그러므로 이러한 무가는 한국인의 정체성을 논의할 때 중요한 자료가 된다.

창세가

하늘과 땅이 생길 적에 미륵님도 탄생하였다. 하늘과 땅이 서로 붙어 떨어지지 아니하므로, 미륵님이 네 귀퉁이에 구리기둥을 세워서 갈라놓았는데, 하늘은 솥뚜껑 꼭지처럼 보이도록 하였다.

그때는 해도 둘, 달도 둘이었는데, 미륵님은 달 하나를 떼어서는 북두칠성과 남두칠성을 만들고, 해 하나를 떼어서는 별을 만들었는데, 작은 별은 백성의 직성(直星, 사람의 나이에 따라 그 운명을 맡고 있는 아홉 별) 별, 큰 별은 임금과 대신 별로 각각 만들었다.

〈최운식 외, 『한국의 신화』, 시인사, 1988, 210쪽.〉

「창세가」는 1923년 당시 함경남도 함흥군 운전면 본궁리에서 여무(女巫) 김쌍돌이 구연한 것을 손진태(孫晉泰)가 채록하여 『조선신가유편(朝鮮神歌遺篇)』에 수록한 것이다. 이 신화의 요지는 ①천지의 분리, ②해와 달의 조정, ③의복의 마련, ④물과 불의 발견, ⑤인류의 시원, ⑥인세(人世) 차지 경쟁 등이다.

이 자료에는 천지가 창조주에 의해 생겨난 것인지, 저절로 생겨난 것인지 확실하지 않다. 그러나 문맥을 검토해 보면, '미륵'이라는 신이(神異)한 존재에 의해 하늘과 땅이 분리되었다. 미륵이 생겨난 것은 하늘과 땅이 생기는 일과 동시였고, 하늘과 땅이 분리되기 이

전이었다. 하늘과 땅이 떨어지지 아니하였는데, 미륵님이 땅의 네 귀퉁이에 구리기둥을 세워 하늘이 내려오지 않도록 하였다. 그리고 둘씩인 해와 달을 하나씩 떼어내어 많은 별들을 만들었다.

'미륵'은 불교가 들어오기 전부터 숭앙하던 창세신(創世神)으로, 흔히 말하는 조물주(造物主)이다. 무속에서 이르는 창세신의 이름이 따로 있었을 것이다. 그러나 불교가 들어와 민간에 널리 퍼지고, 무속에서 불교를 받아들임에 따라 자연스레 불교의 신이한 존재 이름인 '미륵'으로 바뀐 듯하다.

이 자료에는 미륵으로 표현되는 창세신의 역할이 나타난다. 이로 보아 천지가 처음에 스스로 열려서 시작된 것이 아니라, 창조주에 의해 이루어진 것이라는 의미를 내포하고 있다. 이것은 우리 민족이 애초에 우주 만물을 만들고 다스리는 창세신에 의해 천지가 창조된 것으로 믿는 의식이 있었음을 말해 준다. 우리가 많이 쓰는 '조물주'란 말은 창세신의 존재를 인정하는 것이다. 그러나 이것은 그보다 40년 뒤에 같은 지역에서 채록한 「셍굿 무가」에서는 다르게 나타난다.

셍굿 무가

그 옛날에 사적이 그렇고, 인간 사람이 하늘이 열릴 적에 자방(子方)으로 열리시고, 이 땅이 벽(闢, 생기다)할 적에 축방(丑方)으로 벽합시고, 사람은 인방(寅方)으로 법을 차려 놓고

〈임석재·장주근,『관북지방무가(추가)』, 무형문화재 지정자료 제13호, 문교부, 1977, 1~2쪽.〉

초감제 무가

태초 이전에는 천지가 혼합하여 하늘과 땅의 구별이 없는 채 어둠

의 혼돈상태였다. 이런 혼돈에서 하늘과 땅이 갈라져서 천지가 개벽(開闢)하게 되었다. 하늘에서 아침 이슬이 내리고, 땅에서는 물 이슬이 솟아나서 음양이 상통하여 개벽이 시작되었다. 그래서 하늘은 갑자년 갑자월 갑자일 갑자시에 자방(子方)으로 열리고, 땅은 을축년 을축월 을축일에 축방(丑方)으로 열리고, 사람은 병자년 병자월 병자일 병자시에 인방(寅方)으로 열렸다. 그 후로 하늘은 점점 맑아져 청색을 드리웠는데, 하늘 위에도 세 하늘, 땅 위에도 세 하늘, 지하에도 세 하늘, 이렇게 삼십삼천으로 갈라지고, 땅은 애초의 백사지(白沙地, 곡식이나 초목 따위가 자라지 못하는 메마른 땅)에서 산이 생기고, 그 산에서 물이 나와 초목이 움트게 되었다.

이때 세상에는 해도 없고 달도 없어 낮과 밤이 모두 캄캄한 어둠뿐이므로 인간은 동서남북을 구별 못하고 있었다. 이때 남방국 일월궁에서 앞과 뒤 이마에 눈이 둘씩 달린 청의동자가 솟아났다.

하늘 옥황으로부터 두 수문장이 내려와 청의동자 앞이마의 두 눈을 취하여 하늘에 축수하니, 해가 둘 돋게 되었다. 뒷이마의 두 눈을 취하여 하늘에 축수하니 달이 둘 돋게 되었다. 해와 달이 둘이 되니, 낮에는 햇빛이 너무 강해 사람들이 타서 죽게 되고, 밤에는 달빛이 너무 강해 사람이 얼어 죽게 되었다.

천지왕이 내려와 바지왕과 배필을 맺어 살면서 두 아들 대별왕과 소별왕을 낳고, 하늘로 올라갔다. 대별왕과 소별왕은 아버지가 두고 간 신물(信物)을 가지고 아버지를 찾아 하늘로 올라갔다. 두 아들은 아버지 천지왕을 만나 해와 달이 둘이어서 살 수 없다고 하였다. 천지왕한테 천근 량의 무쇠활과 화살을 받은 두 아들은 해와 달 하나씩을 쏘아 별들을 만들었다. 〈최운식 외, 『한국의 신화』, 시인사, 1988, 207쪽.〉

「셍굿 무가」는 함경도에서 죽은 사람의 넋을 천도(薦度, 죽은 사람의 넋이 좋은 곳으로 가도록 기원하는 일)하기 위해 하는 굿에서 구연되는 무가이다. 이 무가에서는 하늘과 땅과 사람이 창조주에 의해 이루어진 것이 아니고, 저절로 이루어진 것으로 나타난다.

제주도 초감제(제주도 지방의 굿에서 모든 신들을 청하여 모시는 굿거리) 무가에서도 하늘과 땅과 사람은 스스로 이루어진 것으로 나타난다. 이 무가에서는 어둠의 혼돈상태에서 하늘과 땅이 갈라져서 천지가 개벽하였다고 한다. 하늘은 자시에 자방으로 열리고, 땅은 축시에 축방으로 열리고, 사람은 인시(寅時)에 생겨났다. 땅에서는 산이 생기고, 그 산에서 물이 나와 초목이 움트게 되었다. 십이지(十二支)의 시간 순서에 따라 우주 공간과 사람이 생겼다고 한 것은 우리 고유의 사상체계라기보다는 중국에서 체계화된 우주생성론이 들어와 형성된 것이라 하겠다.

해와 달은 하늘에서 내려온 장수가 청의동자의 눈을 취하여 만들었다. 해와 달이 생겨 어둠을 밝히는 것은 좋으나, 해와 달이 둘씩 존재하므로 살 수 없었다. 천신인 천지왕과 지신인 바지왕의 두 아들이 하늘로 올라가 하느님께 청원하여 해와 달 하나씩을 제거한다. 해와 달이 생긴 내력을 설명하는 이 이야기는 천지가 개벽한 뒤에 해와 달을 창조하는 이야기여서 매우 흥미롭다.

두 이야기의 비교

성경의 천지창조 이야기는 하나님이 카오스 상태에서 말씀으로 우주 만물과 인간을 창조하셨음을 설명한다. 하나님은 이러한 창조 활동을 하심으로, 절대적인 권능을 드러내셨으며, 보기 좋은 세상을 만드시고, 창조물에 대한 사랑을 드러내셨다. 이것은 하나님의 영광을 드러내는 일이다.

이 이야기는 성경에 기록됨으로써 기독교인들로 하여금 하나님의 천지창조는 진실하고, 신성한 일이라는 확신을 갖게 한다. 이것은 하나님은 '전능하신 분', '절대적인 신', '인간과 자연을 사랑하는 분'이라는 믿음과 연결되어 신앙심을 강화하는 기능을 한다.

한국에서 우주 만물과 인간의 시작에 관한 문제는 일찍부터 제기되어 왔지만, 기록으로 전해 오는 자료가 빈약하다. 전해 오는 무가를 중심으로 보면, 조물주라고 하는 창세신에 의해 천지가 창조되었음을 인식하였다. 그러나 후대로 내려오면서 창세신의 역할이 축소되고, 천지개벽설이 대두되었다. 이것은 원래 천지창조 신화가 있었으나 창세신에 대한 숭앙심이 퇴조하면서 굿거리에서 창세신에 대한 제의 절차가 없어지자, 창세신화 또한 전승력을 잃어 변이된 것이라 하겠다. 이러한 변화의 밑바탕에는 무속 제의가 현실에서 복을 받는 일에 관심을 기울임에 따라 기복(祈福)과 관련이 적은 창세신에 대한 관심이 약해졌기 때문이라 하겠다. 하지만, 한국인은 애초에 창세신의 존재와 역할에 대한 인식이 있었기에 성경의 천지창조설을 받아들이기가 쉬웠을 것이라 생각한다.

∽ 2 ∾
인간의 창제와 진화

인류는 처음에 어떻게 해서 생겨났을까? 각 민족은 이 문제를 골똘히 생각하여 얻어낸 추론을 제시하였다. 이를 정리하여 말하면, 창제론과 진화론이다.

창제론은 하나님이 사람을 만들었다는 것으로, 성경에 기록되어 널리 알려졌다. 이 이야기는 중국에서도 전해 오는데, 여신 여와(女媧)가 황토로 사람을 빚어 만들었다고 한다. 이런 이야기는 인도, 서아시아의 메소포타미아에서도 발견되고 있다. 여와 이야기는 그리스·로마 신화의 프로메테우스가 강물에 흙을 반죽해 사람을 만들었다는 내용과도 통한다.

진화론은 처음 지구상에 몸의 구조가 간단한 하등 생물이 생겨나서 수백만 년에 걸쳐 차츰 복잡한 고등 생물로 진화했다는 것이다. 이에 따르면, 사람은 유인원(類人猿)의 자손이거나 그들과 공통의 조상에서 진화하였을 것이라고 한다. 이런 주장은 사람을 하나님이 만들었다는 창제론과 충돌하였다. 그러나 일부 성직자들은 이와는 달리 다윈의 진화론까지 포용하며 신의 창조설을 확대 적용하려고 시도했다. 이들은 신의 창조가 있었고, 진화의 과정도 신의 섭리에 의한 것이라고 하였다. 프란치스코 교황은 2014년 10월 24~28일 교황청 과학원 총회에서 "오늘날 세상의 기원으로 제시되는 빅뱅은 창조주의 개입과 모순되지 않으며, 오히려 창조주에 의존한다. 진화도 진화할 존재의 창조를 전제로 하기 때문에 창조의 개념과 충돌하지 않는다"라고 정리했다.

성경은 창제설을 받아들여 하나님이 사람을 만드는 과정을 상세히 설명한다. 한국의 옛 문헌에는 인간의 기원에 관한 이야기가 없다. 다만 오래전부터 구전되어 온 무가에서 사람이 어떻게 하여 생겼는가에 관해 이야기한다.

성경의 인간 창제

성경에서는 하나님이 사람을 흙으로 빚어 만들었다고 한다. 사람을 만들 때 하나님의 형상대로 만들었다고 하니, 사람의 모습은 하나님의 모습과 같다.

> 하나님이 말씀하시기를
> "우리가 우리의 형상을 따라서, 우리의 모양대로 사람을 만들자. 그리고 그가, 바다의 고기와 공중의 새와 땅 위에 사는 온갖 들짐승과 땅 위를 기어 다니는 모든 길짐승을 다스리게 하자"
> 하시고, 하나님이 당신의 형상대로 사람을 창조하셨으니, 곧 하나님의 형상대로 사람을 창조하셨다. 하나님이 그들을 남자와 여자로 창조하셨다.
> 하나님이 그들에게 복을 베푸셨다. 하나님이 그들에게 말씀하시기를

"생육하고 번성하여 땅에 충만하여라. 땅을 정복하여라. 바다의 고기와 공중의 새와 땅 위에서 살아 움직이는 모든 생물을 다스려라" 하셨다. 〈『새번역 성경』「창세기」 1:26~28〉

주 하나님이 땅의 흙으로 사람을 지으시고, 그의 코에 생명의 기운을 불어넣으시니, 사람이 생명체가 되었다. 〈『새번역 성경』「창세기」 2:7〉

주 하나님이 말씀하셨다. 남자가 혼자 있는 것이 좋지 않으니, 그를 돕는 사람, 곧 그에게 알맞은 짝을 만들어 주겠다. ……(중략)…… 그래서 주 하나님이 그 남자를 깊이 잠들게 하셨다. 그가 잠든 사이에, 주 하나님이 그 남자의 갈빗대 하나를 뽑고, 그 자리는 살로 메우셨다. 주 하나님이 남자에게서 뽑아낸 갈빗대로 여자를 만드시고, 여자를 남자에게로 데리고 오셨다. 〈『새번역 성경』「창세기」 2:18~22〉

전능한 하나님은 엿새 동안 우주만물을 창조하시고, 맨 마지막으로 사람을 만드셨다. 여기에는 몇 가지 특징이 있다.

하나님은 창조활동의 끝맺음으로 사람을 만드셨다. 사람이 살 수 있는 환경 즉, 하늘과 땅과 바다, 해와 달과 별, 동물과 식물 등을 다 만드시고, 맨 나중에 사람을 만드셨다. 여기에는 사람에 대한 하나님의 사랑과 세심한 배려가 숨어 있다.

하나님은 사람을 하나님의 형상대로, 흙으로 만드셨다. 그다음에 코에 생명의 기운을 불어넣어 생명체가 되게 하셨다. 여기에는 하나님께서 지적 능력, 하나님을 알아보는 안목과 분별력을 주셨으니, 양심을 가지고 정의롭게 살며, 죄를 짓지 말라는 뜻이 담겨 있다.

남자를 먼저 만드신 뒤에 혼자 있는 것이 안쓰러워 남자의 갈빗대를 뽑아 여자를 만드셨다. 여기에는 짝을 이루어 화합하며 살라는 뜻과 함께 남자는 남자다워야 하고, 여자는 여자다워야 한다는 뜻이 담겨 있다.

하나님은 사람에게 복을 내려 주시면서 말씀하셨다. 생육하고 번성하면서 땅을 정복하라. 바다의 고기와 공중의 새와 땅 위에서 살아 움직이는 모든 생물을 다스리라고 하셨다. 여기에는 안주하고, 게으름을 피울 것이 아니라 개척정신, 투쟁정신을 가지고 적극적인 삶을 살라는 가르침이 들어 있다.

무가의 인간 기원 이야기

한국의 무가에는 인간 기원에 관한 상세한 설명이 없이 간단하게 표현된다. 이를 함흥 지방의 무가 「창세가」와 「셍굿 무가」에서 찾아 보겠다.

창세가

미륵님이 옷이 없어 옷을 지어야 하겠는데 옷감이 없었다. 그래서 이산 저산 뻗어 넘어가는 칡을 끊어내어, 벗기고 꼬고 익혀 내어, 하늘 아래 베틀 놓고 구름 속에 잉아 걸고, 들고 짱짱 놓고 짱짱 짜 내어 드디어 긴 홑옷을 지어 내니 ……(중략)…….

미륵님 시절에는 불이 없어 생식을 하였는데, 불도 안 때고 곡식을 생으로 먹었기 때문에, 미륵님은 섬들이 말들이로 식사를 하였다. 그래서는 안 되겠다고 생각한 미륵님은 물의 근본과 불의 근본을 찾기로 결심하였다.

그리하여 풀메뚜기를 잡아다 형틀에 올려놓고, 무르팍을 때리면서, 물의 근본과 불의 근본을 아느냐고 물었다. 풀메뚜기가 대답하기를,

"밤이면 이슬 받아먹고, 낮이면 햇발 받아먹고 사는 짐승이 어찌 알 겠습니까? 나보다 한 번 더 먼저 본 풀개구리를 불러 물어 보시오."

미륵님이 풀개구리를 잡아다가 무르팍 때리며 물으니, 풀개구리 대답하기를,

"밤이면 이슬 받아먹고 낮이면 햇발 받아먹고 사는 짐승이 어찌 알 겠습니까? 나보다 두 번 세 번 먼저 본 생쥐를 잡아다 물어 보시오."

미륵님이 생쥐를 잡아다가 무르팍을 때리며 물으니, 생쥐가 하는 말이,

"내게 무슨 공을 세워 주시렵니까?"

하여 미륵님이,

"너로 하여금 천하의 뒤주를 차지하게 하리라."

고 하니, 그제야 생쥐가 대답하기를,

"금덩산에 들어가서 한쪽엔 차돌을 들고, 한쪽엔 시우쇠를 들고 툭 툭 치니 불이 일어났고요, 소하산에 들어가니 샘물이 솔솔 나오는 물의 근본이 있었지요."

미륵님이 물과 불의 근원을 이렇게 하여 알은 후에 인간을 점지하 셨다.

옛날 옛 시절에 미륵님이 한쪽 손에 은쟁반을 들고, 한쪽 손에 금쟁 반을 들고 축사하니, 하늘에서 벌레가 떨어져 금쟁반에 다섯 마리, 은 쟁반에 다섯 마리였다. 그 벌레들이 자라나서 금벌레는 남자가 되고, 은벌레는 여자가 되었는데, 이들이 장성하여 부부를 맺어 세상 사람 들이 생겼다.

〈최운식 외, 『한국의 신화』, 시인사, 1988, 210~211쪽.〉

셍굿 무가

사람이라 옛날에 생길 적에 어디서 생겼습니까.

천지 암녹산에 가 황토라는 흙을 모아서 남자를 만들어 노니, 어찌

생산될까?

여자를 만들었습니다.

〈임석재·장주근, 『관북지방무가(추가)』, 무형문화재 지정자료 제13호, 문교부, 1977, 2쪽.〉

「창세가」를 보면, 미륵은 맨 처음에 옷감을 만드는 법을 개발한다. 그리고 물과 불의 근본을 알기 위해 땅에서 자라며 세상의 비밀을 아는 풀메뚜기와 풀개구리에게 물어본다. 그러나 이들은 지혜와 경험이 많은 생쥐에게 물어보라고 한다. 미륵은 생쥐에게 물어 물과 불의 근본을 알아낸 다음에 인간을 세상에 나오게 한다. 미륵은 하늘에 빌어서 인간의 씨가 되는 금벌레와 은벌레를 얻어 인간을 세상에 나오게 한다. '미륵'은 앞에서 설명한 바와 같이 불교가 들어오기 전부터 숭앙되던 창세신이다. 원래의 이름이 따로 있었을 터이나, 불교가 들어와 민간에 널리 퍼짐에 따라 자연스레 불교의 신이한 존재의 이름인 '미륵'으로 바뀐 듯하다.

한국인은 밤낮의 변화, 계절의 변화, 날씨의 변화, 추위와 더위의 변화, 가뭄과 홍수, 천둥과 번개 등의 변화를 일으키는 하늘을 두려워하면서 숭배하였다. 하늘에는 이러한 변화를 주관하는 전지전능한 신이 있다고 믿었다. 하늘숭배 사상 및 천신숭배 사상은 이를 토대로 하여 형성된 것이다. 하늘에 계신 신은 '하느님' 또는 '천신', '천군'이라고 하였다.

하느님은 인간 창제에 절대적인 힘을 발휘하여 금벌레와 은벌레를 내려 주었다. 하늘에서 내려온 금벌레와 은벌레는 변하여 사람이 되었다. 이것은 인간 생명의 기원이 하늘에 있다는 사고의 표현이다. 이것은 한국인의 하늘숭배 사상 및 천신숭배 사상과 연결되며, 한국인이 본래부터 지니고 있던 신앙과도 일치한다. 또한 금벌레 · 은벌레가 땅위에서 자라면서 남자와 여자로 변하였다는 것은 시간의 경과에 따른 진화 과정을 보여주는 것으로, 진화론적 사고의 표현이라 하겠다.

「창세가」보다 40여 년 뒤에 채록된 함흥 지역의 「셍굿 무가」에서는 황토로 사람을 만들었다고 하였다. 여기서는 황토로 만든 남자와 여자가 인류의 시조라고 한다. 그런데 황토로 사람을 만들었다고만 되어 있을 뿐, 누가 만들었는가에 대하여는 설명이 나오지 않는다. 그러나 인간이 황토에서 스스로 생겨난 것이 아니고, 누군가에 의해서 만들어졌다고 한 것으로 보아, 창제신이 있었음이 확실하다. 이것은 인간 생명의 기원이 땅에 있다고 하는 지생관적(地生觀的) 사고와 창제론적 사고의 표현이라 하겠다.

황토로 사람을 만들었다는 이야기는 중국 신화의 「여와 이야기」에도 나온다. 여신 여와는 천지가 처음 열리고 사람이 없을 때, 황토로 사람을 만들었다. 그런데 많은 사람을 만들다 보니, 힘이 빠졌다. 그래서 나중에는 새끼줄을 진흙 가운데 넣었다가 들어서 사람을 만들었다고 한다. 그 결과 고귀하고 어질고 지혜로운 사람은 황토로 정성껏 빚은 사람이고, 빈천하고 평범한 사람은 새끼줄을 당겨서 만든 사람이라고 한다. 「여와 이야기」는 「성주굿 무가」, 「축원굿 무가」에도 나온다. 이것은 무가가 「여와 이야기」의 영향을 받은 것이 아닐까 생각한다.

두 이야기의 비교

성경의 「인간 창제 이야기」는 기독교인들에게 다음과 같은 사항을 알게 해 준다. 첫째, 하나님은 사람이 살 수 있는 환경, 즉 하늘과 땅과 바다, 해와 달과 별, 동물과 식물 등을 다 만드시고, 맨 나중에 사람을 만드셨다. 이는 하나님께서 창조한 만물 중 사람을 가장 중요하고 귀한 존재로 여기셨음을 뜻한다.

둘째, 하나님의 형상대로 사람을 만드셨다. 이 말에는 하나님께서 사람에게 외형뿐만 아니라, 말하고 생각하는 능력도 주셨다는 의미를 내포한다. 그리고 하나님은 사람과의 교제를 중시하신다는 것을 의미한다.

셋째, 하나님께서 사람을 직접 흙으로 지으시고, 코에 생명의 기운을 불어넣어 생명체가 되게 하셨다. 호흡은 하나님이 코에 불어넣어 주신 생명의 기운으로, 호흡이 멎으면 죽음을 맞게 된다.

넷째, 남자를 만드신 뒤에 혼자 있는 것이 안쓰러워 그에게 알맞은 짝을 만들어 주셨다. 여기에는 사람의 형편을 살피시는 하나님의 따뜻하고 자상한 마음이 나타난다.

다섯째, 하나님은 남자의 갈빗대로 여자를 만드셨다고 한다. 여기에는 남자와 여자는 각각의 존재이면서 한 몸이니, 짝을 이루어 함께 잘 살라는 뜻이 담겨 있다 하겠다.

한국의 인간 기원에 관한 이야기에는 하느님의 의미를 지닌 미륵님의 역할이 강조되어 나타난다. 미륵은 하늘에 빌어 금벌레와 은벌레를 얻고, 그 금벌레와 은벌레는 진화하여 남자와 여자가 된다. 이것은 사람이 하느님의 창제와 진화의 과정을 거쳐 이 세상에 살게 되었음을 의미한다.

　위에서 살펴본 바와 같이 성경의 이야기는 자신의 형상대로 만들어 놓은 사람에 대한 하나님의 깊은 사랑, 큰 불편 없이 살아갈 수 있도록 하려는 치밀한 계획과 세심한 배려가 밑바탕에 깔려 있다. 이에 비하면, 한국의 이야기는 치밀하지 못하고, 짜임새가 없다. 이것은 한국의 이야기가 문헌에 정착하지 못하고 구전해 온 때문이라 하겠다.

๑ 3 ๑

노아의 홍수 – 홍수 이야기

홍수는 대체로 단기간의 집중호우나 장기간 지속되는 강수(降水)의 결과로 발생한다. 또 봄에 기온이 급격히 상승하여 겨울에 쌓였던 눈이 일시에 녹으면서 발생할 수도 있다. 이것은 자연계에 나타나는 현상으로, 인간의 기대나 의지와 관계없이 일어난다.

옛사람들은 크고 작은 홍수를 겪으며 밀려오는 공포와 함께 인간의 잘못으로 신이 노하여 징벌을 내리는 것은 아닐까 걱정하였다. 그래서 사람들은 가뭄과 홍수를 주관하는 신에게 제를 올리면서, 잘못한 일의 용서를 구하기도 하였다.

옛사람들은 홍수로 사람들이 쓸려 내려가는 것을 보면서, 사람들이 다 쓸려가 없어져서 인류의 멸절이 오지 않을까 염려하기도 하였다. 이러한 마음을 담아 여러 가지 홍수 이야기를 만들어 전파·전승해 왔다. 그래서 홍수 이야기에는 교훈과 함께 경계의 뜻도 담겨 있다.

홍수 이야기는 어느 한 지역에만 있는 것이 아니고, 한국·이스라엘을 비롯한 세계 여러 나라에서 전해 온다. 여기서는 성경에 실려

있어 널리 알려진 「노아의 홍수」와 한국의 「홍수 이야기」를 살펴보
려고 한다.

노아의 홍수

성경에는 사람들의 악행을 징벌하는 이야기가 여러 번 나온다.
그중 대표적인 것은 「노아의 홍수」와 「소돔과 고모라의 멸망」 이야
기이다. 「소돔과 고모라의 멸망」 이야기는 뒤로 미루고, 「노아의
홍수」를 살펴보겠다.

인류의 악행

주님께서는, 사람의 죄악이 세상에 가득차고, 마음에 생각하는 모든
계획이 언제나 악한 것뿐임을 보시고서, 땅 위에 사람 지으셨음을 후
회하시며 마음 아파 하셨다. 주님께서는 탄식하셨다.

"내가 창조한 것이지만, 사람을 이 땅 위에서 쓸어버리겠다. 사람뿐
아니라, 짐승과 땅 위를 기어 다니는 것과 공중의 새까지 그렇게
하겠다. 그것들을 만든 것이 후회되는구나."

그러나 노아만은 주님께 은혜를 입었다.

노아의 역사는 이러하다. 노아는 그 당대에 의롭고 흠이 없는 사람
이었다. 노아는 하나님과 동행하는 사람이었다. 노아는 셈과 함과 야
벳, 이렇게 세 아들을 두었다.

하나님이 보시니, 세상이 썩었고, 무법천지가 되어 있었다. 하나님
이 땅을 보시니, 썩어 있었다. 살과 피를 지니고 땅 위에서 사는 모든
사람들의 삶이 속속들이 썩어 있었다.

노아

하나님이 노아에게 말씀하셨다.

"땅은 사람들 때문에 무법천지가 되었고, 그 끝날이 이르렀으니, 내가 반드시 사람과 땅을 함께 멸하겠다. 너는 잣나무로 방주 한 척을 만들어라. 방주 안에 방을 여러 칸 만들고, 역청을 안팎에 칠하여라. 그 방주는 이렇게 만들어라. 길이는 삼백 자, 너비는 쉰 자, 높이는 서른 자로 하고, 그 방주에는 지붕을 만들되, 한 자 치켜올려서 덮고, 방주의 옆쪽에는 출입문을 내고, 위층과 가운데층과 아래층으로 나누어서 세 층으로 만들어라. 내가 이제 땅 위에 홍수를 일으켜서, 하늘 아래에서 살아 숨 쉬는 살과 피를 지닌 모든 것을 쓸어 없앨 터이니, 땅에 있는 것들은 모두 죽을 것이다. 그러나 너하고는, 내가 직접 언약을 세우겠다. 너는 아들들과 아내와 며느리들을 모두 데리고 방주로 들어가거라. 살과 피를 지닌 모든 짐승도 수컷과 암컷으로 한 쌍씩 방주로 데리고 들어가서, 너와 함께 살아남게 하여라. 새도 그 종류대로, 집짐승도 그 종류대로, 땅에 기어 다니는 온갖 길짐승도 그 종류대로, 모두 두 마리씩 너에게로 올 터이니, 살아남게 하여라. 그리고 너는 먹을 수 있는 모든 먹거리를 가져다가 쌓아 두어라. 이것은 너와 함께 있는 사람들과 짐승들의 먹거리가 될 것이다."
노아는 하나님이 명하신 대로 다 하였다. 꼭 그대로 하였다.

홍수

주님께서 노아에게 말씀하셨다.
"내가 보니, 이 세상에서 의로운 사람이라고는 너밖에 없구나. 너는 식구들을 다 데리고 방주로 들어가거라. 모든 정결한 짐승은 수컷과 암컷으로 일곱 쌍씩, 그리고 부정한 짐승은 수컷과 암컷으로 두 쌍씩, 네가 데리고 가거라. 그러나 공중의 새는 수컷과 암컷 일곱 쌍씩 데리고 가서, 그 씨가 온 땅 위에 살아남게 하여라. 이제 이레가 지나면, 내가 사십 일 동안 밤낮으로 땅에 비를 내려서, 내가 만든 생물을 땅 위에서 모두 없애 버릴 것이다."

노아는 주님께서 명하신 대로 다 하였다.

땅 위에서 홍수가 난 것은, 노아가 육백 살 되던 해이다. 노아는 홍수를 피하려고, 아들들과 아내와 며느리들을 데리고, 함께 방주로 들어갔다. 정결한 짐승과 부정한 짐승과, 새와 땅 위를 기어 다니는 모든 것도, 하나님이 노아에게 명하신 대로, 수컷과 암컷 둘씩 노아에게로 와서, 방주로 들어갔다. 이레가 지나서, 홍수가 땅을 뒤덮었다. 노아가 육백 살 되는 해의 둘째 달, 그달 열이렛날, 바로 그날에 땅속 깊은 곳에서 큰 샘들이 모두 터지고, 하늘에서는 홍수 문들이 열려서, 사십 일 동안 밤낮으로 비가 땅 위로 쏟아졌다.

바로 그날, 노아와, 노아의 세 아들 셈과 함과 야벳과, 노아의 아내와, 세 며느리가 함께 방주로 들어갔다. 그들과 함께, 모든 들짐승이 그 종류대로, 모든 집짐승이 그 종류대로, 땅 위를 기어 다니는 모든 길짐승이 그 종류대로, 날개 달린 모든 날짐승이 그 종류대로, 방주로 들어갔다. 살과 피를 지닌 살아 숨 쉬는 모든 것들이 둘씩 노아에게 와서 방주 안으로 들어갔다. 하나님이 노아에게 명하신대로, 살과 피를 지닌 살아 숨 쉬는 모든 것들의 수컷과 암컷이 짝을 이루어 방주 안으로 들어갔다. 마지막으로 노아가 들어가니, 주님께서 몸소 문을 닫으셨다.

땅 위에서는 홍수가 사십 일 동안 계속되었다. 물이 불어나서, 방주가 땅에서 높이 떠올랐다. 물이 불어나서 땅에 크게 넘치니, 방주가 물위로 떠다녔다. 땅에 물이 크게 불어나서 온 하늘 아래에 있는 모든 높은 산들이 물에 잠겼다. 물은 그 높은 산들을 잠그고도, 열다섯 자나 더 불어났다. 새와 집짐승과 들짐승과 땅에서 기어 다니는 모든 것과 사람까지, 살과 피를 지니고 땅 위에서 움직이는 모든 것들이 다 죽었다. 마른 땅 위에서 코로 숨을 쉬며 사는 것들이 다 죽었다. 이렇게 주님께서는 땅 위에 사는 모든 생물을 없애 버리셨다. 사람을 비롯하여 짐승까지, 길짐승과 공중의 새에 이르기까지, 땅 위에서 모두 없애

버리셨다. 다만 노아와 방주에 들어간 사람들과 짐승들만이 살아남았다. 물이 불어나서, 백오십 일 동안이나 땅을 뒤덮었다.

홍수가 그치다

그때에 하나님이, 노아와 함께 있는 모든 들짐승과 집짐승을 돌아보실 생각을 하시고, 땅 위에 바람을 일으키시니, 물이 빠지기 시작하였다. 땅속의 깊은 샘들과 하늘의 홍수 문들이 닫히고, 하늘에서 내리는 비도 그쳤다. 땅에서 물이 줄어들고 또 줄어들어서, 백오십 일이 지나니, 물이 많이 빠졌다.

일곱째 달 열이렛날에, 방주가 아라랏산에 머물러 쉬었다. 물은 열째 달이 될 때까지 줄곧 줄어들어서, 그 달 곧 열째 달 초하루에는 산봉우리들이 드러났다. 사십 일이 지나서, 노아는 자기가 만든 방주의 창을 열고서, 까마귀 한 마리를 바깥으로 내보냈다. 그 까마귀는 땅에서 물이 마르기를 기다리며, 이리저리 날아다니기만 하였다. 그는 또 비둘기 한 마리를 내보내서, 땅에서 물이 얼마나 빠졌는지를 알아보려고 하였다. 그러나 땅이 아직 모두 물속에 잠겨 있으므로, 그 비둘기는 발을 붙이고 쉴 만한 곳을 찾지 못하여, 그냥 방주로 돌아와서, 노아에게 왔다. 노아는 손을 내밀어 그 비둘기를 받아서, 자기가 있는 방주 안으로 끌어들였다.

노아는 이레를 더 기다리다가, 그 비둘기를 다시 방주에서 내보냈다. 그 비둘기는 저녁때가 되어서 그에게로 되돌아왔는데, 비둘기가 금방 딴 올리브 잎을 부리에 물고 있었으므로, 노아는 땅 위에서 물이 빠진 것을 알았다. 노아는 다시 이레를 더 기다리다가, 그 비둘기를 내보냈다. 그러나 이번에는 그 비둘기가 그에게로 다시 돌아오지 않았다. 노아가 육백한 살 되는 해 첫째 달, 곧 그 달 초하룻날, 땅 위에서 물이 다 말랐다. 노아가 방주 뚜껑을 열고, 바깥을 내다보니, 땅바닥이 말라 있었다. 둘째 달, 곧 그 달 스무이렛날에, 땅이 다 말랐다.

하나님이 노아에게 말씀하셨다.

"너는 아내와 아들들과 며느리들을 데리고 방주에서 나가거라. 네가 데리고 있는, 살과 피를 지닌 모든 생물들, 곧 새와 집짐승과 땅 위에서 기어 다니는 모든 길짐승을 데리고 나가거라. 그래서 그것들이 땅에서 생육하고 땅에서 번성하게 하여라."

노아는 아들들과 아내와 며느리들을 데리고 나왔다. 모든 짐승, 모든 길짐승, 모든 새, 땅위를 기어 다니는 모든 것도, 그 종류대로 방주에서 바깥으로 나왔다.

노아가 제사를 드리다

노아는 주님 앞에 제단을 쌓고, 모든 정결한 집짐승과 정결한 새들 가운데서 제물을 골라서, 제단 위에 번제물로 바쳤다. 주님께서 그 향기를 맡으시고서, 마음속으로 다짐하셨다.

"다시는 사람이 악하다고 하여서, 땅을 저주하지는 않겠다. 사람은 어릴 때부터 그 마음의 생각이 악하기 마련이다. 다시는 이번에 한 것 같이, 모든 생물을 없애지는 않겠다. 땅이 있는 한, 뿌리는 때와 거두는 때, 추위와 더위, 여름과 겨울, 낮과 밤이 그치지 아니할 것이다."

『새번역 성경』「창세기」 6:5〜8:22

세상이 죄악에 물든 것을 보신 하나님은 사람 지으신 것을 후회하며, 홍수로 땅위의 모든 것을 멸하실 것을 작정하신다. 그런데 노아만은 다른 사람들과는 달리 의롭고 흠이 없는 사람이었다. 그래서 노아와 그의 가족은 살려주시기로 하고, 노아에게 방주를 만들라고 하셨다.

노아는 방주를 만들라는 하나님의 말씀을 듣자마자 곧바로 방주를 만들기 시작하였다. 방주를 완성할 때까지 노아는 긴 시간 동안 많은 노력을 기울였다. 그러는 동안에 다른 사람들의 비난과 조롱도 많이 받았을 것이다. 그러나 그는 이를 견뎌내면서 하나님의 말씀에 순종하였다.

비는 40일 동안 밤낮으로 내렸고, 온 세상은 물에 잠겼다. 방주는 물위를 떠다니면서 150일을 지낸 뒤에야 아라랏산 위에 멈춰 섰다. 온 세상이 물에 잠겨 모든 동물과 사람들이 죽었지만, 방주에 타고 있던 노아와 그의 가족과 짐승들은 살아남았다.

하나님 말씀에 순종하는 노아의 믿음은 태산처럼 든든하였다. 그는 이러한 믿음이 있었기에 하나님의 은혜를 입어 가족과 함께 구원을 받았다. 하나님은 노아와 그의 아들들에게 복을 주시며 "생육하고 번성하여 땅에 충만하여라."라고 하셨다. 그리고 땅에 사는 모든 짐승과 새와 기어 다니는 것과 바다에 사는 물고기를 다 그의 손에 맡긴다고 하셨다. 그리고 다시는 홍수를 일으켜서 땅을 파멸시키는 일을 하지 않겠다고 약속하시고, 무지개를 그 징표로 삼는다고 하셨다. 노아와 그의 아들들은 홍수 뒤의 새로운 땅에서 흥성하고, 인류의 조상이 되었다.

홍수 이야기

한국에는 여러 유형의 홍수 이야기가 여러 지방에서 전해 온다. 그런데 다음의 두 이야기가 흥미롭다.

대홍수와 목도령

옛날 어떤 곳에 한 그루의 고목이 있었는데, 그 그늘에는 천상의 선녀 하나가 항상 내려와 있었다. 선녀는 목신(木神)의 정기에 감응·잉태하여 남자아이를 출산하였다.

그 아이가 7~8세쯤 되었을 때, 선녀는 천상으로 돌아갔다. 어느 날 갑자기 큰 비가 내리기 시작하더니 여러 날 계속하여, 세상을 물바다로 만들었다. 그 크나큰 고목도 강풍 때문에 넘어지게 되었다. 고목은 넘어지면서 아들 목 도령에게 "어서 내 등에 타거라."라고 말했다.

목 도령은 그 나무를 타고서 정처 없이 물결을 따라 표류하게 되었다. 그때 뒤에서 '살려주오!' 하는 소리가 들렸다. 돌아다보니, 그것은 홍수에 떠내려 오는 무수한 개미들이었다. 목 도령은 불쌍한 마음이 들어 아버지인 고목의 허락을 받고, 개미떼를 나뭇가지 위로 올라오게 하였다. 얼마를 더 가다 보니, 모기들이 살려달라고 하였다. 목 도령은 아버지의 허락을 받고, 모기들을 나뭇가지와 잎으로 올라오게 하였다.

또 얼마를 가니, 남자아이가 살려달라고 하는데, 아버지는 아이를 구하지 말라고 하였다. 또 얼마를 가니, 두 번째로 남자아이가 살려달라고 하는데, 아버지는 역시 구하지 말라고 하였다. 그는 세 번째로 살려달라는 아이를 보고, 아버지에게 아이를 살려주자고 애원하였다. 아버지는 그에게

"네 뜻이 그렇다면 살려주어라. 그러나 다음에 반드시 후회할 날이 있을 것이다."

라고 하였다.

얼마 뒤에 고목은 작은 섬의 산봉우리에 표착하였다. 두 아이가 땅으로 내려오니, 개미떼와 모기떼는 목 도령에게 백배치사(百拜致謝)하고, 각각 저 갈 곳으로 가 버렸다. 두 아이가 초가집 하나를 발견하고 찾아들어가니, 한 노파가 두 아이와 동년배인 친딸과 수양딸을 데리고 살고 있었다. 두 아이는 노파의 집에서 일을 하며 살았다.

두 아이가 성년이 되자, 노파는 두 쌍의 부부를 만들어 세상의 인종

을 계승하고자 하였다. 그러나 친딸을 어느 청년과 짝을 맺어 주느냐
가 문제였다. 두 청년도 서로 수양녀와 짝이 되는 것을 좋아하지 아니
하였다.

어느 날, 목 도령이 없는 틈을 타서 구조를 받은 청년이 노파에게
말했다.

"목 도령은 좁쌀 한 섬을 모래밭에 흩어 놓고 불과 몇 시간에 그걸
도로 주워 담을 수 있는 재주가 있습니다. 그런데 그 재주는 좀처럼
친한 사람이 아니면 보여주지 않습니다."

노파는 신기한 그의 재주를 시험해 보려고 목 도령을 불러 재주를
보이라고 했다. 그러나 그는 그런 재주가 없다고 했다. 노파는 그가
자기를 멸시하는 때문이라 여겨 크게 노하였다. 그래서 그 재주를 보
이지 않으면, 딸을 주지 않겠다고 하였다.

그는 하는 수 없이 좁쌀 한 섬을 모래밭에 흩어놓고, 그것을 들여다
보고 있었다. 그때 어디서 개미 한 마리가 와서 무슨 일로 근심하느냐
고 물었다. 그의 말을 들은 개미는 그까짓 것은 아주 쉬운 일이라면서
살려준 은혜를 갚을 때가 되었다고 하였다. 조금 있다가 수많은 개미
떼를 데리고 와서 좁쌀 한 알씩을 물어다가 섬에 넣었다.

이를 본 노파가 목 도령에게 친딸을 주려고 하니, 다른 청년이 못마
땅하게 여겼다. 노파는 꾀를 내어 두 딸을 동서 두 방에 넣어두고는,
두 청년에게 들어가고 싶은 방으로 들어가서 복불복(福不福, 복을 내리는
분수의 좋고 좋지 않음. 사람의 운수)대로 배필을 취하라고 하였다. 두 청년
은 어느 방으로 들어갈지 생각하고 있었다. 그때 모기떼들이 목 도령
의 귀 옆으로 지나가면서

"목 도령, 동쪽 방으로 엥당당글!"

했다. 그래서 목 도령은 동쪽 방으로 가서 노파의 친딸을 얻게 되었다.

지금 세상 사람들은 모두 이 두 쌍 부부의 자손이라고 한다.

〈손진태, 『조선민족설화의 연구』, 을유문화사 1947, 166~169쪽.〉

대홍수와 남매

옛날에 이 세상에 큰물이 져서 세계는 모두 바다로 화하고, 한 사람의 생존자도 없게 되었다. 그때 어떤 남매가 겨우 살아남아 높은 산의 상상봉에 표착(漂着)하였다.

물이 다 걷힌 뒤에 남매는 세상에 나와 보았으나, 인적이라고는 구경할 수 없었다. 만일 그대로 있다가는 사람의 씨가 끊어질 수밖에 없겠으나, 그렇다고 남매간에 결혼할 수도 없었다.

얼마 동안을 생각다 못해 남매가, 마주 보고 서 있는 산봉우리에 올라가서 누이동생은 암 맷돌을 굴려 내리고, 오빠는 수 맷돌을 굴려 내렸다(혹은 맷돌을 굴리는 대신 청솔가지에 불을 질렀다고도 한다). 그리고 그들은 각각 하느님께 기도를 하였다.

암수 맷돌은 이상하게도 산골 밑에서 마치 사람이 포개놓은 것 같이 합하였다(혹은 청솔가지에서 일어나는 연기가 공중에서 이상하게도 합하였다고도 한다). 남매는 이에 하느님의 의사를 짐작하고, 결혼하기로 결심하였다.

사람의 씨는 이 남매의 결혼으로 인해 계속되었다. 지금 많은 인류의 조선(祖先)은 실로 옛날의 그 남매라고 한다.

〈손진태, 『조선민족설화의 연구』, 을유문화사 1947, 8쪽.〉

한국의 홍수 이야기에는 홍수의 원인에 대한 설명이 없다. 홍수를 사람으로는 어쩔 수 없는 천재지변(天災地變)으로 보면서, 대홍수를 겪은 뒤의 일에 초점을 맞추어 이야기한다.

「대홍수와 목 도령」에서는 선녀와 목신 사이에 태어난 목 도령은 고목을 타고 떠내려가면서 자비심을 발휘하여 개미와 모기, 자기 또래의 소년을 구출한다. 몇 년 뒤에 목 도령과 그의 구함을 받은 청년은 그를 구해준 노파의 두 딸과 혼인하여 인류의 시조가 된다.

이 이야기는 다른 자료집에도 실려 있는데, 거기에는 끝부분에 '착한 사람은 목 도령의 후손이고, 악한 사람은 목 도령을 모함한 청년의 후손'이라는 말이 첨가되어 있다.

「대홍수와 목도령」에서 유의할 점은 목 도령의 구함을 받은 청년의 배신이다. 미물인 개미와 모기는 자기의 생명을 구해준 은혜를 잊지 않고, 그 은혜를 갚는다. 그런데 만물의 영장(靈長)이라는 인간은 눈앞의 이익에 눈이 어두워 생명의 은인을 모함한다. 이 청년의 악한 마음은 사람들의 마음속에 흐르고 있는 악한 마음과 맥을 잇고 있는 것은 아닐까 하는 생각이 든다.

이 이야기에서 흥미로운 점은 하늘의 선녀가 목신의 정기에 감응하여 목 도령을 낳은 것이다. 이것은 나무를 영적인 존재로 보아 신성시하고, 하늘의 선녀가 인간계에 왕래한다는 의식을 바탕으로 하여 목 도령을 신이한 존재로 꾸민 것이다. 신이한 존재인 목 도령은 개미와 모기를 사랑하는 마음으로 구해주었다. 그리고 그들의 도움을 받아 어려운 문제를 해결하고, 인류의 시조가 되었다.

「대홍수와 남매」에서는 대홍수에 겨우 살아남은 남매가 혼인하여 인류의 시조가 되었다고 한다. 남매는 인륜상 혼인할 수 없지만, 둘이 혼인하지 않으면 사람의 씨가 마를 것이 걱정되어 고민하다가 하느님의 뜻을 알아보기로 한다. 남매가 하느님의 뜻을 알아보기 위해 행한 방법은 두 가지로 전해 온다. 한 이야기에서는 남매가 서로 다른 산봉우리에 올라가 각각 암수 맷돌을 굴리고, 다른 이야기에서는 각각 다른 산봉우리에 올라 청솔가지에 불을 질러 연기를 피운다. 그러자 암수 맷돌이 포개지고, 곧게 오르던 연기가 하늘에서 합해진다. 이를 보고 남매는 하느님이 혼인을 허락하는 것으로 생각하고 혼인한다.

「대홍수와 남매」와는 달리 충주의 「달래강 전설」에서는 남매간의 결합을 용납하지 않는다. 옛날에 강 건너에 있는 밭에서 일하던 남매가 갑자기 큰비를 만났다. 옷을 벗어들고 강을 건너던 오빠는 앞서가는 동생의 벗은 몸을 보고, 성욕이 발동하였다. 강을 건너온 오빠는 여동생을 보고 성욕을 느낀 것을 욕되게 여겨, 가지고 있던 낫으로 자기의 성기를 자르고, 그 자리에서 쓰러져 죽었다. 이를 본 여동생이 "날 보고 달래나 보지!" 하고 통곡하다가 그 자리에서 죽었다. 그 뒤로 사람들은 그 강을 '달래강'이라고 하였다고 한다.

이 이야기는 충남 홍성의 '달라지 고개', 강원도 철원의 '달래산', 경북 경주 지방의 '달래나 보지 고개', 경남 마산의 '말이나 해보지 고개', 평안북도 정주의 '달래강' 전설에도 전해 온다(최운식, 『함께 떠나는 이야기 여행』, 민속원, 2004, 263~264쪽 참조). 이들 이야기에서는 남매혼인을 인륜에 어긋나는 것으로 보아 허락하지 않아 비극적인 결말을 맺는다.

남매혼인을 인정하는 기준은 무엇일까? 「대홍수와 남매」처럼 인류의 멸절을 막아야 한다는 대의명분이 있을 경우에는 남매혼인을 허용한다. 또 다른 이야기에서는 씨족의 멸절을 막아야 하는 극한 상황에서 남매혼인을 용인한다. 인류 또는 씨족의 멸절을 막아야 한다는 대의명분이 인륜을 누른 것이다.

두 이야기의 비교

성경의 「노아의 홍수」와 한국의 홍수 이야기는 대홍수 때 살아

남은 사람의 이야기라는 점에서 일치한다. 그러나 서로 다른 점도 있다.

홍수의 원인을 보면, 「노아의 홍수」에서는 인간의 악행이 극에 달한 것을 보신 하나님의 징벌로 일어난다. 이에 비하여 한국 이야기에서는 홍수의 원인에 대한 설명이 없는 것으로 보아 천재지변으로 보는 입장을 취하고 있다.

홍수에서 살아남은 사람을 보면, 「노아의 홍수」에서는 의롭고 흠 없는 노아와 그의 가족들만 하나님의 은혜로 살아남는다. 이때 온갖 짐승과 새들도 방주에 들어가 살아남는다. 이에 비하여 「대홍수와 남매」에서는 남매가 살아남는 이유나 동기에 관한 설명이 없다. 「대홍수와 목 도령」에서는 목 도령과 그의 도움을 받은 남자아이가 살아남는다.

홍수가 끝난 뒤를 보면, 「노아의 홍수」에서는 노아의 가족들이 새로운 땅에서, 하나님의 은총을 받으며 풍성하게 산다. 그리고 노아의 아들들이 각 민족의 시조가 된다. 한국 이야기에서는 신의 허락을 받아 혼인한 남매, 신이한 존재인 목 도령과 그의 구함을 받은 청년이 인류의 시조가 된다.

「노아의 홍수」에는 악행을 저지르는 인간을 징벌하는 하나님의 단호하고 엄격한 의지가 표현되어 있다. 그러면서도 방주를 만들게 하여 노아의 가족과 함께 새와 짐승들까지 살리는 하나님의 따뜻한 사랑과 은총이 표현되어 있다. 깊은 신앙심을 가지고, 악을 멀리하며 선을 행하라는 가르침이 선명하다. 이에 비하여 「대홍수와 목 도령」에서는 자기의 이익을 위해 생명을 구해준 사람을 배신하는 악한 마음이 문제의 핵심이 되었다. 「대홍수와 남매」에서는 남매의 혼인 문제가 관심사이다. 이로써 한국의 홍수 이야기는 윤리와 도덕의 문제에 초점을 맞추고 있음을 알 수 있다.

❧ 4 ❧

소돔과 고모라의 멸망 – 장자못 이야기

예로부터 사람들은 착한 사람은 복을 받고, 악한 사람은 벌을 받기를 바라며 살아왔다. 그러나 예로부터 악행을 저지른 사람들이 번성하고, 오히려 선한 사람들이 그들의 박해를 받는 일이 종종 있었다.

사람들은 이런 현실에 분노하고 좌절감을 느끼면서도, 선한 사람이 복을 받고 악한 사람이 벌을 받을 것이라는 희망과 기대를 간직해 왔다. 이런 희망과 기대는 정의의 실현에 대한 믿음이 되었다. 이것은 사람의 힘에 의해서 이루어지지 않으면, 초월자의 힘으로 실현될 것이라고 믿었다.

다음과 같은 말은 사람들의 이러한 마음을 잘 나타낸다. "하늘이 무섭지 않으냐! 천벌을 받을 것이다.", "선을 쌓은 집안은 반드시 남는 경사가 있고, 불선을 쌓은 집안에는 반드시 남는 재앙이 있다[적선지가 필유여경(積善之家 必有餘慶), 적불선지가 필유여앙(積不善之家, 必有餘殃)]"

성경에는 악인이 하나님에 의해 벌을 받는 이야기가 많이 있다.

그중 흥미로운 이야기 둘을 들라면, 「노아의 홍수」와 「소돔과 고모라의 멸망」을 들 수 있다. 「노아의 홍수」는 앞에서 살펴보았으므로, 여기서는 「소돔과 고모라의 멸망」을 살펴보려고 한다. 이에 대응하는 한국의 이야기로는 전국 각지에서 전파·전승되어 온 「장자못 이야기」가 있다.

소금과 고모라의 멸망

소돔과 고모라성의 멸망은 하나님의 계획에 의한 것이다. 하나님은 아브라함에게 죄악이 넘쳐나는 소돔과 고모라성에 벌을 내릴 것을 알린다. 이에 아브라함은 악인을 징벌하기 위해 의인을 희생시키는 것은 적절하지 않다고 말씀드려 의인 10명만 있어도 두 성에 징벌을 내리지 않겠다는 약속을 받아낸다. 그러나 의인 10명이 없어 소돔과 고모라성은 멸망하고 말았다.

아브라함이 소돔을 위해 빌다

주님께서 또 말씀하셨다.

"소돔과 고모라에서 들려오는 저 울부짖는 소리가 너무 크다. 그 안에서 사람들이 엄청난 죄를 저지르고 있다. 이제 내가 내려가서, 거기에서 벌어지는 모든 악한 일이 정말 나에게까지 들려 온 울부짖음과 같은 것인지를 알아보겠다."

그 사람들은 거기에서 떠나서 소돔으로 갔으나, 아브라함은 주님 앞에 그대로 서 있었다.

아브라함이 주님께 가까이 가서 아뢰었다.

"주님께서 의인을 기어이 악인과 함께 쓸어버리시렵니까? 그 성 안에 의인이 쉰 명이 있으면, 어떻게 하시겠습니까? 그래도 주님께서는 그 성을 기어이 쓸어버리시렵니까? 의인 쉰 명을 보시고서도, 그 성을 용서하지 않으시렵니까? 그처럼 의인을 악인과 함께 죽게 하시는 것은, 주님께서 하실 일이 아닙니다. 의인을 악인과 똑같이 보시는 것도 주님께서 하실 일이 아닌 줄 압니다. 세상을 심판하시는 분께서는 공정하게 판단하셔야 하지 않겠습니까?"

주님께서 대답하셨다.

"소돔성에서 내가 의인 쉰 명만 찾을 수 있으면, 그들을 보아서라도 그 성 전체를 용서하겠다."

아브라함이 다시 아뢰었다.

"티끌이나 재밖에 안 되는 주제에, 제가 주님께 감히 아룁니다. 의인이 쉰 명에서 다섯이 모자란다고 하면, 어떻게 하시겠습니까? 다섯이 모자란다고 성 전체를 다 멸하시겠습니까?"

주님께서 대답하셨다.

"내가 거기에서 마흔다섯 명만 찾아도, 그 성을 멸하지 않겠다."

아브라함이 다시 한 번 주님께 아뢰었다.

"거기에서 마흔 명만 찾으시면, 어떻게 하시겠습니까?"

주님께서 대답하셨다.

"그 마흔 명을 보아서, 내가 그 성을 멸하지 않겠다."

아브라함이 또 아뢰었다.

"주님! 노하지 마시고, 제가 말씀드리는 것을 허락하여 주시기 바랍니다. 거기에서 서른 명만 찾으시면, 어떻게 하시겠습니까?"

주님께서 대답하셨다.

"거기에서 서른 명만 찾아도, 내가 그 성을 멸하지 않겠다."

아브라함이 다시 아뢰었다.

"감히 주님께 아룁니다. 거기에서 스무 명만 찾으신다면, 어떻게 하시겠습니까?"

주님께서 대답하셨다.

"스무 명을 보아서라도, 내가 그 성을 멸하지 않겠다."

아브라함이 또 아뢰었다.

"주님! 노하지 마시고, 제가 한 번만 더 말씀드리게 허락하여 주시기 바랍니다. 거기에서 열 명만 찾으시면, 어떻게 하시겠습니까?"

주님께서 대답하셨다.

"열 명을 보아서라도, 내가 그 성을 멸하지 않겠다."

주님께서는 아브라함과 말씀을 마치신 뒤에 곧 가시고, 아브라함도 자기가 사는 곳으로 돌아갔다.

소돔의 죄

저녁때에 두 천사가 소돔에 이르렀다. 롯이 소돔성 어귀에 앉아 있다가, 그들을 보시고 일어나서 맞으며, 얼굴을 땅에 대고 엎드려 청하였다.

"두 분께서는 가시는 길을 멈추시고, 이 종의 집으로 오셔서, 발을 씻고, 하룻밤 머무르시기 바랍니다. 내일 아침에 일찍 일어나셔서, 길을 떠나시기 바랍니다."

그들이 대답하였다.

"아닙니다. 우리는 그냥 길에서 하룻밤을 묵을 생각입니다."

그러나 롯이 간절히 권하므로, 마침내 그들이 롯을 따라서 집으로 들어갔다. 롯이 그들에게, 누룩 넣지 않은 빵을 구워서 상을 차려주니, 그들은 롯이 차려준 것을 먹었다.

그들이 잠자리에 들기 전에, 소돔성 각 마을에서, 젊은이 노인 할 것 없이 모든 남자가 몰려와서, 그 집을 둘러쌌다. 그들은 롯에게 소리쳤다.

"오늘 밤에 당신의 집에 온 그 남자들이 어디에 있소? 그들을 우리에게로 데리고 나오시오. 우리가 그 남자들과 상관 좀 해야 하겠소."

롯은 그 남자들을 만나려고 바깥으로 나가서는, 뒤로 문을 걸어 잠 그고, 그들을 타일렀다.

"여보게들, 제발 이러지 말게. 이건 악한 짓일세. 이것 보게. 나에게 남자를 알지 못하는 두 딸이 있네. 그 아이들을 자네들에게 줄 터이 니, 그 아이들을 자네들 좋을 대로 하게. 그러나 이 남자들은 나의 집에 보호받으러 온 손님들이니까, 그들에게는 아무 일도 저지르지 말게."

그러자 소돔의 남자들이 롯에게 비켜서라고 소리를 지르고 나서 "이 사람이, 자기도 나그네살이를 하는 주제에, 우리에게 재판관 행세를 하려고 하는구나. 어디, 그들보다 당신이 먼저 혼 좀 나 보 시오."

하면서, 롯에게 달려들어 밀치고, 대문을 부수려고 하였다. 안에 있는 두 사람이, 손을 내밀어 롯을 안으로 끌어들인 다음에, 문을 닫아걸고, 그 집 대문 앞에 모여든 남자들을 젊은이 노인 할 것 없이 모두 쳐서, 그들의 눈을 어둡게 하여, 대문을 찾지 못하게 하였다.

롯이 소돔을 떠나다

그 두 사람이 롯에게 말하였다.

"식구들이 여기에 더 있습니까? 사위들이나, 아들들이나, 딸들이나, 딸린 가족들이 이 성 안에 더 있습니까? 그들을 다 성 바깥으로 데 리고 나가십시오. 우리는 지금 이곳을 멸하려고 합니다. 이 성 안에 있는 사람들을 규탄하는 크나큰 울부짖음이 주님 앞에 이르렀으므 로, 주님께서 소돔을 멸하시려고 우리를 보내셨습니다."

롯이 나가서, 자기 딸들과 약혼한 사윗감들에게 이 사실을 알렸다. 롯이 그들에게 말하였다.

"서두르게. 이 성을 빠져 나가야 하네. 주님께서 이 성을 곧 멸하실 걸세."

그러나 그의 사윗감들은 그가 농담을 한다고 생각하였다.

동틀 무렵에 천사들이 롯을 재촉하여 말하였다.

"서두르시오. 여기에 있는 부인과 두 딸을 데리고, 여기를 떠나시
오. 꾸물거리고 있다가는, 이 성이 벌을 받을 때에, 함께 죽고 말 것
이오."

그런데도 롯이 꾸물거리자, 그 두 사람은 롯과 그의 아내와 두 딸의
손을 잡아끌어서, 성 바깥으로 안전하게 대피시켰다. 주님께서 롯의
가족에게 자비를 베푸신 것이다.

그 두 사람이 롯의 가족을 성 바깥으로 이끌어내자마자, 그 가운데
한 사람이 롯의 가족에게 말하였다.

"어서 피하여 목숨을 건지시오. 뒤를 돌아보거나, 들에 머무르거나
하지 말고, 저 산으로 도피하시오. 그렇게 하지 않으면 죽고 말 것
이오."

이때에 롯이 그들에게 말하였다.

"다른 길을 말씀해 주시기 바랍니다. 두 분께서는 이 종을 좋게 보
시고, 저에게 크나큰 은혜를 베푸셔서, 저의 목숨을 구해 주셨습니
다. 그러나 제가 저 산까지 도피해 가다가는 이 재난을 피하지 못하
고, 죽게 될까 두렵습니다. 보십시오. 저기 작은 성이 하나 있습니다.
저 성이면 가까워서 피할 만합니다. 그러니, 그리로 피하게 하여 주
십시오. 아주 작은 성이 아닙니까? 거기로 가면 제 목숨이 안전할
것입니다."

그 사람이 롯에게 말하였다.

"좋소. 내가 그 청을 들어주겠소. 저 성은 멸하지 않겠소. 당신네가
거기에 이르기까지는, 내가 아무 일도 하지 않을 터이니, 빨리 그리
로 가시오."

롯이 그 성을 '작다'고 하였으므로, 사람들은 그 성의 이름을 소알이라
고 하였다.

소돔과 고모라가 멸망하다

롯이 소알에 이르렀을 때에, 해가 떠올라서 땅을 비췄다. 주님께서 하늘 곧 주님께서 계신 곳으로부터 소돔과 고모라에 유황과 불을 소나기처럼 퍼 부으셨다. 주님께서는 그 두 성과, 성 안에 사는 모든 사람과 넓은 들과, 땅에 심은 채소를 다 엎어 멸하셨다. 롯의 아내는 뒤를 돌아보았으므로, 소금기둥이 되었다.

다음 날 아침에 아브라함이 일찍 일어나서, 주님을 모시고 서 있던 그곳에 이르러서, 소돔과 고모라와 넓은 들이 있는 땅을 내려다보니, 거기에서 솟아오르는 연기가 마치 옹기가마에서 나는 연기와 같았다.

하나님은, 들에 있는 성들을 멸하실 때에, 아브라함을 기억하셨다. 그래서 하나님은, 롯이 살던 그 성들을 재앙으로 뒤엎으실 때에, 롯을 그 재앙에서 건져 주신 것이다. 〈『새번역 성경』「창세기」 18:20~19:29〉

소돔과 고모라성의 주민들은 악행을 일삼았으므로, 울부짖는 소리가 하나님께 들렸다. 하나님은 사람의 모습을 한 천사 둘을 소돔성으로 보내어 그곳 사람들의 악행이 어느 정도인가를 확인하게 한다.

롯은 그 두 사람이 천사인 줄을 모르고, 나그네를 잘 대접하는 유목민의 접대 의식대로 그들을 잘 대접한다. 그런데 밤에 젊은이, 노인 할 것 없이 모든 남자들이 롯에게 몰려와 그 남자들과 상관하게 내놓으라고 한다. 이 말은 집단적으로 '동성간음'을 하겠다는 것으로, 성적 질서가 매우 문란하였음을 말해 준다. 롯은 남자를 모르는 두 딸을 내어 줄 터이니, 나그네를 해치지 말라고 한다. 그러나 그들은 롯의 만류를 무시한 채 롯을 밀치고, 대문을 부수려 한다. 이런 과정을 통해 두 천사는 롯의 착한 마음과 그곳 주민의 악행을 확인한다.

천사는 두 성을 멸하시려는 하나님의 비밀을 롯에게 알리고, 가족과 함께 피하라고 한다. 롯은 두 딸과 약혼한 사윗감에게 함께 가자고 하였으나, 그의 사윗감들은 농담으로 치부하고 따르지 아니한다. 그래서 두 사람은 구원의 행렬에 끼지 못하고, 소돔성과 함께 멸망한다.

롯의 아내는 구원의 행렬에 끼기는 하였으나, '뒤를 돌아보지 말라'는 금기(禁忌, taboo)를 어겼기 때문에 소금기둥이 되고 말았다. 롯의 아내는 자기가 살던 곳에 굉음이 들리고, 하늘에서 유황불이 쏟아지는 괴변이 일어나자, 자기도 모르게 뒤를 보았을 것이다. 이것은 인간적인 약점이기는 하지만, 말씀에 순종하는 마음이 약하였고, 지난날에 대한 집착을 버리지 못한 때문이었을 것이다. 그 순간에 그녀는 소금기둥이 되고 말았다.

장자못 이야기

「소돔과 고모라」에 대응하는 한국 이야기로는 「장자못 이야기」를 꼽을 수 있다. 이 이야기는 욕심 많고 인색한 부자가 시주를 청하는 스님을 홀대한 벌로 그 집이 함몰되어 연못이 되었다는 내용이다. 이를 학계에서는 「장자못 전설」이라고 한다.

이 전설은 한두 군데에서만 전해 오는 것이 아니라, 여러 곳에 있는 연못과 바위의 유래를 설명하는 이야기로 전해 온다. 이 전설이 전해 오는 곳은 필자가 확인한 곳만 하여도 강원도 태백의 황지·고성의 송지호와 화진포호·강릉의 경포호, 충북 제천의 의림지,

충남 논산의 장자못·공주의 용못 등 여러 곳이 있다.

황지 이야기

옛날에 도가 높은 대사가 지나다가 황 부자의 가운이 기울어가는 것을 보고, 운을 돌려주려고 대문 앞에서 염불을 하였다.

대사가 외양간에서 두엄을 치고 있던 황 부자에게 시주를 청하였으나, 그는 시주하는 것이 아까워서 못 들은 척 일만 하였다.

그는 염불을 계속하는 대사에게 '두엄도 밭에 나가면 곡식을 자라게 하는 돈'이라면서 두엄을 퍼 주었다. 대사는 두엄을 바랑에 받아 멘 뒤에 발길을 돌렸다.

이때 아기를 업은 채 아침밥을 지으려고 나온 며느리가 이 광경을 보고 깜짝 놀랐다. 그녀는 대사에게 쌀을 주면서, 시아버지의 잘못을 용서해 달라고 하였다. 시주 쌀을 받은 대사는 며느리에게 다른 사람에게 말하지 말고, 자기를 따라오라고 하면서 '뒤에서 무슨 소리가 나도 절대로 뒤를 돌아보지 말라'고 하였다.

그녀가 대사를 따라서 산 고개에 이르렀을 때 뒤쪽에서 뇌성벽력이 일었다. 그녀가 자기도 모르게 뒤를 돌아보자, 아기를 업은 채 돌미륵으로 변하였다.

그녀가 살던 집은 함몰되어, 집이 있던 곳은 상지, 외양간과 방앗간 터는 중지, 변소 터는 하지가 되었다.

〈최운식, 『다시 떠나는 이야기 여행』, 종문화사, 2007, 21~25쪽.〉

위에 적은 이야기는 강원도 태백시 중심부인 황지공원에 있는 「황지(黃池) 전설」이다. 맑고 깨끗한 물이 샘솟는 황지는 낙동강의 발원지이다. 『동국여지승람(東國輿地勝覽)』이나 『택리지(擇里志)』를 보면, 황지는 낙동강의 발원지로, 가물 때에는 이곳에서 기우제를 지냈다고 한다. 이로 보아 황지는 옛 신라와 가야의 번영을 이룩하게 하였고, 오늘날에도 한반도 남쪽의 젖줄인 낙동강 1,300리에 끊임없이 물을 흘려보내고 있음을 알 수 있다.

여기에는 둘레가 100m가량 되는 상지와 50m·30m가량 되는 중지·하지의 세 개 연못이 있다. 이를 모두 합하여 황지라고 한다. 황지는 장마 때나 가뭄 때나 변함없이 하루에 5,000여 톤의 물이 솟아 흐르는데, 물의 온도는 추울 때나 더울 때나 늘 15℃ 내외로 변화가 없다고 한다. 해발 700m나 되는 이곳에서 하루에 5,000톤가량의 물이 솟아오르고, 수온이 늘 같다는 것이 참으로 신기하다.

위 이야기에서 황 부자는 지나치게 인색하고, 스님을 능멸하였기 때문에 죽임을 당하고, 집터도 함몰되어 연못으로 변하였다. 황 부자의 며느리는 스님께 시주하면서 시아버지의 잘못을 용서해 달라고 빌었으므로 구원을 받을 수 있었지만, '뒤를 돌아보지 말라'는 금기를 지키지 못하여 바위가 되었다고 한다. 그 바위는 삼척시 도계읍 구사리에 있는데, 황지공원에서 좀 멀리 떨어져 있어 가기에 불편하다. 이를 감안하여 태백시에서는 황지공원 안에 이 전설의 며느리 석상을 만들어 세워 놓았다.

위 이야기에서 핵심이 되는 것은 부자가 시주를 청하는 스님에게 쇠똥을 준 것이다. 초월적 존재인 신은 인색하고, 탐욕스럽다고 지탄을 받는 부자의 악한 마음을 다시 확인하기 위해 대사를 보내어 시주를 청하게 하였다. 불교는 통일신라 이후 고려, 조선을 거치는 동안 서민 대중에게 널리 확산되어 많은 지지를 받았다. 그래서 신앙심의 차이는 있을지언정 스님에게 호의를 가지고 시주를 하는 것은 널리 행해지던 일이었다. 그런데 부자는 스님에게 시주는커녕

쇠똥을 주어 그의 악함을 드러낸다. 이것은 부자가 불교를 능멸하고 스님을 학대하는 것은 물론, 가난하고 불쌍한 사람을 돕지 않는, 인색하고 탐욕스런 사람이라는 것을 말해 준다. 그래서 그의 집터는 함몰되어 연못이 되고, 부자는 그 집과 함께 땅 밑으로 가라앉고 말았다. 이것은 악인에 대한 신의 징벌이다.

며느리가 뒤를 돌아본 것은 보통 사람이 취할 수 있는 자연스런 행동이다. 그녀는 벼락이 치는 소리를 듣자마자 자기 집에 천둥 번개와 함께 벼락이 떨어지는 것을 직감하였다. 그와 동시에 '집은 어떻게 되었고, 남편과 시부모님은 어떻게 되었을까?' 궁금하고 걱정스러웠을 것이다. 그래서 '뒤를 돌아보지 말라'는 금기를 깜박 잊고, 순간적으로 뒤를 돌아본 것이다. 뒤를 돌아본 것은 그녀가 바로 그 시각이 악을 징벌하여 파멸시키는 엄숙한 순간이고, 금기의 파기가 엄청난 비극을 초래할 것이라는 사태의 심각성을 인식하지 못한 데서 온 순간적인 실수인 것이다. 이것은 인간성의 결함, 비극적인 결함 때문이라 하겠다. 그러나 선과 악을 구별하여 징벌하는 엄숙한 순간에는 이러한 작은 실수마저도 용납될 수 없었던 것이다.

마른하늘에서 천둥·번개가 일고, 소나기가 내려 부잣집의 넓은 집과 터가 연못으로 변하는 현상은 하늘이 땅의 모습을 변화시키는 것으로, 작은 천지개벽에 해당된다. 하늘이 천지개벽의 역사를 행하는 것은 천지조화의 비밀, 즉 천기(天機, 하늘의 기밀 또는 조화의 신비)에 해당한다. 천기가 인간에게 누설되어서는 아니 된다. 그래서 착한 며느리에게 '누구에게 이야기해서도 아니 되고, 뒤를 돌아보지 말아야 한다.'는 금기를 주었던 것이다. 그러나 며느리는 누구에게도 말하지 말라는 금기는 지켰지만, 순간적인 실수로 '돌아보지 말라.'는 금기를 깨뜨리고, 천지조화가 이루어지는 현장을 목격하고 말았다. 며느리는 천지조화가 일어나는 현장을 목격한 벌로 바위가 된 것이다. 이것은 천기가 누설되어서는 아니 된다는 강한 의식의 표현이라 하겠다.

두 이야기의 비교

「소돔과 고모라의 멸망」과 「장자못 이야기」는 신이한 존재자가 악인을 징벌한다는 점에서 일치한다. 그러나 부분적인 면에서는 차이를 보인다. 악인을 징벌하는 초월적인 존재는 「소돔과 고모라의 멸망」에서는 이스라엘 민족의 유일신인 여호와 하나님이다. 하나님의 지시를 받아 그곳 주민의 악함을 확인하고, 벌을 내리는 역할을 하는 사자는 사람의 모습으로 온 두 천사이다. 이에 비해 「황지 이야기」에서는 초월적인 존재는 부처님이고, 그의 뜻을 행하는 사자는 스님이다. 이런 차이를 보이는 것은 「소돔과 고모라의 멸망」은 유일신인 하나님을 믿는 이스라엘 민족의 신앙심을 바탕으로 한 것이기 때문이다. 이에 비하여 「황지 이야기」는 4세기경에 한반도에 들어온 불교를 기저로 한 한국인의 신앙심을 바탕으로 한 때문일 것이다.

「소돔과 고모라의 멸망」에는 악행을 한 사람에게는 벌을 내리고, 선행을 한 사람에게는 복을 준다는 하나님의 결연한 의지가 표출되어 있다. 그런데 아브라함은 그곳에 의인 10명이 있으면, 멸하지 말아 달라고 하나님께 청원하여 허락을 받는다. 이것은 악인이 벌을 받는 것은 당연하지만, 악인을 벌하는 과정에서 선인이 피해를 당해서는 안 된다는 의식을 반영한 것이다. 그러나 소돔과 고모라성에는 의인 10명이 없어 멸망을 당하였다. 「황지 이야기」에서는 인색하기 짝이 없으며, 불교를 능멸하고 대사를 욕보인 부자를 벌하는 것으로 되어 있다. 여기서는 탐욕스런 부자 한 사람을 벌할 뿐 그 마을이나 고을에는 징벌을 내리지 않는다.

　「소돔과 고모라의 멸망」에서는 '뒤를 돌아보지 말라.'는 금기를 어긴 롯의 아내가 '소금 기둥'으로 변하였다. 이에 비하여 「황지 이야기」를 비롯한 「장자못 전설」에서는 금기를 어긴 며느리가 '바위'가 된다. 이것은 이스라엘은 사해 가까이에 있어 돌소금이 많은 곳인데 비하여, 한국은 돌소금은 나지 않고 바위가 많은 지역이기 때문이다. 이처럼 두 이야기는 그 지역의 자연환경이나 종교에 따라, 그에 맞도록 구성되었다.

　물은 인간을 비롯한 모든 생물의 생명 유지에 없어서는 아니 되는 소중한 존재이면서, 무서운 파괴력과 정화력을 지닌다. 태백시 중심부에 자리 잡고 있는 황지는 「황지 전설」의 증거물이 되어 이 이야기가 실제로 있었던 일이라고 주장한다. 그리고 이곳을 찾는 사람들에게 물의 파괴력에 의한 징벌과 정화력에 의한 정화의 의미를 되새겨 볼 것을 권면한다.

∽ 5 ∾

아들을 제물로 바친 아브라함 — 인신공희 이야기

원시인들은 자기들의 생존과 직결되는 사냥을 하러 나가기 전에 자기가 잡으려고 하는 짐승의 형상을 그리거나 만들어 놓고, 사냥에 성공하기를 간절히 빌었다고 한다. 이것은 '비슷한 행위를 하면, 그와 비슷한 결과를 가져 온다'고 믿는 모방주술(模倣呪術) 심리를 바탕으로 한 제의의 원시적 형태이다.

이러한 제의 형태는 신이나 신성시하는 대상에게 제물을 바치면서 소원을 비는 형태로 변이되었다. 신에게 바치는 제물은 소원을 비는 사람이 가장 사랑하고 소중하게 여기는 어린 아들이나 순수한 처녀를 바칠 때 효험이 크다고 생각하였던 것 같다. 성경에 나오는, 몰렉신에게 아들을 바치는 이야기는 이런 풍습의 편린(片鱗)을 보여주는 것이라 하겠다.

시대가 변함에 따라 사람의 지혜가 발달하고, 사람의 목숨을 중시하는 의식도 강해졌다. 그에 따라 신에게 바치는 제물도 사람 대신 동물이나 맛있는 음식을 바치는 형태로 바뀌었다. 이것은 옛 기록이나 설화를 통해서 알 수 있다.

성경에는 믿음의 조상으로 꼽히는 아브라함이 모리야산에서 외아들 이삭을 번제물로 바치는 이야기가 기록되어 있다. 이에 상응하는 한국의 이야기로는 제의에서 사람을 제물로 바치는 '인신공희(人身供犧) 이야기'가 있다.

아브라함의 이삭 바치기

아브라함이 외아들 이삭을 번제물로 바치는 이야기는 하나님의 명령에 순종하는 아브라함의 고귀한 믿음을 드러낸다. 아브라함의 믿음을 확인한 하나님은 그에게 무한한 사랑과 은총을 약속한다.

> 하나님이 아브라함을 시험해 보시려고 그를 부르셨다.
> "아브라함아!"
> 하고 부르시니, 아브라함은
> "예, 여기에 있습니다."
> 하고 대답하였다. 하나님이 말씀하셨다.
> "너의 아들, 네가 사랑하는 외아들 이삭을 데리고 모리아 땅으로 가거라. 내가 너에게 일러주는 산에서 그를 번제물로 바쳐라."
> 아브라함이 다음 날 아침 일찍이 일어나서, 나귀의 등에 안장을 얹었다. 그는 두 종과 아들 이삭에게도 길을 떠날 준비를 시켰다. 번제에 쓸 장작을 다 쪼개어 가지고서, 그는 하나님이 그에게 말씀하신 그곳으로 길을 떠났다.
> 사흘 만에 아브라함은 고개를 들어서, 멀리 그곳을 바라볼 수 있었다. 그는 자기 종들에게 말하였다.
> "내가 이 아이와 저리로 가서, 예배를 드리고 너희에게로 함께 돌아올 터이니, 그동안 너희는 나귀와 함께 여기에서 기다리고 있거라."

아브라함은 번제에 쓸 장작을 아들 이삭에게 지우고, 자신은 불과 칼을 챙긴 다음에, 두 사람은 함께 걸었다. 이삭이 그의 아버지 아브라함에게 말하였다. 그가

"아버지!"

하고 부르자, 아브라함이

"얘야, 왜 그러느냐?"

하고 대답하였다. 이삭이 물었다.

"불과 장작은 여기에 있습니다마는, 번제로 바칠 어린 양은 어디에 있습니까?"

아브라함이 대답하였다.

"얘야, 번제로 바칠 양은 하나님이 손수 마련해 주실 것이다."

두 사람이 함께 걸었다. 그들이, 하나님이 말씀하신 그곳에 이르러서, 아브라함은 거기에 제단을 쌓고, 제단 위에 장작을 벌려 놓았다. 그런 다음에 제 자식 이삭을 묶어서, 제단 장작 위에 올려놓았다. 그는 손에 칼을 들고서, 아들을 잡으려고 하였다. 그때에 주님의 천사가 하늘에서

"아브라함아, 아브라함아!"

하고 그를 불렀다. 아브라함이 대답하였다.

"예, 여기 있습니다."

천사가 말하였다.

"그 아이에게 손을 대지 말아라! 그 아이에게 아무 일도 하지 말아라! 네가 너의 아들, 너의 외아들까지도 나에게 아끼지 아니하니, 네가 하나님을 두려워하는 줄을 내가 이제 알았다."

아브라함이 고개를 들고 살펴보니, 수풀 속에 숫양 한 마리가 있는데, 그 뿔이 수풀에 걸려 있었다. 가서 그 숫양을 잡아다가, 아들 대신에 그것으로 번제를 드렸다.

이런 일이 있었으므로, 아브라함이 그곳 이름을 '여호와이레'라고 하

였다. 오늘날까지도 사람들은 '주님의 산에서 준비될 것이다'는 말을 한다. 주님의 천사가 하늘에서 두 번째로 아브라함을 불러서 말하였다. "주님의 말씀이다. 내가 친히 맹세한다. 네가 이렇게 너의 아들까지, 너의 외아들까지 아끼지 않았으니, 내가 반드시 너에게 큰 복을 주며, 너의 자손이 크게 불어나서, 하늘의 별처럼, 바닷가의 모래처럼 많아지게 하겠다. 너의 자손은 원수의 성을 차지할 것이다. 네가 나에게 복종하였으니, 세상 모든 민족이 네 자손의 덕을 입어서 복을 받게 될 것이다." 〈『새번역 성경』「창세기」 22:1~18〉

위 이야기에서 하나님은 아브라함의 믿음을 시험하려고 100세에 낳은 외아들을 바치라고 한다. 이에 아브라함은 불평을 하거나 주저하지 않고, 외아들 이삭을 데리고 하나님이 지정한 장소로 간다.

이삭은 하나님께 번제를 드리러 간다는 아버지 아브라함의 말을 듣고, 함께 하나님이 지정한 장소로 간다. 아브라함은 종들을 기다리게 해놓고, 이삭만 데리고 산으로 올라간다. 이삭은 아버지 아브라함의 행동을 수상히 여겨 번제로 바칠 어린 양은 어디에 있느냐고 묻는다. 아버지는 하나님이 마련해 주실 것이라고 둘러댄다.

아브라함은 하나님이 지정한 장소에 이르러 제단을 쌓고, 장작을 벌여 놓은 뒤에 이삭을 묶어서 제단 장작 위에 올려놓는다. 이삭은 자기가 번제물이라는 것을 뒤늦게 알았지만, 아버지의 처사에 저항하거나, 불평을 하지 않고 순순히 따른다.

아브라함의 믿음을 확인한 하나님은 이삭에게 손을 대지 말라고 한다. 아브라함은 하나님이 준비해 준 숫양을 제물로 번제를 지낸 다음 산을 내려온다. 하나님의 명령에 철저히 따르는 아브라함의 믿음은 절대적이다. 이삭의 믿음 역시 칭찬할 만하다.

인신공희 이야기

사람을 제물로 바치는 내용을 이야기하는 「인신공희 설화」는 여러 유형의 이야기가 전해 온다. 이 이야기는 사람을 제물로 바치는 집단, 바쳐지는 사람, 제물을 받는 신이 화합하여 제의의 목적을 이루는 '화합형'과 제물을 받는 신과 대결하여 그 신을 퇴치함으로써 인신공희의 관습이나 제도를 없애버리는 '대결형'이 있다. 그중 한두 가지만을 골라 살펴보겠다.

용왕이 살려준 심청

심 봉사가 공양미 300석을 부처님께 시주하면 눈을 뜰 수 있다는 말을 듣고, 시주를 약속하였다. 그의 딸 심청은 공양미 300석을 준비하려고 애를 썼으나 마련할 길이 없어 걱정을 하고 있었다.

남경으로 장사하러 다니는 상인들이 왕래하는 장산곶 앞에 있는 인당수는 풍랑이 심하여 처녀를 제물로 바쳐야 그곳을 지날 수 있었다. 상인들이 제물로 쓸 처녀를 사러 다니는 것을 본 심청이 쌀 300석에 자기 몸을 팔았다.

선인들의 배를 타고 온 심청은 인당수에서 용왕에게 바치는 제물이 되어 바다에 빠졌다. 심청의 효성에 감동한 용왕은 심청을 연꽃에 넣어 바다 위로 보냈다.

그곳을 지나던 상인들이 연봉바위에 연꽃이 걸려 있는 것을 보고, 건져다가 임금께 바쳤다. 연꽃에서 나온 심청은 왕비가 되었다. 심청은 맹인 잔치를 열어 아버지를 만나고, 아버지 심 봉사는 눈을 떴다.

〈최운식 외, 『백령도』, 집문당, 1997, 124~126쪽.〉

위 이야기는 인천광역시 옹진군 백령면에 있는 백령도와 인근 지역에서 오래전부터 전해 오는 전설이다. 이 이야기는 고소설 「심청전」의 줄거리와 일치한다. 이 이야기에 나오는 장산곶, 인당수, 연봉바위는 이 지역에 실제로 있는 지명이다.

이 이야기와 「심청전」에 나오는 인당수는 백령도와 장산곶 사이에 있는 바다로, 풍랑이 심하기로 이름난 곳이다. 북쪽에서 남쪽으로 흐르던 바닷물이 장산곶을 지나자마자 급하게 안쪽으로 빨려들면서 물살이 빨라지고 여울진다. 그래서 인당수에서는 물이 빙빙 돌면서 회돌이목을 이루므로, 배들은 그곳을 피해 다닌다고 한다. 이처럼 이곳의 풍랑이 심한 것은 지형 탓인데도 불구하고, 옛사람들은 용왕의 조화라고 믿었다.

조선에서 중국으로 배를 타고 다니면서 장사를 하는 뱃사람들은 인당수를 지날 때마다 용왕을 달래기 위해 처녀를 제물로 바쳤다. 뱃사람들은 처녀를 사러 다니다가 몸을 팔겠다는 심청을 만난다. 심청은 공양미 300석을 마련하기 위해 몸을 팔아 인당수 용왕에게 바치는 제물이 되었다.

이 이야기에서 제물을 바치는 상인들은 물론 제물을 받은 용왕도 심청의 효성에 크게 감동하였다. 그래서 용왕은 제물로 받은 처녀 심청을 연꽃에 태워 이 세상으로 돌려보낸다. 「심청전」에서는 심청의 효성에 감동한 천신이 용왕에게 심청을 살려 보내라고 명령을 하여 살리고, 심청이 행복하게 살 수 있도록 해 준다.

옹주의 저택지

조선 성종 25년에 옹주의 저택을 새로 짓는데, 주춧돌 위에 기둥을 세워놓으면 넘어지곤 하였다.

그 앞을 지나던 풍수사가 주춧돌 밑에 어린아이를 묻어 지대를 압승(壓勝)하면, 기둥이 넘어지지 않고, 집도 튼튼하게 될 것이라고 하였다.

공사 책임자가 어린아이를 주춧돌 밑에 묻고 기둥을 세웠다.

그 후 기둥이 넘어지지 않을 뿐더러 집이 튼튼하게 지어졌다.

〈최상수, 『한국민간전설집』, 통문관, 1958, 48~59쪽.〉

위 이야기는 집을 지을 때 지신에게 어린아이를 제물로 바치는 일을 이야기한다. 그 결과 기둥이 넘어지지 않고, 집이 튼튼하게 지어졌다고 한다. 이런 이야기를 「인주 전설(人柱傳說)」이라고 한다. 이 이야기는 널리 전해 오지만, 실제로 있었던 일인지 아닌지는 확인할 수 없다.

『조선왕조실록』에는 「인주 전설」 이야기가 사실처럼 떠도는 것을 두고, '거짓말을 퍼뜨려 민심을 선동하며 놀라게 하는데, 틀림없이 그런 일이 없을 것'이라고 하여, 유언비어(流言蜚語)로 치부하였다.

『고려사』를 보면, 고려 때 개성에서는 '민가의 어린아이 수십 명을 붙들어 새 대궐의 주춧돌 밑에 묻으려고 한다'는 소문에 놀라서 아이를 안고 도망가고, 숨는 자가 있었다고 한다(『고려사』「세가(世家)」 권36 충혜왕 4년 4월조).

『조선왕조실록』에는 "경복궁을 중창하는 공사를 할 때 '어린아이를 땅에 묻어야 한다.'고 하여 사람들이 놀라고 두려워하여 갈팡질팡하였다. 중간에서 공갈을 하여 뇌물을 받는 자까지 있었다"라고 하였다(명종 9년 2월 12일조). 이러한 이야기는 고려 시대는 물론, 조선 시대에도 지신에게 사람을 제물로 바쳐야 한다는 의식이 남아있었음을 말해 준다.

벼락 맞은 아버지

전남 영암군 삼호면 저수지의 둑이 터져 이를 막는데, 자꾸 무너지곤 하였다. 용한 무당이 어린아이를 인주(人柱)로 묻고, 막으면 된다고 하였다.

촌장이 어린아이를 파는 사람에게 300냥을 준다고 광고하였다. 그 마을 김 서방이 아내 몰래 딸을 데려다 주고 돈을 받았다.

촌장은 어린아이를 묻고 공사를 계속하였다. 뒤늦게 이 일을 안 아이의 어머니가 뒤따라 와 보니, 김 서방은 바위 아래에서 돈을 세고 있었다. 그때 벼락이 내려 김 서방을 바위로 만들었다.

그 후 둑은 무너지지 않았다.

〈민명훈, 『한국대표야담전집 3』, 민중서관, 1980, 322~332쪽.〉

이 이야기에서 지신은 어린아이를 제물로 받고, 둑이 무너지지 않게 해 준다. 이로 보아 이 이야기는 화합형 인주 전설이라 할 수 있다. 그런데 제물로 바쳐진 아이의 아버지 김 서방은 술타령과 노름으로 소일하면서, 돈에 눈이 어두워 딸을 판 비정한 아버지이므로 천벌을 받는다. 이것은 사람을 제물로 바치는 일이 인륜에 어긋나는 비정한 일이므로, 이런 일은 없어져야 한다는 의식을 반영한 것이다.

김녕굴의 구렁이

제주도 김녕굴에 커다란 구렁이가 살고 있었다. 마을 사람들은 해마다 술과 밥 외에 열다섯 살 먹은 처녀를 제물로 바쳤다. 제물을 바치지 않으면 재난이 일어난다고 하여, 제주목사를 비롯하여 도민들이 극진히 제사를 지냈다.

조선 중종 10년에 서련(徐憐)이 판관으로 부임하였다. 이 말을 들은 서 판관은 이속(吏屬, 각 관아에 둔 구실아치)들에게 말하였다.

"그런 요물에게 어찌 무고한 처녀를 제물로 바쳐 생명을 빼앗게 하느냐!"

그는 그 구렁이를 죽이기로 작정하고, 준비하였다.

그는 이속과 군교(軍校, 각 군영과 지방 관아의 군무에 종사하던 낮은 벼슬아치)에게 화약·장작·숯, 칼과 창을 준비하게 하고, 전과 같이 제를 지내게 하였다. 얼마 뒤에 구렁이가 굴속에서 나와 처녀를 잡아먹으려고 입을 벌렸다. 그때 그가 창으로 구렁이의 머리를 찌르니, 군교들이 달려들어 창과 칼로 찔렀다. 구렁이가 죽자 피워놓은 불에 태웠다.

그가 일을 마치고 군교들과 말을 타고 성 안으로 들어오다가 뒤를 돌아보니, 붉은빛이 보였다. 그는 관아로 돌아와 혼도(昏倒, 정신이 어지러워 쓰러짐)하여 죽었다. 그런 뒤로 구렁이의 요사스럽고 흉악함도, 처녀를 바치는 일도 없어졌다.

〈최상수, 『한국민간전설집』, 통문관, 1958, 175~176쪽.〉

위 이야기는 제주시 구좌읍 김녕리에 있는 '김녕사굴'에 전하여 오는 이야기이다. 제주도에는 옛날부터 뱀신[蛇神]을 마을의 수호신으로 믿어왔다. 제주도 서귀포시 표선면 토산리 여드렛당과 제주시 구좌읍 월정리 당신 서낭할망이 그 대표적인 예이다. 『신증동국여지승람(新增東國輿地勝覽)』에도 제주도에서는 당에서 뱀을 모셨다는 기록이 있다(김종대, 『우리문화의 상징세계』, 다른세상, 2001, 221~222쪽 참조).

뱀은 예로부터 신이한 동물, 재생 또는 영생의 상징, 재물과 복을 가져다주는 업(한집안의 살림을 보호하거나 보살펴 준다고 하는 동물이나 사람)으로 여겨 신성시하였다. 그런 의식이 뱀신신앙을 형성하였고,

마침내는 마을의 수호신으로 신앙되었다. 그래서 제주도민은 처녀를 제물로 바치기까지 하였다.

「김녕굴의 구렁이」는 뱀을 신성시하는 신화적 속성이 약화되면서 생긴 이야기이다. 신화 시대에는 신이한 뱀의 역할과 기능이 강조되었다. 그러나 후대로 내려오면서 신이한 뱀이 일상적인 뱀으로 전락한다. 그래서 뱀신신앙은 위기를 맞게 된다.

젊고 용맹한 서련 판관은 뱀신신앙을 거부하고, 처녀를 제물로 바치는 것을 타파해야 할 악습으로 규정한다. 그래서 온 힘을 기울여 구렁이를 죽인다. 그 뒤로 뱀신에게 처녀를 바치는 풍습은 없어졌다. 그러나 서련 판관은 붉은빛으로 상징되는 뱀의 요기(妖氣, 요사스러운 기운)에 병을 얻어 죽고 말았다. 이것은 뱀이 지닌 신이성이 미약하나마 남아 있었음을 의미한다. 서련 판관의 묘는 고향인 충청남도 홍성군 구항에 있다.

두 이야기의 비교

「아브라함의 이삭 바치기」는 가나안 지역에 아들을 제물로 바치는 문화가 있었음을 말해 준다. 성경에는 가나안 지역의 원주민들이 몰렉신에게 아들을 제물로 바치는 이야기가 여러 번 나온다. 이로 보아 이 이야기는 가나안 지역의 원주민들이 몰렉신에게 아들을 제물로 바치던 풍습과 관련이 있을 수도 있다.

하나님이 아브라함에게 외아들을 바치라고 한 것은 본심이 아니었을 것이다. 만일 이것이 하나님의 본심이라고 한다면, 전능하시고 사랑이 많으시며, 사람의 마음을 속속들이 헤아리시는 하나님의 본 모습과 어긋난다. 이것은 어디까지나 아브라함의 믿음을 시험하기 위한 것이었다. 그러나 아브라함은 하나님이 자기를 시험하는 것이라고 생각하지 않고, 순종하였다. 하나님은 100세에 낳은 외아들을 어떤 불평이나 망설임 없이 번제물로 바치는 아브라함의 태도가 마음에 들었고, 더욱 믿음직스러웠다. 그래서 하나님은 숫양을 준비하여 번제물로 바치게 하고, 큰 복을 주실 것을 약속하신다. 그의 자손을 하늘의 별처럼, 바닷가의 모래처럼 많아지게 하고, 믿음의 조상이 되게 해 주시겠다고 하신다. 시험에 통과한 아브라함은 모든 것을 공급해 주시는 하나님의 보호 아래 온갖 복을 누리게 된다.

이삭은 번제를 드릴 장작더미에 누우면서 아버지가 자기를 제물로 바치려는 것을 알았을 것이다. 이삭은 이것을 안 뒤에도 아버지를 탓하거나 저항하지 않고 순복(順服, 순순히 복종함)하였다. 이삭의 아버지에 대한 신뢰와 순종하는 마음, 하나님을 향한 믿음은 하나님의 마음을 기쁘게 하였다. 그래서 이삭 역시 큰 복을 받아 행복하게 살았다.

한국의 경우, 『삼국사기』에 사슴과 돼지를 제물로 바쳤다는 기록이 있다. 이로 보아 동물을 제물로 바치는 일은 삼국시대 이전부터 있었음을 알 수 있다. 그렇다면, 인신공희는 삼국시대 이전에 사라진 것이 아니었을까 하는 생각이 든다. 그러나 인신공희에 대한 의식마저 바로 바뀐 것은 아니었다. 그래서 인신공희에 대한 의식을 바탕으로 한 여러 이야기들이 꾸며져서 전파·전승되어 왔을 것이다.

「용왕이 살려준 심청」과 「옹주의 저택지」는 바치는 사람과 바쳐지는 사람, 받는 신이 화합하여 목적을 달성하는 이야기이다. 그 뒤에 인신공희에 대한 의식이 변화되고, 인륜도덕이 강화됨에 따라「벼락 맞은 아버지」같은 이야기가 등장하였다. 그 뒤에「김녕굴의 구렁이」처럼 뱀신과 맞서 물리침으로 사람을 제물로 바치는 의식이 없어지는 대결형 인신공희 설화가 만들어졌다.

　아브라함의「이삭 바치기」나「인신공희 이야기」는 사람을 제물로 바치는 의식을 바탕으로 꾸며졌다는 점에서 일치한다. 그런데「이삭 바치기」는 아브라함의 하나님에 대한 순종의 마음을 시험하는 기능을 한다. 이 이야기는 시험을 통과한 아브라함이 큰 복을 누린 것처럼 자기의 소중한 것을 바치는 믿음을 가진 사람은 하나님이 주시는 큰 복을 받을 수 있다는 것을 일깨워 준다.

๑ 6 ๑

요셉의 해몽 — 해몽 이야기

꿈은 잠자는 동안에 깨어 있을 때와 마찬가지로 여러 가지 사물을 보고 듣는 정신 현상이다. 잠이 들면 중추신경 내부의 흥분성이 저하되기 때문에 뇌 속의 여러 영역에서 생기는 흥분이 넓게 전달되지 않고, 통일된 뇌의 활동이 풀리어 떨어져 나가는 상태가 나타난다. 이 상태에서 일어나는 표상 작용을 보통 꿈이라고 한다.

꿈에는 잠자는 사람의 주변 환경이나 자극에 의해 꾸는 '감각적인 꿈'이 있는가 하면, 이런 것과는 관련 없이 꾸는 '정신적인 꿈'이 있다. 정신적인 꿈에는 현실을 반영하는 꿈도 있고, 앞일을 알려주는 꿈도 있다.

옛사람들은 꿈을 영적(靈的)인 활동의 산물이라고 믿었다. 그래서 꿈의 내용을 신성하게 여기고, 앞으로 일어날 일을 보여주는 조짐으로 생각하였다. 그래서 꿈을 해석하여 미래의 일을 알아내고, 길흉을 점치는 방법을 만들어내었다. 꿈을 해석하는 것을 '해몽(解夢)'이라고 하고, 꿈을 근거로 미래사를 점치는 것을 '몽점(夢占)'이라고 한다. 이것은 주로 사제(司祭), 주술사(呪術師), 지혜롭고 경험이 풍부한 장로 등이 하였다.

성경에는 많은 꿈 이야기가 있는데, 요셉이 꾼 꿈과 해몽에 관한 이야기가 흥미롭다. 이에 상응하는 한국의 이야기에는 신라 김경신(후일의 원성왕)의 꿈, 세 선비의 꿈, 이성계의 꿈 등을 풀이하는「해몽 이야기」가 전해 온다.

요셉의 꿈과 해몽

요셉은 야곱과 라헬 사이에서 늦게 태어난 아들이다. 야곱은 늦게 얻은 요셉을 다른 아들들보다 사랑하여서 그에게 화려한 옷을 지어서 입혔다. 형들은 아버지가 그를 자기들보다 더 사랑하는 것을 보고서 요셉을 미워하며, 그에게 말 한마디도 다정스럽게 하는 법이 없었다.

요셉은 열일곱 살 때 꿈을 꾸고, 형들과 아버지한테 꿈 이야기를 하였다.

요셉의 꿈

한 번은 요셉이 꿈을 꾸고서 그것을 형들에게 말한 일이 있는데, 그 일이 있은 뒤로부터 형들은 그를 더욱더 미워하였다.

요셉이 형들에게 말하였다.

"내가 꾼 꿈 이야기를 한 번 들어 보셔요. 우리가 밭에서 곡식단을 묶고 있었어요. 그런데 갑자기 내가 묶은 단이 우뚝 일어서고, 형들의 단이 나의 단을 둘러서서 절을 하였어요."

형들이 그에게 말하였다.

"네가 우리의 왕이라도 될 성싶으냐? 정말로 네가 우리를 다스릴 참이냐?"

형들은 그의 꿈과 그가 한 말 때문에 그를 더욱더 미워하였다.

얼마 뒤에 그는 또 다른 꿈을 꾸고, 그것들을 형들에게 말하였다. "들어보셔요. 또 꿈을 꾸었어요. 이번에는 해와 달과 별 열한 개가 나에게 절을 했어요."

그가 아버지와 형들에게 이렇게 말할 때에, 그의 아버지가 그를 꾸짖었다.

"네가 꾼 그 꿈이 무엇이냐? 그래, 나하고 너의 어머니하고 너의 형들이 함께 너에게로 가서, 땅에 엎드려서, 너에게 절을 할 것이란 말이냐?"

그의 형들은 그를 시기하였지만, 아버지는 그 말을 마음에 두었다.

〈『새번역 성경』「창세기」 37:5〜10〉

위 이야기는 요셉이 열일곱 살 때 꾼 꿈으로, 그의 앞날을 예시해 준다. 먼저 꾼 꿈은 형들이 자기에게 머리 숙일 일을 미리 알려준 것이고, 뒤의 꿈은 10명의 형은 물론 해와 달로 상징되는 아버지와 어머니까지 그에게 머리 숙일 것을 미리 보여준다. 그의 꿈 이야기를 들은 형들은 그를 미워하는 마음이 더 강해진다. 그러나 아버지는 그의 말을 마음에 담아 두었다.

요셉을 미워하는 형들은 그를 죽이려다가 이스마엘 상인들에게 팔았다. 상인들은 그를 이집트 왕의 경호대장 보디발의 종으로 넘겼다. 요셉은 근면 성실하고, 지혜롭게 처신하였으므로, 보디발의 신임을 얻어 그 집안의 일을 도맡아서 하였다.

요셉의 수려한 미모에 반한 보디발의 아내는 요셉을 유인하여 동침할 것을 요구한다. 요셉이 이를 뿌리치자, 그 여자는 요셉이 자기를 겁탈하려다가 옷을 벗어놓고 도망하였다고 거짓말을 한다. 아내의 말에 속아 넘어간 보디발은 요셉을 지하 감옥에 가두었다. 요셉은 거기서 만난 이집트 왕의 시종장 두 명의 꿈을 해몽해 준 것이 계기가 되어 왕의 꿈을 해몽하고, 앞일을 해결할 적임자로 인정되어 총리가 된다.

7년 동안 이어지는 흉년에 식량을 구하러 온 그의 형들은 총리가 된 야곱 앞에서 머리를 숙여 절한다. 그 뒤에 아버지 어머니까지 와서 그의 공을 치하한다. 이렇게 하여 요셉이 열일곱 살 때 꾼 꿈은 실현되었다. 그러고 보면, 요셉은 자기가 꾼 꿈과 해몽으로, 운명을 개척한 사람이다.

요셉의 해몽(1)

술잔을 올리는 시종장이, 자기가 꾼 꿈 이야기를 요셉에게 하였다. "내가 꿈에 보니, 나의 앞에 포도나무가 있고, 그 나무에는 가지가 셋이 있는데, 거기에서 싹이 나더니, 곧 꽃이 피고, 포도송이가 익었네. 바로의 잔이 나의 손에 들려 있기에 내가 포도를 따다가, 바로의 손에 올렸지"
요셉이 그에게 말하였다.
"해몽은 이러합니다. 가지 셋은 사흘을 말합니다. 앞으로 사흘이 되면 바로께서 시종장을 불러내서, 직책을 되돌려 주실 것입니다. 시종장께서는 전날 술잔을 받들어 올린 것처럼, 바로의 손에 술잔을 올리게 될 것입니다. 시종장께서 잘 되시는 날에, 나를 기억하여 주시고, 나를 따로 생각해 주시기 바랍니다. 그리고 바로에게 나의 사정을 말씀드려서, 나도 이 감옥에서 풀려나게 해 주시기 바랍니다. 나는 히브리 사람이 사는 땅에서 강제로 끌려온 사람입니다. 그리고 여기에서도 내가 이런 구덩이 감옥에 들어올 만한 일은 하지 않았습니다."

빵을 구워 올리는 시종장도 그 해몽을 듣고 보니 좋아서, 요셉에게 말하였다.

"나도 한 꿈을 꾸었는데, 나는 빵이 담긴 바구니 세 개를 머리에 이고 있었네. 제일 위에 있는 바구니에는, 바로에게 드릴 온갖 구운 빵이 있었는데, 새들이, 내가 이고 있는 바구니 안에서 그것들을 먹었네."

요셉이 말하였다.

"해몽은 이러합니다. 바구니 셋은 사흘을 말합니다. 앞으로 사흘이 되면, 바로께서 시종장을 불러내서, 목을 베고 나무에 매다실 터인데, 새들이 시종장의 주검을 쪼아 먹을 것입니다."

그러한 지 사흘째 되는 날, 그날은 바로의 생일인데, 왕은 신하들을 다 불러 모으고 잔치를 베풀었다. 술잔을 올리는 시종장과 빵을 구워 올리는 시종장이, 신하들이 모인 자리에 불려 나갔다. 바로에게 술을 따라 올리는 시종장은 직책이 회복되어서, 잔에 술을 따라서 바로의 손에 올리게 되고, 빵을 구워 바치는 시종장은 매달려서 처형되니, 요셉이 그들에게 해몽하여 준 대로 되었다. 그러나 술잔을 올리는 시종장은 요셉을 기억하지 못하였다. 그는 요셉을 잊고 있었다.

<『새번역 성경』「창세기」 40:9~23>

요셉의 해몽(2)

그로부터 만 이 년이 지나서, 바로가 꿈을 꾸었다. 그가 나일강 가에 서 있는데, 잘 생기고 살이 찐 암소 일곱 마리가 강에서 올라와서, 갈밭에서 풀을 뜯는다. 그 뒤를 이어서 흉측하고 야윈 다른 암소 일곱 마리가 강에서 올라와 먼저 올라온 소들과 강가에 선다. 그 흉측하고 야윈 암소들이, 잘생기고 살이 찐 암소들을 잡아먹는다. 바로는 잠에서 깨어났다.

그가 다시 잠들어서, 또 꿈을 꾸었다. 이삭 일곱 개가 보인다. 토실토실하고 잘 여문 이삭 일곱 개가 나오는데, 그것들은 모두 한 줄기에서 나와서 자란 것들이다. 그 뒤를 이어서 또 다른 이삭 일곱 개가 피어 나오는데, 열풍이 불어서, 야위고 마른 것들이다. 그 야윈 이삭이, 토실토실하게 잘 여문 이삭 일곱 개를 삼킨다. 바로가 깨어나 보니, 꿈이다.

……(중략)…….

바로가 요셉에게 말하였다.

"꿈에 나일강 가에 서 있는데, 살이 찌고 잘생긴 암소 일곱 마리가 강에서 올라와서, 갈밭에서 풀을 뜯었다. 그것들의 뒤를 이어서, 약하고 아주 흉측하고 야윈 다른 암소 일곱 마리가 올라오는데, 이집트 온 땅에서 내가 일찍이 본 일이 없는 흉측하기 짝이 없는 그런 암소들이었다. 그 야위고 흉측한 암소들은 먼저 올라온 기름진 암소 일곱 마리를 잡아먹었다. 흉측한 암소들은 살이 찐 암소들을 잡아먹었는데도, 여전히 굶은 암소처럼 흉측하였다. 그리고는 내가 깨어났다. 내가 또다시 꿈에 보니, 한 줄기에서 자란 이삭 일곱 개가 있는데, 잘 여물고 실한 것들이었다. 그것들의 뒤를 이어서, 다른 이삭 일곱 개가 피어 나오는데, 열풍이 불어서 시들고 야위고 마른 것들이었다. 그 야윈 이삭이 잘 여문 일곱 이삭을 삼켜 버렸다. 내가 이 꿈 이야기를 마술사와 현인들에게 들려주었지만, 아무도 나에게 그 꿈을 해몽해 주지 못하였다."

요셉이 바로에게 말하였다.

"임금님께서 두 번 꾸신 꿈의 내용은 다 같은 것입니다. 임금님께서 장차 하셔야 할 일을 하나님이 보여 주신 것입니다. 그 좋은 암소 일곱 마리는 일곱 해를 말하고, 잘 여문 이삭 일곱 개도 일곱 해를 말하는 것입니다. 두 꿈이 다 같은 내용입니다. 뒤따라 나온 야위고 흉측한 암소 일곱 마리나, 열풍에 말라 버린 쓸모없는 이삭 일곱 개도, 역시 일곱 해를 말합니다. 이것들은 흉년 일곱 해를 말하는 것입니다. 이제, 제가 임금님께 말씀드린 바와 같이, 임금님께서 앞으로 하셔야 할 일을 하나님이 보여 주신 것입니다. 앞으로 일곱 해 동안에는 온 이집트 땅이 큰 풍년이 들 것입니다. 그런데 곧 이어서, 일곱 해 동안 흉년이 들 것입니다. 그렇게 되면, 이집트 땅에 언제 풍년이 있었더냐는 듯이, 지나간 일을 다 잊어버리게 될 것입니다. 그리고 기근이 이 땅을 황폐하게 할 것입니다. 풍년이 든 다음에 오는 흉년은 너무나도 심하여서 이집트 땅에서는 아무도 그 전에 풍년이 든 일을 기억하지 못할 것입니다. 임금님께서 같은 꿈을 두 번이나 거듭 꾸신 것은, 하나님이 이 일을 하시기로 이미 결정하시고, 그 일을 꼭 그대로 하시겠다는 것을 말씀해 주시는 것입니다. 이제 임금님께서는, 명철하고 슬기로운 사람을 책임자로 세우셔서, 이집트 땅을 다스리게 하는 것이 좋을 듯합니다. 앞으로 올 풍년에, 그 관리들은 온갖 먹거리를 거두어들이고, 임금님의 권한 아래, 각 성읍에 곡식을 갈무리하도록 하십시오. 이 먹거리는 이집트 땅에서 일곱 해 동안 이어갈 흉년에 대비해서, 그때에 이 나라 사람들이 먹을 수 있도록 갈무리해 두셔야 합니다. 그렇게 하시면, 기근이 이 나라를 망하게 하지 못할 것입니다.

……(중략)…….

바로가 요셉에게 말하였다.

"내가 너를 온 이집트 땅의 총리로 세운다."

〈『새번역 성경』「창세기」41:1~41〉

요셉의 해몽은 두 번에 걸쳐 나타난다. 「요셉의 해몽(1)」은 요셉이 보디발 아내의 모함으로 그의 지하 감옥에 갇혔을 때 만난 바로의 두 시종장의 꿈을 해몽하는 이야기이다. 그의 해몽은 적중하여 술잔을 올리는 시종장은 복직이 되고, 빵을 구워 올리는 시종장은 처형된다.

「요셉의 해몽(2)」는 요셉이 술잔을 올리는 시종장의 천거로 바로의 꿈을 해몽하는 이야기이다. 바로는 잘 생기고 살이 찐 암소 일곱 마리가 흉측하고 야윈 암소 일곱 마리에게 잡아먹히고, 잘 여물고 실한 이삭 일곱 개가 열풍이 불어서 시들고 야위고 마른 이삭들에게 먹히는 꿈을 꾸고 불안하고, 궁금하여서 견딜 수 없었다.

바로는 이집트의 마술사와 현인들에게 해몽을 하라고 하였지만, 아무도 해몽하지 못하였다. 그때 술잔을 올리는 시종장은 보디발의 집 지하 감옥에 갇혔을 때 자기의 꿈을 해몽한 요셉을 떠올리고, 바로에게 추천한다. 그래서 요셉은 바로의 꿈 이야기를 듣고 해몽한다. 바로의 꿈은 일곱 해 풍년 뒤에 일곱 해 흉년이 올 것이니, 이를 잘 대비해야 한다고 하였다.

바로는 그의 해몽이 현묘함(玄妙, 이치나 기예의 경지가 헤아릴 수 없이 미묘함)을 알고, 그를 이집트 총리로 임명한다. 그리고 그에게 모든 권한을 넘겨준다. 요셉이 누구도 해몽하지 못하는 바로의 꿈을 바르게 해몽한 것은 하나님의 계시에 의한 것이다. 그가 이집트의 총리가 된 것 역시 하나님의 은총과 계획에 의한 것이었다.

해몽 이야기

한국의 해몽 설화는 아주 많이 전해 온다. 『삼국유사』, 『용재총화』를 비롯한 문헌에도 실려 있고, 고소설이나 구전설화에도 전해 온다.

원성왕의 꿈

신라 제37대 선덕왕 때 부수상 자리에 있던 김경신(金敬信)이 꿈에 '복두(幞頭, 벼슬아치가 쓰는 관)를 벗고 흰 갓을 쓰고, 십이현금(十二絃琴)을 들고, 천관사 우물 속으로 들어가는 꿈'을 꾸었다. 그가 사람을 시켜 해몽을 하였더니, '복두를 벗은 것은 관직을 잃을 징조요, 가야금을 든 것은 칼(죄인에게 씌우던 형틀)을 쓸 조짐이요, 우물 속으로 들어간 것은 옥에 갇힐 징조'라고 답하였다.

김경신은 이 말을 듣고 근심하여 두문불출(杜門不出)하였다. 그때 아찬(阿湌, 신라 벼슬이름. 17등급 중 6등급) 여삼(餘三)이 경신을 찾아와 뵙기를 청했으나, 그는 병을 빙자하고 나오지 않았다. 여삼이 다시 만나기를 청하자, 그가 허락하였다. 여삼이 그에게

"공이 근심하는 것이 무엇입니까?"

하고 물으니, 그가 꿈을 점쳤던 이야기를 하였다. 이에 여삼은 일어나 절을 하며 말했다.

"그것은 좋은 꿈입니다. 공이 만약 왕위에 올라서도 나를 버리지 않으신다면, 공을 위해 꿈을 풀어보겠습니다."

이에 김경신이 좌우를 물리치고 여삼에게 해몽하기를 청하자, 여삼이 말했다.

"복두를 벗은 것은 윗자리에 앉은 이가 없다는 뜻이요, 흰 갓을 쓴 것은 면류관을 쓸 징조이며, 십이현금을 든 것은 (내물왕의) 십이대손이 대를 이을 징조이며, 천관사 우물로 들어간 것은 궁궐로 들어갈 상서로운 조짐입니다."

"위에 김주원(金周元)이 있는데, 어찌 윗자리에 앉을 수 있겠소."

"은밀히 북천 신에게 제사를 지내면 좋을 것입니다."

그는 여삼의 말대로 하였다.

얼마 뒤에 선덕왕이 세상을 떠나자, 나라 사람들은 김주원을 왕으로

삼아 대궐로 맞아들이려 하였다. 그의 집은 북천 북쪽에 있었는데, 갑자기 냇물이 불어나 건널 수가 없었다. 이에 김경신이 먼저 궁궐로 들어가 왕위에 오르니, 모든 대신들이 따르며 축하하였다. 이가 원성대왕이다.

〈『삼국유사』 권2 「원성대왕조」〉

이성계의 꿈

이 태조께서 아직 미천한 한 무인으로서 안변에 살고 있었을 때였다. 어느 날 밤 꿈에 많은 촌가의 닭이 일시에 울고, 또한 다듬이 소리가 일시에 들리며, 꽃잎이 떨어져 날리고, 거울이 땅 위에 떨어지는 것을 보고, 얼른 눈이 떠졌다.

태조는 이상한 꿈이라고 생각하였으나, 그 좋고 나쁨을 몰라서 남모르게 설봉산 산중에 있는 명승 무학(無學)을 찾아가서 그 꿈을 해몽해 달라고 간청하였다.

"만가(萬家)의 닭소리, 천가(千家)의 다듬이 소리, 그것은 고귀한 지위에 나아갈 좋은 징조입니다. 또 꽃잎이 날면 열매가 있을 것이요, 떨어지는 거울은 반드시 소리를 낼 것입니다. 이것은 왕업을 크게 이루는 좋은 꿈입니다."

중은 이렇게 말하면서 한참 태조의 용모를 들여다보고, 무릎을 탁 치면서 하는 말이

"과연 공의 얼굴은 모두 왕자의 상입니다. 금후 결코 이것을 입 밖에 내어서는 안 됩니다. 또 곧 이곳에 절을 지으시오."
하였다.

등극하신 뒤에 태조는 길주의 천불사에서 오백 나한을 이 산에 옮기고, 왕의 꿈을 풀어냈다는 뜻으로 '석왕사(釋王寺)'라 이름 지었다고 한다.

〈최상수, 『한국민간전설집』, 통문관, 1958, 454~455쪽.〉

세 선비의 꿈

옛날에 유생 세 사람이 과거를 보러 가다가 각기 꿈을 꾸었다. 한 사람은 거울을 땅에 떨어뜨렸고, 한 사람은 액(厄)을 막으려고 문 위에 걸어두는 쑥을 보았으며, 다른 한 사람은 바람이 불어 꽃이 떨어지는 꿈을 꾸었다.

세 사람이 점몽자(占夢者)에게 갔으나 점몽자는 집에 없고, 그 아들이 홀로 있었다. 세 사람이 그 아들에게 물으니, 그 아들이 '세 가지 모두 상서롭지 못한 물건이므로, 소원을 이루지 못하리라'고 하였다.

얼마 뒤에 점몽자가 돌아와 그 아들을 꾸짖고 시를 지어 꿈을 풀이해주었다.

"쑥이라는 것은 사람이 쳐다보는 것이요, 거울이 떨어지니 어찌 소리가 없을쏜가. 꽃이 떨어지면 응당 열매가 있으리니 삼인은 모두 이름을 이루리라(艾夫人所望, 鏡落豈無聲, 花落應有實 三好共成名)."
라고 하였다.

세 사람은 과연 과거에 올랐다.　　　　　　　〈성현, 『용재총화(慵齋叢話)』 권6〉

언니의 꿈을 산 문희

김유신 장군의 여동생 보희(寶姬)가 꿈에 서쪽 산에 올라가 소변을 보니, 오줌이 장안에 가득하였다. 이튿날 아침, 보희가 동생 문희(文姬)에게 꿈 이야기를 하니, 문희가 그 꿈을 사겠다고 하였다. 보희가 무엇을 주겠느냐고 하였다. 문희가 "비단치마를 주면 되겠지요?" 하니, 보희는 좋다고 하였다. 문희가 치마폭을 벌리고 꿈을 받을 때 보희는 "어젯밤의 꿈을 네게 준다."
라고 하였다. 문희는 꿈을 사는 값으로 비단치마를 언니에게 주었다.

그런지 10일이 지난 뒤에 김유신은 자기 집 앞에서 공놀이를 하다가 일부러 김춘추의 옷끈을 밟아 떨어지게 하고, 옷끈을 달라면서 자기 집으로 데리고 갔다. 김유신이 보희에게 김춘추의 옷끈을 달아주라고 하니, 보희는 이를 사양하였다. 김유신이 문희에게 옷끈을 달아 주라고 하니, 문희는 오빠의 말을 따라 방으로 들어가 김춘추의 터진 옷을 꿰매고, 옷끈을 달아 주었다.

이 일을 계기로 김춘추는 문희와 친하게 되었고, 자주 왕래하였다. 유신이 그 누이가 임신한 것을 알고 꾸짖기를,

"네가 부모 모르게 임신하였으니, 무슨 까닭이냐?"

하고서는 온 나라에 말을 퍼뜨려 문희를 불태워 죽인다고 하였다.

하루는 선덕왕이 남산에 거동을 한 틈을 타서 뜰에 나무를 가득 쌓아놓고 불을 지르니, 연기가 일어났다. 왕이 그것을 바라보고 연기가 나는 까닭을 묻자, 좌우에서 시중드는 신하들이 아뢰었다.

"유신이 그의 누이를 불태워 죽이는가 봅니다."

왕이 그 까닭을 물었다.

"그의 누이가 남편도 없이 몰래 임신하였기 때문입니다."

왕은 그게 누구의 소행이냐고 물었다. 때마침 춘추공이 왕을 모시고 앞에 있다가 얼굴색이 크게 변하였다. 이를 본 왕이 말했다.

"그것은 너의 소행이니, 속히 가서 구하도록 하여라."

춘추공이 임금의 명을 받고 말을 달려 왕명을 전하여 죽이지 못하게 하였다. 그 뒤에 떳떳하게 혼례를 올렸다.

진덕왕이 세상을 떠난 뒤에 김춘추가 왕위에 오르니, 문희는 왕비가 되었다. 그가 제29대 태종무열왕이다.　　〈『삼국유사』 권1 「태종 춘추공」〉

「원성왕의 꿈」에서 당시에 왕위계승 서열 2위에 있던 김경신은 여삼의 해몽을 받아들여 북천신에게 제사를 지내는 한편, 왕이 되기 위한 여러 가지 준비를 한다. 그런데 왕위에 올라야 할 결정적인 순간에 김주원은 냇물이 불어 건너오지 못하였다. 이때를 틈타 김

경신이 먼저 궁궐로 가서 대신들의 호응을 얻어 왕이 되었다. 냇물이 불어 김주원이 건너오지 못하게 된 것은 북천신의 도움이었다.

이 이야기는 같은 내용의 꿈일지라도 그 꿈을 어떻게 해석하느냐에 따라 일이 잘 풀릴 수도 있고, 잘못될 수도 있음을 말해 준다. 여삼은 해몽을 하면서 북천신의 도움을 청할 것과 스스로 왕이 될 자질을 함양할 것을 제시한다. 그는 해몽에 관한 전문적인 식견을 가진 이인(異人, 재주가 신통하고 비범한 사람)으로, 김경신이 왕위에 오르는 데에 결정적인 역할을 하였다.

「이성계의 꿈」은 조선의 태조 이성계가 잠룡(潛龍, 아직 하늘에 오르지 않고 물속에 숨어 있는 용. 기회를 아직 얻지 못하고 묻혀 있는 영웅을 비유적으로 이르는 말) 시에 꾼 꿈을 무학대사가 해몽한 것이다. 이성계는 꿈으로 앞일을 예시 받고, 왕이 되기 위한 노력과 함께 왕의 자질을 기르는 데에 온 힘을 기울였다. 그 결과 그의 꿈은 이루어졌다.

「세 선비의 꿈」에서는 같은 꿈이라 하더라도 해몽자에 따라 달리 풀이됨을 보여 준다. 이 이야기는 조선 초기에 꿈을 풀이하는 직업인으로서 해몽자가 있었음을 말해 준다.

앞일을 예시하는 꿈은 꿈을 꾼 사람에게 영향을 끼친다. 그런데 그 꿈을 다른 사람에게 팔았을 때에는 그 영향이 꿈을 산 사람에게로 넘어간다. 이런 점에서 보희와 문희가 꿈을 팔고 사는 이야기는 매우 흥미롭다.

「언니의 꿈을 산 문희」에서 보희는 자기의 오줌이 장안 가득 차는 꿈을 꾸고서도 그 꿈의 의미를 바로 알지 못하고 뜨악하게 여긴다. 그러나 이 꿈의 상징적 의미를 알아차린 문희는 언니에게서 그 꿈을 샀다. 그리고 그 꿈이 실현되도록 노력하여 마침내 김춘추와 혼인하고, 왕비가 되었다. 이것은 꿈의 의미를 바로 알고, 노력하여 실현시킨 예이다.

두 이야기의 비교

요셉이 꾼 꿈과 해몽, 한국의 해몽 이야기는 꿈의 예시적 기능을 바탕으로 한 이야기란 점에서 일치한다.

성경에 나오는 요셉은 하나님이 돌봐주시는 지혜로운 사람이다. 요셉이 꾼 꿈과 그가 다른 사람의 꿈을 해몽한 내용은 긴밀하게 연결되어 그의 운명을 이끌어 간다. 요셉의 꿈 이야기에는 요셉의 인생을 설계하여 실천하시는 하나님의 세심한 배려와 사랑이 밑바탕에 자리 잡고 있다.

요셉이 겪은 고난과 시련은 그를 중히 쓰시려는 하나님의 계획이 실현되는 단계였다. 그는 고난과 시련을 겪는 동안 총리가 되어 나라를 다스릴 지혜와 경륜을 갖추게 되었다. 이 과정에서 꿈과 해몽이 중요한 연결 고리가 되었다.

한국의 해몽 이야기에 등장하는 해몽가는 전문적인 해몽가·승려 외에 문희처럼 아주 지혜로운 처녀도 있다. 해몽하는 사람은 자기가 살고 있는 지역의 문화적 토양을 기반으로 꿈을 해석하는데, 해몽가나 승려는 남의 꿈을 해몽하여 그의 운명을 열어나가도록 도와준다. 이에 비해 문희는 오빠 김유신의 책략을 따르면서 지혜로 자기의 운명을 개척해 나간 시혜로운 여인이다.

∽ 7 ∾

버려진 아이 모세 — 주몽

어린아이는 세상에 태어나서 부모의 사랑과 보살핌을 받으며 성장하는 것이 바람직하다. 그러나 나라를 세운 임금이나 위대한 인물의 이야기에서는 흔히 어렸을 때 버림을 받고, 양육자를 만나 성장한 뒤에 고난을 극복하고, 위대한 업적을 이룬다. 이것은 고대 신화에서 신소설에 이르기까지 일관되게 나타나는 영웅적인 주인공의 일대기에 나타나는 유형 구조이다.

영웅의 일대기 구조는 '①고귀한 혈통을 지니고 태어난다. ②잉태나 출생이 비정상적이다. ③어려서부터 비범하다. ④일찍 기아(棄兒, 남몰래 아이를 내다 버림)가 되거나 죽을 고비에 이른다. ⑤구출·양육자의 도움으로 위기에서 벗어난다. ⑥자라서 다시 위기에 부딪친다. ⑦위기를 투쟁적으로 극복하고 승리자가 된다.' 등 일곱 단락으로 이루어진다.

영웅의 일대기 구조를 지닌 이야기의 주인공 중 관심을 끄는 인물은 모세와 주몽이다. 모세는 태어나서 갈대상자에 담겨 버림을 받고, 양육자를 만나 성장한 뒤에 위기를 맞았다. 그러나 하나님의 보호와 투지로 이를 이겨내고, 이스라엘 민족을 가나안으로 인도한다. 주몽은 고귀한 혈통을 타고났으나, 신이한 탄생을 한 까닭에 버림을 받았다가 양육자를 만나 성장한다. 그리고 다시 위기를 맞았으나, 영웅적 투쟁으로 극복하고 고구려를 건국하였다. 그래서 영웅 일대기의 전형적인 모습을 보여 준다.

두 인물의 이야기에서 관심을 끄는 대목은 어렸을 때 버림을 받는 '기아 모티프[화소(話素)]'가 들어 있는 점이다. 이 모티프는 민족 구원이나 국가 건설과 같은 위대한 업적을 성취하는 영웅이 겪는 '고난극복담'의 중요한 구성 요소이다.

갈대상자에 버려진 모세

구약 성경에는 모세에 관한 기록이 아주 많다. 여기서는『새번역 성경』「출애굽기」에 적힌 모세의 일생 중 모세가 출생 직후에 버려진 이야기를 살펴보겠다.

이스라엘 자손은 자녀를 많이 낳고 번성하여, 그 수가 불어나고 세력도 커졌으며, 마침내 그 땅에 가득 퍼졌다. 요셉을 알지 못하는 새 왕이 일어나서 이집트를 다스리게 되었다. 그 왕이 자기 백성에게 말하였다.

"이 백성 곧 이스라엘 자손이 우리보다 수도 많고, 힘도 강하다. 그러니 이제 우리는 그들에게 신중히 대처하여야 한다. 그렇게 하지 않으면 그들의 수가 더욱 불어날 것이고, 또 전쟁이라도 일어나는 날에는, 그들이 우리의 원수들과 합세하여 우리를 치고, 이 땅에서 떠나갈 것이다."

그래서 이집트 사람들은, 이스라엘 자손을 부리는 공사 감독관을 두어서, 강제노동으로 그들을 억압하였다. 이스라엘 자손은, 바로가 곡식을 저장하는 성읍 곧 비돔과 라암셋을 건설하는 일에 끌려 나갔다.

그러나 그들은 억압을 받을수록 그 수가 더욱 불어나고, 자손이 번성하였다. 그래서 이집트 사람들은 이스라엘 자손을 몹시 싫어하였고, 그들을 더욱 혹독하게 부렸다. 이집트 사람들이, 흙을 이겨 벽돌을 만드는 일이나 밭일과 같은 온갖 고된 일로 이스라엘 자손을 괴롭히므로, 그들의 일은 매우 힘들었다.

한편 이집트 왕은 십브라와 부아라고 하는 히브리 산파들에게 이렇게 말하였다.

"너희는 히브리 여인이 아이 낳는 것을 도와줄 때에, 잘 살펴서, 낳은 아기가 아들이거든 죽이고, 딸이거든 살려 두어라."

그러나 산파들은 하나님을 두려워하였으므로, 이집트 왕이 그들에게 명령한 대로 하지 않고, 남자아이들을 살려 주었다.

이집트 왕이 산파들을 불러들여, 그들을 꾸짖었다.

"어찌하여 일을 이렇게 하였느냐? 어찌하여 남자아이들을 살려 두었느냐?"

산파들이 바로에게 대답하였다.

"히브리 여인들은 이집트 여인들과 같지 않습니다. 그들은 기운이 좋아서, 산파가 그들에게 이르기도 전에 아기를 낳아 버립니다."

그래서 하나님이 산파들에게 은혜를 베풀어 주셨으며, 이스라엘 백성은 크게 불어났고, 매우 강해졌다.

마침내 바로는 모든 백성에게 명령을 내렸다.

"갓 태어난 히브리 남자아이는 모두 강물에 던지고, 여자아이들만 살려 두어라."

레위 가문의 한 남자가 레위 가문의 한 여자를 아내로 맞이하였다. 그 여자가 임신을 하여 아들을 낳았는데, 그 아이가 하도 잘 생겨서,

남이 모르게 석 달 동안이나 길렀다. 그러나 더 이상 숨길 수 없어서, 갈대상자를 구해다가 역청과 송진을 바르고, 아이를 거기 담아 강가의 갈대 사이에 놓아두었다. 그 아이의 누이는 멀찍이 서서, 아이가 어떻게 되는지 지켜보고 있었다.

마침 바로의 딸이 목욕을 하려고 강으로 내려왔다. 시녀들이 강가를 거닐고 있을 때에, 공주가 갈대 숲 속에 있는 상자를 보고, 시녀 한 명을 보내서 그것을 가져오게 하였다. 열어 보니, 거기에 남자아이가 울고 있었다. 공주가 그 아이를 불쌍히 여기면서 말하였다.

"이 아이는 틀림없이 히브리 사람의 아이로구나."

그때에 그 아이의 누이가 나서서 바로의 딸에게 말하였다.

"제가 가서, 히브리 여인 가운데서 아이에게 젖을 먹일 유모를 데려다 드릴까요?"

바로의 딸이 대답하였다.

"그래, 어서 데려오너라."

그 소녀가 가서, 그 아이의 어머니를 불러 왔다.

바로의 딸이 그에게 말하였다.

"이 아이를 데리고 가서, 나를 대신하여 젖을 먹여 다오. 그렇게 하면, 내가 너에게 삯을 주겠다."

그래서 그 여인은 그 아이를 데리고 가서 젖을 먹였다.

그 아이가 다 자란 다음에, 그 여인이 그 아이를 바로의 딸에게 데려다 주니, 공주는 이 아이를 양자로 삼았다. 공주는

"내가 그를 물에서 건졌다."

하면서, 그의 이름을 모세라고 지었다.

〈『새번역 성경』「출애굽기」 1:7~2:10〉

이집트 땅에 종으로 팔려온 요셉은 이집트의 총리가 되어 7년간의 풍년 뒤에 이어지는 7년의 흉년을 잘 대처하여, 이집트의 구원

자로 칭송을 받으며 살았다. 그 후손이 이집트 땅에서 430년을 사는 동안 요셉을 알지 못하는 왕이 즉위하자, 이스라엘 민족을 종으로 부렸다. 이스라엘 민족이 번성하는 것을 본 이집트 왕은 이들이 반역할지도 모른다는 생각에서 남자아이는 낳는 즉시 죽이라고 명한다.

이러한 때에 태어난 모세는, 그의 어머니가 남모르게 석 달을 기르다가 더 이상 숨길 수 없어 아이를 갈대상자에 넣어 강물에 버린다. 강물에 떠 있다가 죽을 처지에 놓인 그는 이집트 공주에게 발견된다. 이 광경을 지켜보던 그의 누이는 그의 어머니를 유모로 천거한다. 그래서 그는 친어머니의 젖을 먹으며 자란 뒤에 공주의 양자가 되어 왕궁에서 자란다. 그는 40년 동안 궁궐에서 왕족의 일원으로 생활하면서, 이집트 지배계층이 지녀야 할 교양과 지식, 지도력을 익혔다. 이것은 영웅적인 인물이 겪는 '기아 모티프'로, 고난에 처한 인물이 좋은 양육자를 만나 어려움을 이겨낼 힘을 기르는 과정이기도 하다.

그는 이스라엘 민족이 일하는 곳을 둘러보다가 종노릇을 하는 이스라엘 민족이 고통 받는 현실을 직시하고, 분노하여 살인을 한다. 이 사건은 그의 내면에 잠재해 있던 민족의식을 깨어나게 하는 계기가 되었다. 그는 이 사건이 밝혀지면 생명이 위태해질 것을 알고, 멀리 미디안으로 도망한다.

그는 거기서 40년 동안 목동 노릇을 하며 민족적 자각과 함께 하나님에 대한 믿음을 키운다. 그런 뒤에 그는 하나님으로부터 이스라엘 민족 구원자의 사명을 받고, 이를 잘 수행하였다.

알로 태어나 버려진 주몽

고구려의 시조인 주몽의 출생을 고려의 승려 일연(一然)이 쓴『삼국유사』권제1「고구려조」와 고려의 대문호 이규보(李奎報)가 쓴 민족서사시인「동명왕편(東明王篇)」의 내용을 요약하여 정리하면 다음과 같다.

하느님의 아들 해모수(解慕漱)가 인간계에 내려와 수신인 하백(河伯)의 딸 유화(柳花)와 혼인하였다. 하백은 해모수가 유화와 함께 하늘로 올라가기를 바랐다. 그래서 해모수에게 술을 권하여 취하게 하고는, 딸과 함께 해모수의 가죽수레에 태웠다. 그러나 해모수는 정신이 들자 유화의 황금비녀로 가죽을 뚫고 나와서 홀로 하늘로 올라가 버렸다. 하백은 화가 나서 유화를 내쫓았다.

부여의 금와왕이 우발수 근처를 지나다가 유화를 발견하여 데리고 가서 별궁에 두었다. 그런데 유화의 몸에 해가 비치자 임신하여 얼마 뒤에 커다란 알을 낳았다.

금와왕이 상서롭지 못하다 하여 알을 개와 돼지에게 주었으나, 먹지 않았다. 그래서 길에다 버리게 하였더니, 소와 말이 모두 피해서 지나갔다. 다시 들에 내다 버리니, 새와 짐승이 오히려 덮어 주었다. 왕이 알을 쪼개 보려고 하였으나, 깨뜨릴 수가 없었다. 왕이 이상히 여겨 다시 어머니에게 돌려주었다. 그 어머니가 알을 천으로 싸서 따뜻한 곳에 두었더니, 한 아이가 껍질을 깨고 나왔는데, 골격과 외양이 영특하고 기이하였다.

아이는 한 달이 되자 말하기 시작하였다. 나이 겨우 일곱 살에 기골이 준수하여 보통사람과 달랐다. 스스로 활과 화살을 만들어 쏘는데, 백 번 쏘면 백 번 다 적중했다. 그 나라 풍속에 활을 잘 쏘는 사람을 주몽(朱蒙)이라 하였으므로, 그의 이름을 주몽이라 하였다.

〈최운식 외, 『한국의 신화』, 시인사, 1988, 39∼51쪽.〉

수신 하백의 딸 유화는 동생들과 물가에 나갔다가 하느님의 아들 해모수와 정을 통한다. 하백은 딸 유화가 자기의 허락도 없이 정을 통한 해모수가 진짜 천신의 아들인가를 알아보기 위해 주술(呪術) 경쟁을 한다. 하백은 해모수가 천제의 아들임을 확인하고, 둘을 혼인하게 한다. 그러나 해모수가 유화를 하늘로 데리고 올라가지 않은 것을 본 하백은 화가 나서 유화를 내쫓는다.

우발수 부근에서 유화를 발견한 부여의 금와왕은 그녀를 데리고 가서 별궁에서 지내게 한다. 그런데 유화는 몸에 햇빛이 비치자 임신을 한 뒤에 알을 낳는다. 이와 같은 '일광회임(日光懷妊) 모티프'와 '난생(卵生) 모티프'는 신성한 인물이나 이인(異人)의 탄생담에 많이 나타나는 화소이다. 일광회임 모티프는 태양을 신성하게 여기는 의식에서, 난생 모티프는 알을 생명의 근원으로 보아 신성하게 여기는 의식에서 나온 것이다.

금와왕은 유화가 낳은 알이 상서롭지 못하다 하여 버리게 하였다. 그런데 개와 돼지가 먹지 않고, 소와 말이 피해 지나가며, 새와 짐승이 보호한다. 일광회임에 의해 알로 태어난 주몽은 신성(神性)을 지니고 태어난 비범한 인물이다. 사람들은 이를 모르고 받아들이기를 거부한다. 그러나 동물들은 이를 알고 피하거나 보호한다. 그런 과정을 거쳐 알은 어머니에게 보내졌고, 그 알에서 그가 껍질을 깨고 나왔다. 이처럼 주몽은 알로 태어났다는 이유로 버림을 받았지만, 신이성이 인정되어 어머니의 양육을 받아 자랐다.

주몽은 한 달이 되자 말하기 시작하였고, 일곱 살에 기골이 준수하여 보통사람과 달랐다. 스스로 활과 화살을 만들어 쏘는데, 백 번 쏘면 백 번 다 적중했다. 그는 활쏘기를 잘하여 주몽이라는 이름을 얻었다. 그는 금와왕의 궁전에서, 왕자들과 함께 지냈으니, 그 역시 부여 왕족의 교양과 지식, 무예 등을 익혀 장차 나라를 세워 다스릴 임금의 자질을 길렀다.

나자마자 버려진 도선

비범한 출생을 한 탓에 태어나자마자 버림을 받은 이야기를 하나 더 살펴보겠다.

신라 때 최씨의 정원 안에 열린 오이 하나가 한 자나 되어 온 집안 식구가 이상히 여겼다.

최씨의 딸이 이를 먹고 임신이 되어 아들을 낳았다. 그녀의 부모는 그 애가 사람과 관계없이 태어난 것이 미워 대숲에다 내버렸다.

두어 주일 만에 딸이 가서 보니, 비둘기와 수리가 와서 날개로 덮고 있었다. 돌아와 부모께 고하니, 부모가 이상히 여겨 데려다 길렀다.

아이는 자라자 머리를 깎고 중이 되었는데, 이름을 도선(道詵)이라 하였다. 　　　　　　　　《『신증동국여지승람(新增東國輿地勝覽)』 제35권 영암 고적조》

이것은 신라 말에 도가 높고, 풍수지리에 밝았다는 도선 국사의 출생담이다. 이 아이는 '처녀'가, '오이를 먹고 임신'하여 낳았다는 이유로 버림을 받았다.

설화에서 오이는 신이한 인물의 회임에 자주 등장하는 제재이다. 오이는 많은 열매를 맺는 다산의 농작물로, 생산력을 지닌 남성성 기의 상징으로 보아 신성시하였다.

남자를 알지 못하는 처녀가, 신성하고 생산력을 지닌 오이를 먹고 임신하여 낳은 아이는 신이한 인물이다. 사람들은 이를 몰라 아이를 버렸으나, 비둘기와 수리는 그가 비범한 인물임을 알고 보호하였다.

이러한 과정을 거쳐 비범한 아이임을 알아차린 어른들은 아이를 받아들였다. 그래서 아이는 어머니 품으로 돌아와 양육을 받고 자라서, 이름 높은 스님이 되었다.

두 이야기의 비교

성경에 나오는 모세와 고구려의 시조 주몽 이야기는 주인공이 어렸을 때 버림을 받았다가 양육자를 만나 성장하였다는 점에서 일치한다. 이것은 신이한 인물이나 영웅의 일생담에 나타나는 중요 사건으로, 주인공의 신성성과 뛰어난 능력을 보증해 준다. 두 이야기의 차이점은 무엇인가?

첫째, 모세와 주몽은 출생 신분이 다르다. 모세는 레위 가문의 한 남자와 여자 사이에서 태어난 아이다. 그의 부모나 그가 특별히 하나님의 선택을 받았다거나 은총을 약속받았다는 기록은 없다. 이에 비하여 주몽을 천신인 해모수와 수신의 딸인 유화 사이에서, 일광회임에 의해 알로 태어난 신이한 인물이다.

둘째, 모세와 주몽은 어렸을 때 버림받은 상황과 이유가 다르다. 모세는 이스라엘 민족이 이집트에서 종노릇을 하던 때에, 남자아이가 태어나면 죽이라는 왕의 명령 때문에 버림을 받는다. 민족 수난의 역사적 상황에서 정치적 이유로 버림을 받은 것이다. 이에 비해 주몽은 일광회임에 의해, 난생으로 태어난 일로 버림을 받는다.

셋째, 모세와 주몽이 버림받은 장소가 다르다. 모세의 부모는 그를 갈대상자에 넣어 강물에 띄운다. 이에 비해 알로 태어난 주몽은 길 또는 들에 버린다. 이것은 나일강을 의지해 사는 이집트와 산야에 사는 부여 사람들의 생활환경이 다른 데서 온 차이이다.

넷째, 버림받은 모세와 주몽의 양육자가 어머니인 것은 일치하나 양육자를 만나는 계기는 다르다. 모세는 갈대상자에 담겨 공주에게 발견되었을 때 망을 보고 있던 누이가 나서서 유모를 소개하겠다고 제안한다. 누이는 공주의 허락을 받아 자기 어머니를 유모로 소개하여 모세를 양육하게 한다. 이에 비하여 주몽은 버림받은 알을 개와 돼지, 소와 말, 새와 짐승이 피하거나 보호함으로써 이를 이상하게 여기는 왕이 어머니에게 돌려준다. 그래서 그는 어머니의 보호를 받으며 알에서 나와 비범한 인물로 성장한다.

위에서 살펴본 바와 같이 모세 이야기는 모세가 이스라엘 민족 구원의 위대한 지도자가 되기 위해 거친 고난 극복담이다. 여기에는 이스라엘 민족을 사랑하는 하나님의 마음과 민족을 경영하는 큰 그림이 보인다. 주몽 이야기는 신의 아들로 태어난 주몽이 어려움을 극복하고 고구려를 건국하는 성취담이다.

ᔆ 8 ᔆ

문설주에 바르는 양의 피 – 동지팥죽

사람들은 먼 옛날부터 크고 작은 재난을 겪으며 살아왔다. 재난은 자연과 관련되어 일어나기도 하고, 뜻하지 않은 사고나 질병으로 생기기도 한다. 사람들은 재난을 겪으면서 재난의 원인이 무엇인가를 생각하고, 이를 예방하는 방법을 궁리하였다.

사람들은 재난이 절대적인 힘을 지닌 신의 노여움이나 징벌에 의한 것이라고 여겼다. 그래서 신의 뜻에 어긋나지 않는 삶을 사는 한편, 신에게 제물을 바치며 재난이 없도록 해달라고 빌었다. 재난을 당하였을 때에는 신의 뜻에 어긋나는 행위를 한 잘못을 참회하면서 올바른 삶을 다짐하기도 하였다.

또, 재난은 질병이나 사고를 일으키는 신이나 잡귀에 의한 것이라고 여겼다. 그래서 이들과 친근하게 지내면서, 해를 입지 않으려는 뜻에서 이들을 받들어 모시기도 하였다. 그런가 하면, 아예 이들이 접근을 하지 못하게 하려고, 여러 가지 방책을 강구하였다. 이것은 민족에 따라 다르다.

성경에는 이스라엘 민족이 유월절(逾越節)에 양의 피를 문설주(문

짝을 끼워 달기 위하여 문의 양쪽에 세운 기둥)와 상인방(문 위 또는 벽의 위쪽 사이에 가로지르는 나무)에 바르는 이야기가 있다. 한국에서는 동짓날 팥죽을 쑤어 대문에 바르고, 대문 앞에 뿌리는 풍습이 있다. 이 둘의 같은 점과 다른 점은 무엇이고, 그 의미는 무엇인가?

문설주에 바르는 양의 피

유월절은 이스라엘 민족이 노예생활을 하던 이집트에서 탈출한 날을 기념하는 뜻깊은 절기이다. 이스라엘 민족이 특별한 의미를 두는 유월절이 생긴 유래를 알아본다.

주님께서 이집트 땅에서 모세와 아론에게 말씀하셨다.
"너희는 이 달을 한 해의 첫째 달로 삼아서, 한 해를 시작하는 달로 하여라. 온 이스라엘 회중에게 알리어라. 이 달 열흘날 각 가문에 어린 양 한 마리씩 곧 한 가족에 한 마리씩 어린 양을 마련하도록 하여라. 한 가족의 식구 수가 너무 적어서, 양 한 마리를 다 먹을 수 없으면, 한 사람이 먹을 분량을 계산하여, 가까운 이웃에서 그만큼 사람을 더 불러다가 함께 먹도록 하여라.
너희가 마련할 짐승은 흠이 없는 일 년 된 수컷으로 하되, 양이나 염소 가운데서 골라라. 너희는 그것을 이달 열나흗날까지 두었다가, 해 질 무렵에 모든 이스라엘 회중이 모여서 잡도록 하여라. 그리고 그 피는 받아다가, 잡은 양을 먹을 집의 좌우 문설주와 상인방에 발라야 한다. 그날 밤에 그 고기를 먹어야 하는데, 고기는 불에 구워서, 누룩을 넣지 않은 빵과 쓴 나물을 곁들여 함께 먹어야 한다. 너희는 고기를 결코 날로 먹거나 물에 삶아서 먹어서는 안 된다. 머리와 다리와 내장 할 것 없이, 모두 불에 구워서 먹어야 한다. 그리고 너희는 그 어느 것도 다음 날 아침까지 남겨 두어서는 안 된다. 아침까지 남은 것이 있으면, 불에 태워 버려야 한다. 너희가 그것을 먹을 때에는 이렇게 하여라. 허리에 띠를 띠고, 발에 신을 신고, 손에 지팡이를 들고, 서둘러서 먹어라. 유월절은 주 앞에서 이렇게 지켜야 한다.

그날 밤에 내가 이집트 땅을 지나가면서 사람이든지 짐승이든지, 이집트 땅에 있는 처음 난 것을 모두 치겠다. 그리고 이집트의 모든 신을 벌하겠다. 나는 주다. 문틀에 피를 발랐으면, 그것은 너희가 살고 있는 집의 표적이니, 내가 이집트 땅을 칠 때에, 문설주에 피를 바른 집은, 그 피를 보고 내가 너희를 치지 않고 넘어갈 터이니, 너희는 재앙을 피하여 살아남을 것이다.

이날은 너희가 기념해야 할 날이니, 너희는 이날을 주 앞에서 지키는 절기로 삼아서 영원한 규례로 대대로 지켜야 한다.”

〈『새번역 성경』「출애굽기」 12:1〜14〉

구약성경 「출애굽기」를 보면, 야곱의 아들 요셉은 이집트의 총리가 되어 7년씩 이어지는 풍년과 흉년을 슬기롭게 대처하여 이집트의 구원자로 칭송을 받으며 살았다. 요셉의 인도로 이집트에 이주한 야곱의 가족 70명은 430년을 사는 동안 번성하여 큰 세력을 이루었다. 세월이 흐른 뒤에 요셉을 알지 못하는 이집트 왕은 이스라엘 민족을 종으로 부렸다. 이스라엘 민족이 고통을 호소하자, 하나님은 종노릇하는 이스라엘 민족을 해방시키려 하였다.

하나님은 호렙산에서 모세를 불러 이스라엘 민족을 이끌고 가나안 땅으로 가라는 사명을 준다. 모세는 하나님의 명을 받들어 형 아론과 함께 이집트 왕을 찾아가 이스라엘 민족이 모두 광야로 사흘 길을 가서, 하나님께 제사를 지낼 터이니 허락해 달라고 한다. 이집트 왕이 허락하지 아니하자, 모세는 이집트에 1)물이 피로 변하는 소동, 2)개구리 소동, 3)이 소동, 4)파리 소동, 5)집짐승의 죽음, 6)피부병 전염, 7)우박 내림, 8)메뚜기 소동, 9)어두움이 땅 덮기 등 아홉 가지 재앙을 내리면서 허락하도록 압박한다. 그러나 왕은 이를 완강히 거절한다.

하나님은 모세에게 '이집트의 사람과 짐승 중 처음 난 것을 죽이는' 열 번째 재앙을 내릴 것을 예고하고, 할 일을 알려준다. 이스라엘 백성은 모세의 명에 따라 일 년 된 수컷 양이나 염소를 잡아 그 피를 문설주와 상인방에 발랐다. 그리고 길을 떠날 차림으로, 그 고기를 불에 구워서 무교병(누룩을 넣지 않은 빵)을 쓴 나물과 함께 먹었다. 그날 밤 하나님의 사자가 이집트 사람의 집을 찾아다니며 사람과 짐승의 처음 난 것을 치셨다. 그러나 문설주와 상인방에 양의 피가 묻어 있는 이스라엘 사람의 집에는 아무런 해가 없었다. 사람과 짐승의 처음 난 것이 죽는 재앙을 만난 이집트 왕은 이스라엘 민족의 출발을 허락한다. 그래서 이스라엘 민족은 탈출에 성공하였다.

이스라엘 민족은 노예생활을 하던 이집트에서 탈출한 것을 기념하는 유월절에 흠 없는 수컷 양을 잡아 그 피를 집 문설주와 상인방에 바른다. 그리고 잡은 양의 살과 내장을 모두 굽고, 무교병과 쓴 나물을 곁들여 먹는다. 이것은 모세의 인도로 이집트를 탈출한 뒤에 이어지는 풍습으로, 이스라엘 민족의 전통 명절이 되었다.

동지팥죽과 새알심

한국에서는 예로부터 동짓날에 팥죽을 쑤어 성주신(집을 다스린다는 신)을 비롯한 가신(家神)들에게 바치고, 대문과 그 둘레에 뿌리는 풍습이 있다. 동짓날 팥죽을 먹는 풍습이 언제부터 있었는지는 알 수 없다. 그러나 고려 시대 학자인 이색의 『목은집(牧隱集)』과 이제현의 『익재집(益齋集)』에 동짓날 팥죽을 먹는 내용의 시가 있는 것으로 보아 고려 시대 이전부터임을 알 수 있다.

조선 후기에 홍석모(洪錫謨)가 쓴 『동국세시기(東國歲時記)』에는 동지팥죽은 역귀(疫鬼, 역병을 일으킨다는 귀신)를 물리치기 위한 것이라 하였다. 그는 "공공씨(共工氏)가 재주 없는 아들을 두었는데, 그 아들이 동짓날에 죽어 병을 옮기는 역질(疫疾) 귀신이 되었다. 그런데 그 아들이 생전에 붉은 팥을 두려워했으므로, 동짓날 팥죽을 쑤어 역질을 물리쳤다"라는 중국 『형초세시기(荊楚歲時記)』의 기록을 인용하여 동지팥죽의 유래를 설명하였다.

동지는 태양의 황경(黃經)이 270° 위치에 있을 때로, 양력 12월 22일경이다. 일 년 중에서 밤이 가장 길고, 낮이 가장 짧은 날이다. 하지로부터 차츰 낮이 짧아지고 밤이 길어지기 시작하여 동짓날에 극에 도달하고, 그다음 날부터는 차츰 밤이 짧아지고 낮이 길어지기 시작한다. 고대인들은 이날을 태양이 죽음으로부터 부활하는 날로 생각하고, 축제를 벌여 태양신에 대한 제사를 올렸다. 동짓날을 '아세(亞歲)' 또는 '작은설'이라고도 한다. 이것은 동지가 태양의 부활을 뜻하는 큰 의미를 지니고 있는 절기임을 말해 준다.

태양의 부활을 뜻하는 뜻깊은 절기인 동지에 팥죽을 쑤는 까닭은 무엇인가? 팥죽의 주재료인 팥은 붉은색을 띠는 곡식이다. 붉은색은 밝은 태양, 활활 타는 불꽃을 상징하는 색이다. 이런 색을 귀신들은 무서워하고, 싫어한다. 그에 따라 민속에서는 붉은색을 축귀(逐

鬼, 잡된 귀신을 물리침), 축사(逐邪, 요사스러운 기운을 물리쳐 내쫓음)의 힘을 지닌 것으로 생각하였다. 옛사람들은 질병이나 재난의 원인을 잡귀·잡신이 들은 때문이라 여겼다. 그래서 명절이나 특별한 날에는 붉은색이 들어가는 음식을 만들어 신에게 바치고, 나누어 먹으면서 건강과 평안을 기원하였다.

동지팥죽에는 쌀과 함께 새알심을 넣는다. 쌀의 흰색은 태양의 빛을 상징하는 흰색으로, 신성의 의미를 지닌다. 찹쌀이나 수숫가루로 동글동글하게 만든 새알심은 새의 알을 상징한다. 신화에서 알은 생명의 근원으로, 생산력을 상징한다. 따라서, 팥죽의 쌀과 새알심은 흰색이 지닌 신성성과 새알심이 지닌 생산력의 의미를 지니고 있다. 그러므로 동지팥죽에는 팥의 붉은색이 지닌 축귀·축사의 의미, 쌀의 흰색이 지닌 신성성, 새알심이 지닌 생산력의 의미가 내포되어 있는 귀한 음식이라 하겠다.

작은설인 동짓날에, 이러한 의미를 지닌 팥죽을 쑤어 조왕신(竈王神, 부엌을 맡는다는 신. 늘 부엌에 있으면서 모든 길흉을 판단한다고 함)을 비롯한 가신들에게 바치고, 대문과 문 둘레에 뿌리는 것은 잡귀·잡신이 가까이 오지 못하도록 막고, 건강과 평안을 기원하는 의미를 담고 있다.

두 가지 풍습의 비교

이스라엘 민족이 유월절에 양의 피를 문설주와 상인방에 바르는 것은 사람과 집짐승의 처음 난 것을 죽이러 다니는 천사에게 이스라엘 사람의 집임을 알려 재앙을 면하려고 하는 데서 시작된 것이다.

한국인이 동짓날 대문에 팥죽을 바르는 것은 잡귀·잡신이 들어오는 것을 막기 위한 것이다. 두 가지 풍습은 재앙을 막기 위한 것이라는 점에서 일치한다.

그러나 이 두 풍습은 대문에 바르는 것이 하나는 양의 피인데 비하여 다른 하나는 팥죽이라는 점에서 차이를 보인다. 이것은 두 민족의 산업 환경이 다르기 때문이다. 이스라엘 민족은 유목민족이므로, 양의 생명을 상징하는 피를 문설주에 바른다. 한국인은 농경민족이므로, 신성하게 여기며 축귀·축사의 의미를 지닌 팥죽을 대문에 바르는 것이다.

만일의 경우를 가정해 보자. 이스라엘 민족이 농경생활을 하였다면, 유월절에 문설주에 팥죽을 발랐을 것이다. 반대로 한국인이 유목생활을 하였다면, 동지에 양의 피를 대문에 바르면서 재앙을 면하려 하였을 것이다.

이스라엘 민족의 풍습은 성경에 기록됨으로써 종교적 의미를 지니게 되었다. 이에 비하여 동지팥죽은 민속으로 전해 오다가 현대에는 그 의의가 약화되어 소멸의 위기를 맞고 있다.

∽ 9 ∾
홍해를 건넌 모세 – 주몽

국가나 민족을 위하여 큰일을 하는 영웅적인 인물은 어렸을 때 버림을 받았다가 양육자를 만나 성장한다. 그러다가 다시 위기를 만난다. 그 위기를 극복하면 승리의 기쁨을 맛볼 수 있지만, 그렇지 못하면 파멸할 수밖에 없다.

위기 가운데 가장 힘든 것은, 쫓기는 상황에서 큰 물길을 만나는 것이다. 앞으로 나아갈 수도 없고, 뒤로 물러날 수도 없는 진퇴양난의 상황이다. 살다 보면, 이러한 절박한 상황은 흔히 맞닥뜨리는 일이기도 하다.

이런 위기 상황에서 주인공의 태도는 매우 중요하다. 좌절하는 사람은 파멸하고 만다. 그러나 이를 극복하려는 용기와 신념을 가지고 혼신의 노력을 하는 사람에게는 다른 사람 또는 신의 도움이 따른다. 그래서 마침내는 위기를 타파하고, 승리를 쟁취한다.

불가능에 가까운 위기를 극복하고 위업을 성취한 인물로 모세와 주몽을 들 수 있다. 모세는 이스라엘 민족을 이끌고 홍해를 건너서 가나안으로 가고, 주몽은 엄수(淹水)를 건너가서 고구려를 세운다.

홍해를 건너 가나안으로

구약 성경에는 모세에 관한 기록이 아주 많다. 여기서는 『새번역 성경』 「출애굽기」에 적힌 모세의 일생 중 모세가 홍해를 건너는 기적을 중심으로 요약하여 정리한다.

모세는 이집트 공주의 양자로 궁중에서 자라 40세가 되었다. 그는 히브리인이 노동하는 현장에 나갔다가 이집트인이 히브리인을 때리는 것을 보고, 분노하여 이집트인을 죽였다. 그는 이 일이 탄로나 위태롭게 되자, 미디안 땅으로 피신하였다. 거기서 이드로의 딸 십보라와 혼인하여 40년 동안 양을 치며 살았다.

그는 호렙산에서 하나님을 만나서
"종노릇하고 있는 이스라엘 민족을 이끌고 가나안 땅으로 가라."
라는 명을 받는다. 그는 형 아론과 함께 이집트 왕을 찾아가,
"이스라엘 민족을 데리고 광야로 사흘 길을 가서 하나님께 제사를 드릴 수 있도록 허락해 주시오."
하고 말한다. 왕이 이를 거절하자, 그는 이집트에 열 가지 재앙을 내려 허락을 받아낸다.

그는 이스라엘 민족을 홍해로 가는 광야 길로 데리고 나왔다. 하나님은 그들이 밤낮으로 행군할 수 있도록 낮에는 구름기둥으로, 밤에는 불기둥으로 앞길을 인도해 주셨다. 바로는 이스라엘 민족이 도망친 것을 알고, 대군을 이끌고 추격한다.

홍해 앞에 다다른 이스라엘 백성은 크게 두려워하며 모세를 원망하였다. 모세는 백성들을 진정시킨 뒤에 하나님의 말씀대로 바다 위로 팔을 내밀었다. 주님께서 밤새도록 강한 동풍으로 바닷물을 뒤로 밀어내시니, 바다가 말라서 바닥이 드러났다. 이스라엘 자손이 바다 한 가운데에 난 마른 땅을 밟으며 지나가는 동안 물은 좌우에서 그들을

가리는 벽이 되었다. 뒤이어 이집트 왕의 말과 병거와 기병이 모두 이스라엘 백성의 뒤를 쫓아 바다 한가운데로 들어왔다. 이스라엘 백성이 다 건넌 뒤에 모세가 바다 위로 팔을 내미니, 바닷물이 본래의 상태로 되돌아왔다. 그래서 이스라엘 백성의 뒤를 따라 바다로 들어간 왕의 군대는 하나도 살아남지 못하였다.

〈『새번역 성경』, 「출애굽기」 2:11∼14:22 요약〉

모세는 이집트 공주의 양자가 되어 40년을 왕궁에서 생활한다. 그는 이스라엘 민족이 일하는 곳을 둘러보다가 종노릇을 하는 이스라엘 민족이 고통을 받는 현실을 직시한다. 그는 이집트 사람이 이스라엘 사람을 때리는 것을 보고 분노하여 그 이집트 사람을 죽인다. 이 사건은 그의 내면에 잠재해 있던 민족의식을 깨어나게 하는 계기가 되었다. 그는 이 사건으로 생명이 위태해진 것을 알고, 멀리 미디안으로 도망한다. 그는 거기서 40년 동안 목동 노릇을 하며 민족적 자각과 함께 하나님에 대한 믿음을 키운다. 그런 뒤에 하나님으로부터 이스라엘 민족 구원의 사명을 받는다.

그는 아론과 함께 대궐로 가서 이집트 왕에게, 이스라엘 민족이 광야로 사흘 길을 나가서 하나님께 제사를 지낼 수 있게 해 달라고 한다. 아홉 가지 재앙에도 허락하지 않던 이집트 왕은 장자를 잃는 열 번째 재앙에 굴복하여 이스라엘 민족이 광야로 나가 제사 지내도록 허락한다. 그러나 이집트 왕은 수많은 노예를 잃는 것이 아쉬워 군사를 이끌고 추격한다. 추격군을 본 이스라엘 민족은 홍해 앞에서 절망적인 탄식을 하고, 심지어는 모세를 원망한다.

이렇게 절박한 상황에서 모세가 바다 위로 팔을 내미니, 바닷물이 갈라져 바닥이 보인다. 이스라엘 민족이 바닷길로 걸어가자 이집트 군사들도 뒤를 따른다. 이스라엘 민족이 모두 건넌 것을 확인한 모세가 팔을 펴니, 바닷물이 합쳐진다. 그래서 이집트 군사들은 모두 바다에 빠져 죽고 만다. 모세는 하나님이 주신 권능을 행사하여 기적을 일으켰다. 이를 본 이스라엘 백성은 하나님의 크신 권능을 보고, 하나님을 두려워하고, 하나님의 종 모세를 믿었다.

그 뒤에 모세는 하나님이 주시는 사랑과 권능을 등에 업고, 지도력을 발휘하여 이스라엘 민족을 가나안으로 인도한다. 그리고 하나님의 선택을 받은 백성으로서 가져야 할 마음가짐과 지켜야 할 규례를 제정하는 일을 한다. 모세는 40년 동안 하나님의 사랑과 보호를 받으며 이스라엘 백성을 가나안이 보이는 곳까지 이끌다가 120세에 세상을 떠났다(『새번역 성경』 「신명기」 34:7).

엄수를 건너 고구려를 건국한 주몽

고려의 승려 일연이 쓴 『삼국유사』 권제1 「고구려조」와 고려의 대 문호 이규보가 쓴 민족서사시 「동명왕편」에 수록되어 있는 내용을 바탕으로 고구려의 시조인 주몽의 일생을 간단히 정리한다.

주몽은 금와왕의 일곱 아들과 항상 같이 놀았다. 그런데 왕자들의 재능이 그를 따르지 못하였다. 이에 장자인 대소(帶素)가 왕께 '주몽은 사람의 자식이 아니니, 일찍 없애야 후환이 없을 것'이라고 아뢰었다.

왕은 주몽을 시험하기 위해 말을 기르게 하였다. 어머니는 그에게 말 고르는 법을 알려 주었다. 그는 좋은 말을 고른 뒤, 그 말의 혀 밑에 바늘을 꽂아 두어 야위게 하고, 다른 말은 먹이를 잘 주어 살찌게 하였다. 왕은 살찐 말은 자기가 타고, 야윈 말은 그에게 주었다.

왕의 여러 아들과 신하들이 주몽을 죽이려고 하였다. 그의 어머니가 이 사실을 미리 알고, 그에게 이곳을 떠나라고 하였다. 그는 오이 등 세 사람의 벗과 함께 도망하여 엄수에 이르렀다. 부여의 추격군이 뒤쫓아 오는데, 배가 없어 건널 수가 없었다. 주몽이 탄식하여 말했다. "나는 천제의 아들이며, 하백의 외손자다. 오늘 도망해 가는데, 뒤쫓는 자들이 거의 닥치게 되었으니, 황천(皇天, 우주를 창조하고 주재한다고 믿어지는 초자연적인 절대자)과 후토(后土, 토지를 맡아 다스린다는 신)는 속히 배와 다리를 주소서." 말을 마치고 활로 물을 치니, 물고기와 자라가 솟아올라서 다리를 만들어 주었다. 주몽이 다리를 건넌 뒤에 쫓는 군사가 다리에 오르니, 다리가 무너졌다.

주몽은 무사히 졸본주에 이르러, 그곳에 나라를 세웠다. 미처 궁실을 지을 겨를이 없어 비류수 위에 집을 지어 거처하면서 나라 이름을 고구려라고 하였다.　〈최운식 외, 『한국의 신화』, 시인사, 1988, 39~51쪽.〉

주몽은 태어난 지 한 달이 되자 말하기 시작하였고, 일곱 살에 기골이 준수하여 보통사람과 달랐다. 스스로 활과 화살을 만들어 쏘는데, 백 번 쏘면 백 번 다 적중했다. 그는 활쏘기를 잘하여 주몽이라는 이름을 얻었다. 그는 금와왕의 궁전에서 왕자들과 함께 지냈으니, 그 역시 부여 왕족의 교양과 지식, 무예 등을 익혀 장차 나라를 세워 다스릴 임금의 자질을 갖추었다.

금와왕의 아들들은 재능이 뛰어난 주몽을 죽이려고 한다. 주몽은 어머니의 말을 듣고, 친구 세 명과 함께 부여를 탈출한다. 엄수에 이른 주몽 일행이 배가 없어 강을 건너지 못하고 있는데, 부여의 추격군은 가까이 오고 있다. 절체절명(絕體絕命, 몸도 목숨도 다 되었다는 뜻으로, 어찌할 수 없는 절박한 경우를 비유적으로 이르는 말)의 위급한 상황이 되었다.

이때 주몽은 좌절하지 않고, 하늘을 우러러 기원의 뜻을 담은 탄식을 하고, 활로 물을 쳤다. 그러자 물고기와 자라가 와서 다리를 만들어 주었다. 주몽 일행이 그 다리를 밟고 지난 뒤에 물고기와 자라는 흩어졌다. 주몽이 일으킨 기적은 아버지인 해모수와 외조부인 수신 하백의 도움에 의한 것이다.

엄수를 건넌 주몽은 졸본주에 이르러 나라를 세우고, 고구려의 시조가 된다. 그는 송양왕과의 활쏘기 경합과 주술 경쟁에서 이기고, 나라의 기틀을 다진다.

두 이야기의 비교

모세와 주몽 이야기에는 주인공이 맨몸으로 물을 건너는 기적적인 사건이 보인다. 이것은 신이한 인물이나 영웅의 일생에 나타나는 중요 사건으로, 주인공의 신이성과 뛰어난 능력을 유감없이 보여 준다. 두 가지 이야기의 차이점은 무엇인가?

첫째, 모세와 주몽의 물 건너기 기적은 절대적 권능을 지닌 신의 도움에 의해 일어났다. 모세는 태어날 때에는 평범한 아이였으나, 80세 때 호렙산에서 하나님을 만나 민족 구원의 사명을 받고, 절대적인 권능을 주시겠다는 약속을 받았다. 그 약속은 필요할 때마다 나타나서 하나님이 모세와 함께하신다는 것을 보여 주며, 지도력을 발휘하게 한다. 이에 비해 주몽은 천제의 아들인 해모수와 수신의 딸 유화 사이에서 태어난 신이한 인물이므로, 신이한 능력을 타고

났다. 거기에 더하여 그에게는 천신과 수신이 늘 함께하며 도움의 손길을 떼지 않는다.

둘째, 모세와 주몽의 기적은 규모 면에서 차이를 보인다. 모세의 기적은 홍해 바다에서, 바람을 이용하여 물을 양편으로 가르고, 길을 만들어 이스라엘 민족을 건너게 한다. 이에 비해 주몽은 지금의 압록강 동북쪽에 있는 작은 강을 만나고, 물고기와 자라가 모여들어 다리를 만들어 세 사람을 건너게 한다. 신의 도움으로 물을 건너는 기적을 일으켰다는 점에서는 일치한다. 그러나 건너는 물과 건너는 사람이 바다와 강, 한 민족과 네 사람이라는 점에서 차이를 보인다.

셋째, 모세와 주몽 이야기는 기독교인에게는 신앙심을, 한국인에게는 민족적 자부심과 긍지를 갖게 해 준다. 모세 이야기는 성서에 들어가 유대교인이나 기독교인에게 하나님의 절대적인 권능과 위대성을 믿게 하고, 하나님이 선택한 백성을 어떻게 사랑하고 고통에서 건져내는가를 보여준다. 그리고 하나님을 믿고 의지하며 기도하면 어떠한 난관도 돌파할 수 있다는 믿음을 갖게 해 준다. 이에 비하여 주몽 이야기는 고구려가 천신과 지신의 도움으로 건국된 나라임을 강조하여 민족적 자부심과 긍지를 갖게 해 준다. 이것은 이규보가 「동명왕편 병서(並書)」에서 "동명왕의 사적을 시로 지어 기록하는 이유는 천하로 하여금 우리나라가 본래 성인(聖人)의 나라임을 알게 하고자 할 따름"이라고 한 말에서도 확인할 수 있다.

이처럼 모세 이야기는 하나님의 절대적인 권능을 드러내어 신앙심을 강조하고, 주몽 이야기는 민족적 자부심과 긍지를 갖게 해 준다.

ᔆ 10 ᦸ

아론의 싹 난 지팡이 – 부석사 선비화

수목은 사람에 비해 수명이 길고, 나이를 더해 갈수록 그 자태가 웅장하고 숭고해 보인다. 이를 보며 살아온 옛사람들은 수목을 신성하게 여기고, 숭상하는 마음을 갖게 되었다. 이런 마음은 자연스레 산천초목이나 무생물 따위의 여러 가지 사물에 혼령이 깃들어 있다는 정령설(精靈說), 수목을 신성시하여 숭배하는 수목숭배 사상을 갖게 하였다.

과학적이고 합리적인 사고로 보면, 짚고 다니던 나무지팡이가 살아서 잎이 나고, 꽃이 핀 뒤에 열매를 맺는다는 것은 있을 수 없는 일이다. 그러나 신화적 사고를 가진 고대인의 눈으로 보면, 그것은 불가능한 일이 아니다. 고대인은 신이나 신이한 능력을 가진 사람이 그 나무의 정령을 돌아오게 하면 살아날 수 있다고 믿었다.

사랑하고 아끼던 나무, 자기와 동일시하고 신성시하던 나무가 죽었을 때 다시 살아나기를 바라는 간절한 마음은 죽은 나무가 살아나는 이야기를 꾸며냈을 것이다. 죽은 나무가 살아난다는 화소는 지팡이에서 싹이 나는 이적 이야기를 만들어 냈다. 구약성경 「민수기」

에는 모세가 이스라엘 민족 열두 지파 지도자의 지팡이를 모아 하루 동안 증거궤 앞에 두었더니, 아론의 지팡이에서만 싹이 났다는 이야기가 실려 있다. 이에 상응하는 이야기로 가장 먼저 떠오르는 이야기는 영주 부석사의 선비화 전설이다.

아론의 싹 난 지팡이

구약 성경 「민수기」에는 아론이 짚고 다니던 지팡이에서 싹이 나고, 꽃이 피며 열매를 맺는 이야기가 있다. 이것은 하나님께서 아론을, 모세를 도와 이스라엘 민족을 이끌 제사장으로 신임하고 있음을 보여주는 신이한 사건이다.

주님께서 모세에게 말씀하셨다.
"너는 이스라엘 자손에게 말하여 그들에게서 지팡이를 모아라. 각 종족별로 지팡이 하나씩, 곧 각 종족마다 한 지도자에게서 하나씩, 지팡이가 열두 개다. 너는 각자의 이름을 그 지팡이 위에 써라. 레위의 지팡이 위에는 아론의 이름을 써라. 각 종족별로 우두머리마다 지팡이가 하나씩 있어야 하기 때문이다. 너는 그것들을 회막 안, 내가 너희에게 나 자신을 알리는 곳인 그 증거궤 앞에 두어라. 내가 택하는 바로 그 한 사람의 지팡이에서는 움이 돋아날 것이다. 너희를 거역하여 불평하는 이스라엘 자손의 불만을 내가 없애고야 말겠다."
모세가 이스라엘 자손에게 말하니, 각 지도자마다 지팡이 하나씩을 그에게 주었다. 각 종족마다 한 지도자에 지팡이가 하나씩이므로, 지팡이는 열두 개였다. 아론의 지팡이도 그 지팡이들 가운데에 있었다.

모세는 그 지팡이들을 증거의 장막 안, 주님 앞에 놓았다.

이튿날이 되어, 모세가 증거의 장막 안으로 들어갔다. 레위 집안 아론의 지팡이에는 움이 돋았을 뿐 아니라, 싹이 나고, 꽃이 피고, 감복숭아 열매까지 맺은 것이 아닌가! 모세는 모든 지팡이를, 주 앞에서 이스라엘 자손 모두에게로 가지고 나왔다. 그들은 그것들을 보았다. 저마다 자신의 지팡이를 집어 들었다.

주님께서 모세에게 말씀하셨다.

"아론의 지팡이는 증거궤 앞으로 도로 가져다 놓아, 반역하는 사람들에게 표적이 되도록 잘 간직하여라. 너는 다시는 그들이 나를 거역하여 원망하지 못하게 하여라. 그래야만 그들이 죽지 아니할 것이다."

모세는 주님께서 명하신 대로 하였다.   〈『새번역 성경』 민수기 17:1∼11〉

모세와 아론은 하나님의 뜻을 따라 이스라엘 민족을 이집트에서 이끌고 나와 가나안을 향해 가고 있었다. 그런데 레위의 자손인 고라, 다단, 아비람과 그를 따르는 250여 명의 무리가 두 사람의 지도력에 반기를 들었다. 그 벌로 하나님은 땅으로 하여금 입을 벌려 이들 모두와 소유를 삼켜 버리게 하였다.

그 일이 있은 다음 날, 이스라엘 회중은 이런 끔찍한 일이 일어난 것을 두고 모세와 아론을 규탄하며 항거한다. 이런 부당한 일을 보신 하나님은 염병(장티푸스)을 보내어 두 사람에게 항거하는 회중을 징벌하여 14,700명을 죽게 한다.

「아론의 싹난 지팡이」 이야기는 위의 두 가지 사건 뒤에 일어난 일이다. 모세는 이스라엘 민족 열두 지파에게 각각 지팡이 하나씩을 가져오게 한다. 그는 지팡이를 제출한 각 지파 지도자의 이름을 쓰게 한 뒤에 증거궤 앞에 두었다. 이튿날 아침에 보니, 아론의 지팡이에만 움이 돋아 싹이 나고, 꽃이 피고, 감복숭아 열매가 맺히는 이적이 일어났다. 이것은 아론이 제사장 직분을 맡을 적임자이니, 그의 지도력에 따르라는 하나님의 뜻이었다.

지팡이는 목자에게는 양떼를 인도할 때 쓰는 도구이고, 장로나 족장에게는 권위의 상징이다. 나무를 잘라 만든 지팡이에서 움이 돋아 꽃이 피고, 열매를 맺었다는 것은 일상에서 일어날 수 없는 신이한 일이다. 아론의 싹 난 지팡이는 하나님께서 아론이 지도자 모세를 도와 이스라엘 민족을 이끌 제사장의 책무와 권위를 지닌 인물임을 보증하신다는 징표이다.

부석사 선비화

부석사(浮石寺)는 경상북도 영주시 부석면 북지리 봉황산에 있는 절이다. 신라 문무왕 16(676)년 2월에 의상(義湘) 대사가 왕명으로 창건한 뒤 화엄종(華嚴宗)의 중심 사찰이 되었다. 부석사 경내에는 고려 시대의 건축물인 무량수전(無量壽殿, 국보 제18호)과 조사당(祖師堂, 국보 제19호)을 비롯한 조선 시대의 건물들이 남아 있다. 이곳은 2018년 6월 유네스코 세계문화유산으로 등재되었다.

이 글에서 비교의 대상으로 삼은 이야기는 부석사 조사당 앞에 있는 선비화와 관련된 전설이다. 이를 바르게 이해하려면, 부석사를 창건한 「의상 대사와 선묘 낭자」 이야기를 알아야 한다.

의상 대사와 선묘 낭자

의상은 29세에 황복사에서 머리를 깎고 중이 되었다. 입산수도를 시작한 지 8년 만에 큰 뜻을 품고, 원효대사와 함께 당나라로 향했다. 당나라를 거쳐 불교의 발상지인 인도까지 가려고 하였다.

두 사람이 압록강을 건너 요동에서 노숙을 하던 어느 날 밤, 원효는 심한 갈증을 느꼈다. 어두운 곳에서 물을 찾던 원효는 바가지 같은 것에 물이 고인 것을 잡아 꿀꺽꿀꺽 들이마셨다. 이튿날 아침, 잠을 깬 원효는 어젯밤에 물을 마신 그 그릇이 바가지가 아니라 해골인 것을 보고 깜짝 놀랐다. 그는 보지 않고 마실 때 그토록 맛있던 물이, 알고 보니 토하고 싶도록 비위에 거슬린다는 데에 깨달은 바가 있었다. 그래서 인도로 향하던 발길을 돌려 귀국하여 불교 연구에 힘썼다.

의상은 홀로 길을 떠나 당나라 양주(楊州)에 이르러 병을 얻었다. 그래서 양주성의 수위장인 유지인(劉知仁)의 집에 유숙하며 병을 치료하였다. 그가 몇 달을 묵게 되자, 시중들던 유지인의 딸 선묘(善妙)가 그에게 연정을 품게 되었다. 그는 선묘의 마음을 그대로 받아들이지 않고, 법도로 대하여 제자로 삼았다. 그가 완쾌되어 다시 길을 떠나게 되자, 선묘는 그에게 귀국할 때 이곳을 지날 터이니, 꼭 집에 들러 달라고 하였다. 그는 이를 쾌히 승낙하였다.

그는 안남성(安南省) 지백사(知栢寺) 지엄(智嚴) 대사의 제자가 되어 수학하였다. 그때 당나라가 30만 대군을 일으켜 신라를 침공하려고 하였다. 그는 이를 속히 신라 조정에 알리려고 문무왕 11년에 서둘러 귀국하게 되었다. 그가 양주 선묘의 집에 이르니, 그녀는 마침 출타 중이었다. 그는 여정이 급하여 만나지 못하고 감을 전해 달라고 그녀의 부모에게 부탁한 후 다시 길을 재촉하였다.

선묘는 집에 돌아와 그가 다녀갔다는 말을 들었다. 선묘는 만들어 두었던 법의(法衣)와 법물(法物)을 가지고 그의 뒤를 쫓아 산둥성 해안에 도착하니, 그가 탄 배가 이미 출발하여 바다 위에 흰 돛만 보였다. 선묘는 멀어져가는 흰 돛을 바라보고 서 있다가, 들고 있던 선물을 바다로 던지며 축원하였다.

"진심으로 조사님을 공양하오니, 원컨대 이 옷과 그릇이 조사님께 이르도록 해 주십시오."

때마침 해풍이 크게 일어나면서 던진 선물은 조사가 탄 배 안으로 날아갔다. 이를 보고 있던 선묘가

"이 몸이 용이 되어 조사를 받들어 무사히 귀국토록 해 주옵소서."

하고 축원하며, 바닷물에 몸을 던졌다. 그러자 신묘하게도 선묘는 바라던 대로 용으로 화신(化身)하여, 그의 멀고 험한 귀국 길을 줄곧 호위하였다. 그는 무사히 귀국하여 나라에 당의 침략 흉계를 고하여 난을 면하게 하였다.

그 후에 의상은 왕으로부터 사찰 건립의 명을 받고, 이곳 봉황산에 이르러 지세를 살펴보니, 화엄종지(華嚴宗旨)를 크게 선양할 수 있는 명산이었다. 그러나 이교(異敎)의 무리 500여 명이 먼저 자리를 차지하고 있으므로, 이들에게 자리를 양보해 줄 것을 수차례 요청하였다. 그러나 이들이 듣지 않으므로 고심하고 있었다. 그때 용으로 화신한 선묘가 공중에서 바라보니, 순리로는 조사의 뜻이 이루어질 것 같지 않았다. 그래서 법력을 써서 지금의 무량수전 서편에 있는 큰 바위를 공중으로 올렸다 내렸다 세 차례 하니, 무리들이 겁을 먹고 굴복하였다. 이 자리에 건립한 것이 부석사이다. 이교도들을 놀라게 하기 위하여 공중에 세 번이나 올렸다는 큰 바위를 부석이라 하였다.

그리고 선묘룡은 석룡(石龍)으로 화하여 무량수전의 자리에 안좌되어 부석사의 수호신이 되겠다고 하였으므로, 의상 조사를 크게 감격하게 하였다. 지면에서 2척 깊이에 묻혀 있는 48척의 석룡은 머리를 무량수전 주불(主佛) 밑에 두고, 꼬리는 무량수전 서편 뜰까지 뻗쳐 있다.

이 석룡은 1967년 5월 7일 신라 5악 학술조사단이 무량수전 서편

뜰을 발굴하여 5m가량의 석룡 하반부를 발견하는 데 성공하였다. 그 모습이 그림에서 볼 수 있는 용과 흡사하여 천연석으로 볼 수 없는 천연스러운 용이라고 한다.

〈유증선, 『영남의 전설』, 형설출판사, 1971, 148~151쪽.〉

의상 대사는 신라 진평왕 47(625)년에 진골 귀족인 김한신(金韓信) 의 아들로 태어나 성덕왕 1(702)년에 입적한 고승이다. 그는 중국 당 나라에 유학하여 중국 화엄종 제2대 조사인 지엄으로부터 화엄종을 수학하고, 법통을 이어받아 한국 화엄종의 시조가 되었다.

위 이야기에서 의상 대사에게 연정을 품었던 선묘 낭자는 대사의 가르침에 감화되어 독실한 불교 신자가 되었다. 그녀는 나중에 용이 되어 대사가 탄 배를 호위하여 무사히 귀국하게 한다. 그리고 대사가 부석사 짓는 것을 방해하는 이교도들에게 겁을 주기 위해 큰 바위를 들었다가 놓는 일을 세 번이나 되풀이한다. 이교도들이 겁을 먹고 물러서자 그녀는 바위를 그 자리에 내려놓았고, 대사는 그 자리에 부석사를 지었다. 그 바위는 무량수전 서편에 있는데, 바위의 밑 부분이 받침에 완전히 닿지 않고 공중에 떠 있다고 한다. 그래서 그 바위를 '부석(浮石)'이라 하고, 절 이름을 '부석사'라고 하였다고 한다.

위 이야기에서 말하는 이교도는 민간신앙의 신도들이고, 부석사 터는 이들의 기도처였을 것이다. 이들은 외래종교인 불교가 널리 포교하고, 곳곳에 절을 세우는 것을 매우 못마땅하게 여겼을 것이다. 그런데 의상 대사가 자기들이 모여서 기도하는 성스러운 장소에 절을 지으려고 하니, 이에 반대하고 저항하였을 것이다. 그래서 의상 대사가 절 짓는 일을 진행할 수 없게 되었다. 이때 선묘 낭자가 큰 바위를 들었다가 내려놓는 신통력을 보임으로써 이들을 굴복하게 만든다.

이것은 불교가 포교하고 절을 지을 때 민간신앙과 충돌하여 어려움을 겪었지만, 신이한 법력을 보임으로써 포교에 성공하고 절을 지었음을 드러내는 이야기이다. 이 이야기에서 불교가 승리하는 것은, 이 이야기가 승려나 불심이 있는 사람에 의해 만들어져 전파·전승되어 왔기 때문이라 하겠다.

선비화

부석사 무량수전 왼쪽 산기슭에 부석사를 창건한 의상 대사 진영(眞影)을 모신 조사당이 있다. 지금 있는 조사당은 고려 우왕 3(1377)년에 건립하였고, 조선 성종 21(1490)년에 중수하였으며, 그 후에 단청을 새로 한 것이다. 조사당 앞 동쪽 처마 밑에 나무가 자라고 있는데, 이를 '선비화(禪扉花)'라고 한다.

신라 때 중 의상이 도를 깨치고, 장차 서역 천축국(天竺國)에 갈 참인데, 거처하던 방문 앞 처마 밑에다 지팡이를 꽂으면서,
"내가 간 뒤에 이 지팡이에서 반드시 가지와 잎이 날 것이다. 이 나무가 말라 죽지 않으면 나도 죽지 않을 줄로 알아라."
라고 하였다.
의상이 간 뒤에 절의 중은 의상의 상(像)을 빚어서 그가 거처하던 데에 안치하였다. 지팡이는 창밖에서 곧 가지와 잎이 나왔으며, 비록 햇빛과 달빛은 비치나 비와 이슬에 젖지 않는다. 늘 지붕 밑에 있어서 지붕을 뚫지 아니하고, 겨우 한 길 남짓한 것이, 천 년을 지나도 하루

같다.

　광해군 때에 경상감사 정조(鄭造)가 절에 와서 이 나무를 보고,
　　"선인이 짚던 것이니 나도 지팡이를 만들고 싶다."
라고 하면서 톱으로 자르게 하여 가지고 갔다. 그런데 그 나무는 곧
두 줄기가 다시 뻗어나서 전과 같이 자랐다. 인조 계해년에 정조는 역
적으로 몰려 참형을 당하였다.

　이 나무는 지금도 사시에 늘 푸르며, 또 잎이 피거나 떨어짐이 없다.
중들은 이 나무를 비선화수(飛仙花樹)라고 부른다. 옛날에 퇴계가 이 나
무를 두고 읊조린 시가 있다.

　擢玉亭亭倚寺門　　옥을 뽑은 듯 정정하게 절 문에 의지했는데,
　僧言錫杖化靈根　　스님의 말은 지팡이가 신령스러운 나무로 화했다
　　　　　　　　　　한다.
　杖頭自有曹溪水　　지팡이 머리에 스스로 조계수가 있는가?
　不借乾坤雨露恩　　하늘이 내리는 비와 이슬의 은혜를 힘입지 않는구나.

〈이중환, 『택리지』 「복거총론(卜居總論) 산수(山水)」〉

　위 이야기를 보면, 선비화는 의상 대사가 방문 앞 처마 밑에 꽂아
둔 지팡이에서 뿌리가 생기고, 가지와 잎이 나서 꽃을 피우며 산다.
처마 밑에 있어 비와 이슬을 맞지 않으면서 천 년의 세월을 지나
오늘에 이르렀다고 한다.

　의상 대사가 지팡이를 꽂은 때를 보면, 윗글에서는 대사가 도를
깨치고 인도로 갈 때라고 하였다. 이때가 열반(涅槃, 승려의 죽음)할
때를 말하는 것인지도 모르겠다. 다른 이야기에서는 대사가 열반하
기 전이라고 하였다. 그 시기에 차이가 있기는 하지만, 몇 년씩 들고
다니던 마른나무 지팡이에서 싹이 나서, 비와 이슬을 맞지 않고 천

년을 산다고 하니, 참으로 기이한 일이다.

스님의 지팡이는 주장자(拄杖子)라고도 한다. 주장자는 걸을 때에 도움을 주는 도구이면서 법문(法問, 불법에 대하여 묻고 대답함)할 때나 좌선(坐禪, 고요히 앉아서 참선함)할 때, 그리고 경책(警策, 주의가 산만하거나 조는 사람을 깨우침)할 때에도 손에서 놓지 않는다. 그러므로 주장자는 스님과 희로애락(喜怒哀樂)을 같이하면서 도의 길을 함께 한다. 그래서 주장자는 스님의 사상과 감정이 응집되어 있는, 분신과 같은 존재이다. 또, 높은 도의 경지에 이른 스님의 권위를 상징하는 물건이기도 하다. 그러므로 도가 깊고 법력이 높은 스님의 지팡이가 싹이 나서 자란다는 것은 스님의 명성과 정신이 없어지지 아니하고, 전해 내려옴을 믿는 마음을 드러내는 것이다.

선비화는 낙엽관목으로, 골담초(骨擔草)라고도 한다. 줄기는 곧추서서 모여 자라며, 가시가 나 있고, 껍질은 어두운 녹색이다. 4~5월에 나비 모양의 꽃이 노랗게 피어 붉게 변한다. 열매는 원주형으로 9~10월에 익는다. 관상용으로 재배하고 뿌리와 꽃은 약재로도 사용한다. 한국과 중국 등의 아시아가 원산지여서 우리나라의 산에서 쉽게 볼 수 있는 나무이다. 의상 대사는 우리나라에 많이 자라고 있는 선비화로 지팡이를 만들어 짚고 다녔던 모양이다.

부석사 조사당 앞의 선비화는 의상 대사의 명성과 정신이 깃들어 있는 신이한 나무이다. 옛 기록이나 부석사 스님의 말에 따르면, 선비화는 지붕 밑까지만 자라고, 그 이상은 자라지 않는다고 한다. 그런데 선비화의 잎을 따다가 달여서 먹거나 지니고 있으면, 아들을 낳는다고 하여 사람들이 꽃이나 가지를 꺾어가곤 하였다. 이것은 선비화가 지닌 신이성이 이 나무의 일부를 지니거나 먹는 사람에게 전달될 것이라고 믿는 '전염주술' 심리에서 나온 것이다. 그래서 나뭇가지를 꺾어가거나, 꽃이나 잎을 따가지 못하도록 선비화 둘레에는 처마 밑까지 촘촘한 보호망을 설치하여, 사람의 손이 닿지 못하게 해 놓았다.

유명 인사가 짚고 다니던 지팡이를 꽂았는데, 그 지팡이가 살아서 자라고 있다는 이야기는 의상 대사의 선비화 외에도 많이 있다. 신라 시대 자장 율사가 꽂은 지팡이가 자랐다는 강원도 정선군 동면 고한리 태백산 정암사 주목, 신라 마지막 왕자인 마의태자의 지팡이가 자라난 것이라고 하는 경기도 양평 용문사 은행나무, 고려 시대 보조국사 지눌 스님의 지팡이가 자라난 것이라고 하는 전남 순천 송광사 천자암 쌍향수(곱향나무), 고려 때 각진 국사가 짚고 다니던 지팡이를 꽂아두었던 것이 자라난 전남 장성 백양사 이팝나무, 한암 스님(1876~1951)이 짚고 다니던 지팡이를 거꾸로 꽂아둔 것이 자라난 강원도 오대산 중대 사자암의 단풍나무 등이 있다.

두 이야기의 비교

두 이야기의 주인공을 보면, 「아론의 싹 난 지팡이」는 하나님의 뜻을 받드는 제사장 아론이고, 「부석사 선비화」는 불교의 승려 의상 대사이다. 종교 지도자이고, 사제자인 두 사람의 지팡이는 싹이 나고 자라서 꽃을 피웠다는 점에서 일치한다. 그런데 아론의 지팡이에서 싹이 난 것은 하나님의 권능을 드러낸 것이고, 의상 대사의 지팡이에서 싹이 난 것은 의상 대사의 법력이 높았음을 드러낸다.

모세와 아론의 인도를 받아 가나안으로 가는 이스라엘 민족은 유목민족이다. 유목민족의 목자에게 지팡이는 양떼를 인도할 때 쓰는 도구이다. 그리고 장로나 족장에게는 권위의 상징물이다. 이스라엘 민족 열두 지파 지도자의 지팡이 중 아론의 지팡이만이 싹이 나고, 꽃과 열매를 맺은 것은 일상에서 일어날 수 없는 신이한 일이다. 이것은 하나님께서 아론에게 지도자 모세를 도와 이스라엘 민족을 이끌 제사장의 책무와 권위를 주신다는 징표이다.

아론의 지팡이에서 핀 꽃과 열매는 '감복숭아'라고 한다. 이를 영어로 말하면 '아몬드(Amond)'이다. 아몬드는 팔레스타인 지방에서 봄철에 가장 먼저 피는 꽃으로, 부활의 의미를 지니고 있다. 그러므로 아론의 싹 난 지팡이는 열두 지파의 지팡이 중 '선택을 받은 지팡이'이고, 죽은 나무가 살아나는 '부활의 징표'이며, '절대적인 권위'를 드러내는 지팡이라는 점에서 신앙적인 의미가 크다.

부석사 선비화는 의상 대사가 꽂은 지팡이에 뿌리가 생기고, 가지와 잎이 나서 꽃을 피우며 천 년을 살고 있다. 의상 대사가 "내가 간 뒤에 이 지팡이에서 반드시 가지와 잎이 날 것이다. 이 나무가 말라 죽지 않으면 나도 죽지 않을 줄로 알아라."라고 한 말이 실현된 것이다. 이 이야기는 의상 대사가, 도가 깊고 법력이 높은 인물임을 드러내면서, 부석사가 신성한 사찰임을 강조한다. 의상 대사가 꽂은 지팡이가 자란 나무는 한국에 많이 있는 선비화이다. 이것은 흔히 볼 수 있는 선비화에 신이성을 부여한 것으로, 민중들에게 불심을 돈독히 할 것을 권면하는 기능을 하고 있다.

∞ 11 ∞
도피성 – 소도

우리는 보통 양심이나 도리에 벗어난 행위를 죄라고 하고, 잘못하거나 죄를 지은 사람은 벌을 받아야 한다고 생각한다. 그런데 죄의 개념은 가치 기준에 따라 다르다. 사회적으로는 법률에 위반되어 처벌을 면하지 못하는 불법 행위를 죄라고 한다. 기독교에서는 하나님의 계명을 거역하고, 그의 명령을 따르지 아니하는 행위를 죄라고 한다. 불교에서는 도리에 거슬리어 괴로움의 과보(果報)를 부르는 나쁜 행위를 말한다.

사람은 의도적으로 죄를 짓기도 하지만, 예상치 못한 실수로 인하여 벌을 받아 마땅한 죄를 짓기도 한다. 그중에서 가장 큰 죄는 살인죄이다. 그래서 예로부터 살인한 사람에게는 가장 중한 형벌을 내리는 것을 원칙으로 하였다.

성경에서는 "사람을 때려서 죽인 자는 반드시 사형에 처해야 한다."(출 21:12)라고 하였다. 그러므로 살인 피해자의 가족이나 친척은 살인자를 죽여 원수를 갚는 것을 당연한 것으로 알았다. 그런데 살인이 그 사람의 생각이나 의지와 관계없이 실수나 우연에 의해 일어나는 경우도 있다. 그럴 경우에는 살인한 사람을 보호해야 할 필요성이 제기되었다.

구약성경에서는 '도피성(逃避城)'을 두어 이런 살인자를 보호하라고 하였다. 삼한(三韓)에서는 '소도(蘇塗)'라고 하는 별읍(別邑)을 두고, 다른 지역에서 죄를 지은 사람이 이곳으로 오면 돌려보내지 않았다고 한다. 이것은 도피성과 같은 취지였을 것이다.

도피성

구약성경 「출애굽기」 21장에는 폭력에 관한 법이 상세하게 기록되어 있다. 그중에서 관심을 끄는 것은 13절의 '사람을 죽였더라도 그가 일부러 죽인 것이 아니라 실수로 죽였으면, 내가 너희에게 정하여 주는 곳으로 피신할 수 있다'는 구절이다. 이것은 도피성에 관한 것으로, 그 뒤에 구체적으로 서술된다.

주님께서 모세에게 말씀하셨다.

"너는 이스라엘 자손에게 말하여라. 그들에게 다음과 같이 일러라. 너희가 앞으로 곧 요단강을 건너 가나안 땅에 들어가게 되거든, 성읍들 가운데서 얼마를 도피성으로 정하여, 실수로 사람을 죽게 한 자가 그곳으로 도피하게 하여라. 그 성읍들을 복수자를 피하는 도피처로 삼아서, 사람을 죽게 한 자가 회중 앞에서 재판을 받기 전에 죽는 일이 없도록 하여야 한다.

너희가 레위 사람에게 줄 성읍들 가운데서, 이들 여섯 성읍을 너희의 도피성으로 삼아라. 그 가운데 세 성읍은 요단강 동쪽에 두고, 나머지 세 성읍은 가나안 땅에 두어 도피성이 되게 하여라. 이들 여섯 성읍은, 이스라엘 자손은 물론이려니와 외국인이나 너희와 함께 사는 본토인이면 누구든지, 실수로 사람을 죽게 한 자가 도피하는 곳이 될 것이다.

만일 쇠붙이 같은 것으로 사람을 쳐서 죽게 하였으면, 그는 살인자이다. 그러한 살인자는 반드시 죽여야 한다. 사람을 죽일 만한 돌을 들고 있다가, 그것으로 사람을 쳐서 죽게 하였으면, 그는 살인자이다. 그러한 살인자는 반드시 죽여야 한다. 만일 사람을 죽일 만한 나무 연장을 들고 있다가, 그것으로 사람을 쳐서 죽게 하였으면, 그는 살인자이다. 그러한 살인자는 반드시 죽여야 한다. 이러한 경우에 그 살인자를 죽일 사람은 피해자의 피를 보복할 친족이다. 그는 그 살인자를 만나는 대로 죽일 수 있다. 미워하기 때문에 밀쳐서 죽게 하거나, 몰래 숨어 있다가 무엇을 던져서 죽게 하거나, 원한이 있어서 주먹으로 쳐서 사람을 죽게 하였으면, 그는 살인자이다. 그러한 살인자는 반드시 죽여야 한다. 피를 보복할 친족은, 어디서 그를 만나든지 그를 죽일 수 있다.

그러나 아무런 원한도 없이 사람을 밀치거나 몰래 숨어 있다가 무엇을 던지거나 한 것이 아니고, 잘못 보고 굴린 돌이 사람에게 맞아 그를 죽게 하였으면, 그 가해자가 피해자의 원수가 아니고, 더욱이 그를 해칠 의사가 전혀 없었던 것이므로, 회중은 이러한 규례에 따라서, 그 가해자와 피를 보복할 친족 사이를 판단해야 한다.

회중은 그 살인 혐의를 받은 사람이 피를 보복할 피해자의 친족에게서 보복을 당하지 않도록, 그 살인 혐의자를 그가 도피한 도피성으로 돌려보내야 한다. 그리고 그는, 거룩한 기름을 부어 성직에 임명된 대제사장이 죽을 때까지 거기에서 머물러야 한다.

도피성으로 피한 그 살인자가 도피성의 경계 밖으로 나갔을 때에, 마침 피를 보복할 친척이 그를 알아보고 도피성의 경계 밖에서 죽였으면, 그 친척에게는 아무런 살인죄도 적용되지 않는다. 살인자는 반드시 대제사장이 죽을 때까지 도피성에 머물러 있어야 하고, 대제사장이 죽은 다음에야 비로소 자기 소유지가 있는 땅으로 돌아갈 수 있다. 위에서 말한 율례는, 너희가 어디에 가서 살든지, 자자손손 모든 세대에 적용되는 율례이다.

누구든지 사람을 죽인 사람은 살인자이므로 반드시 죽여야 한다. 그러나 거기에는 증인들이 있어야 한다. 오직 한 증인의 증언만으로는 어느 누구도 죽이지 못한다. 살인죄를 지었을 때에는, 살인범에게서 속전을 받고 목숨을 살려 주어서는 안 된다. 그는 반드시 죽여야 한다. 대제사장이 죽기 전에는, 도피성으로 피한 사람에게 속전을 받고 그를 제 땅으로 돌려보내서 살게 해서는 안 된다.

너희가 사는 땅을 더럽히지 말아라. 피가 땅에 떨어지면, 땅이 더러워진다. 피가 떨어진 땅은 피를 흘리게 한 그 살해자의 피가 아니고서는 깨끗하게 되지 않는다. 너희가 사는 땅, 곧 내가 머물러 있는 이 땅을 더럽히지 말아라. 나 주가 이스라엘 자손과 더불어 함께 머물고 있다." 『새번역 성경』「민수기」 35:9~34)

도피성은 실수로 살인한 사람을 보호하기 위해 특별히 설치된 성읍으로, 레위 지파의 감독 아래 두었다. 여호수아는 하나님의 말씀에 따라 요단강의 동쪽에 베셀·길르앗 라못·골란의 세 곳을, 서쪽에 게데스·세겜·헤브론 세 곳을 두었다(「여호수아기」 20:7~8). 이들의 위치는 도망자가 어느 도피성이 되었든 하룻길에 도달할 수 있는 길로 약 48km 거리였다.

도피성을 세운 이유는 실수로 사람을 죽인 사람이 회중 앞에서 판결을 받기까지 피해자의 가족이나 친구에게 복수를 당하여 죽지 않게 하려는 것이다. 본의 아니게 살인한 사람은 도피성 입구에 서서 그곳 장로에게 자기에게 있었던 사건을 이야기해야 한다. 그러면 장로들은 그 사람을 도피성의 어느 한곳에 머무르게 한다. 그때 복수하려는 사람이 그곳까지 따라와 그를 내어 달라고 하여도, 장로들은 그 사람을 결코 내어주어서는 안 된다. 그러므로 도피성은 철저하게 그의 생명을 보호받을 수 있는 안전한 곳이다.

그 사람은 회중 앞에서 재판을 받아야 한다. 재판 결과 이 사람이 분명하게, 알지 못하는 사이에 일어난 살인이란 것이 판명이 되면, 계속하여 도피성에서 지낼 수가 있다.

그러나 살인자는 반드시 대제사장이 죽을 때까지 도피성에 머물러 있어야 하고, 대제사장이 죽은 다음에야 비로소 자기 소유지가 있는 땅으로 돌아갈 수 있다. 도피성은 이스라엘 백성과 그들 중에 우거(寓居, 남의 집이나 타향에서 임시로 몸을 부쳐 삶)하는 객을 위하여 만들어졌기에, 이방인들까지도 혜택을 입을 수 있다.

소도

소도는 삼한 시대에 천신에게 제사를 지내던 성지(聖地)이다. 거기에서는 신단(神壇)을 설치하고, 그 앞에 방울과 북을 단 큰 나무를 세워 제사를 올렸다.

소도에 대한 기록은 『삼국사기』나 『삼국유사』에는 없고, 『후한서(後漢書)』・『삼국지(三國志)』・『진서(晉書)』・『통전(通典)』 등의 중국 문헌에 전한다. 그중 가장 자세한 기록인 『삼국지』 「위서(魏書) 한전(韓傳)」의 기록은 다음과 같다.

귀신을 믿으므로 국읍(國邑)에서는 각기 한 사람을 뽑아 천신에 대한 제사를 주관하게 하였는데, 이 사람을 천군(天君)이라 부른다. 또 이들 여러 나라에는 각각 별읍(別邑)이 있는데, 이것을 소도(蘇塗)라 한다. 큰 나무를 세우고 거기에 방울과 북을 매달아 놓고 귀신을 섬긴다. 도망자가 그 속에 들어가면 모두 돌려보내지 않아 도둑질하기를 좋아한다. 그들이 소도를 세운 뜻은 마치 부도(浮屠)를 세운 것과 같으나 그 행해진 바의 선악은 달랐다.

〈『삼국지』「위서 한전」,『한국민족문화대백과사전 12』, 한국정신문화연구원, 1993, 674쪽에서 재인용〉

　이 기사는 삼한 시대의 신앙과 의례 및 정치·사회상을 알려 주는 중요한 자료이다. '소도'는 제의가 행해지는 별읍으로, 신성지역이다. 그곳에서는 천군이 천신에게 제사를 지낸다. 천군은 큰 나무를 세우고, 거기에 방울과 북을 매달아 놓고 신을 섬긴다. 천군은 제정일치 시대의 사제자로, 성경에 나오는 제사장과 같은 역할을 한다.

　소도는 그 지역을 맡은 천군의 관할 구역이므로, 그 구역에서는 절대적인 권한을 갖는다. 그러므로 다른 지역에서 죄를 지은 사람일지라도 이곳에 오면 돌려보내지 않았다. 이것은 관할 구역을 엄밀히 지킨 것으로, 뜻하지 않은 실수나 우연에 의해 발생한 사건의 범죄자를 보호해 주는 역할도 하였을 것이다. '도망자를 돌려보내지 않아 도둑질하기를 좋아한다'는 기록은 소도가 범죄자의 도피처가 되어 범죄를 조장하는 부작용이 있었음을 말하는 것이라 하겠다.

　『삼국지』「위서(魏書) 동이전(東夷傳)」과 『후한서』「동이전」에는 기자(箕子)가 조선에 와서 8조의 교법(敎法)을 만들어 인민을 교화시켰다고 기록되어 있다. 이것은 '敎(가르침)'의 수준이 아니라, 범하면 안 되는 법의 수준이었다 하여 '팔조법금(八條法禁)' 또는 '금법팔조'

라고 한다. 이것은 원래 고조선의 법금이었다고도 한다. 8조법금의 전문은 전하지 않고 3개 조항만이 『한서』「지리지」에 전한다.

첫째, 사람을 죽인 자는 사형에 처한다. 둘째, 남에게 상해를 입힌 자는 곡물로써 배상한다. 셋째, 남의 물건을 훔친 자는 데려다 노비로 삼으며, 속죄하고자 하는 자는 1인당 50만 전(錢)을 내야 한다는 것 등이다(『한국민족문화대백과사전 23』, 한국정신문화연구원, 1993, 396쪽 참조). 첫째는 생명에 관한 것이고, 둘째는 신체에 관한 것, 셋째는 재산에 관한 것이다.

이것은 고대사회에 행해지던 법이었으므로, 이웃 나라에서도 행하여졌을 것이다. 이를 소도의 기록과 관련지어 생각해 보면, 사람을 죽인 자는 사형에 처한다고 하였으니, 사람을 죽인 사람은 죽음을 면할 길이 없었을 것이다. 그러나 고의가 아닌, 실수나 우연의 사고로 사람을 죽게 한 사람은 사형이라는 형벌이 너무 과중하여 억울할 수도 있다. 도망자가 소도 안으로 들어가면 모두 돌려보내지 않았다는 것은 이렇게 억울한 도망자를 보호하기 위한 것이었을 수도 있다.

도피성과 소도의 비교

성경에 나오는 도피성은 부지중에 살인한 자가 그에게 복수하려는 자로부터 보호받을 수 있는 곳이다. 그곳은 살인자가 제사장과 여러 사람들로부터 고의적인 살인을 저지른 것이 아니라는 것을 인정받아야만 보호받을 수 있는 곳이다.

살인자는 고의적인 살인이 아니라 부지중에 일어난 사고였음을 인정받더라도, 자기 고향으로 돌아가지 못하고, 제사장이 살아있는 동안 그 성에서 거주해야 한다. 새로운 제사장이 등장해야 사면을 받아 고향으로 돌아갈 수 있다.

도피성은 기독교인들에게 두 가지의 교훈을 일깨워 준다. 하나는 모르고 지은 죄는 용서받을 수 있지만, 알고 지은 죄는 용서받을 수 없다는 것이다. 다른 하나는 새로운 제사장인 예수를 믿음으로 영접해야 죄 사함을 받을 수 있다는 것이다.

소도는 천군이라고 하는 사제자가 신앙적으로 다스리는 신성구역이다. 소도 신앙은 연맹왕국이 확립되기 이전 사회에 보편적으로 존재한 것으로 볼 수 있다. 그러나 소도는 사회 변화에 따라 쇠퇴를 거듭하여 민속에 그 잔영만을 남겼다.

세습무인 호남지방의 단골은 신앙적 관할권이 미치는 '단골판'을 물려받아 그 지역 주민의 신앙적 지도자 역할을 하였다. 단골판에 사는 사람은 그 지역 단골의 신앙 지도를 받았고, 굿을 할 때에는 반드시 그 지역 단골을 모셔야 했다. 다른 지역의 단골을 불러 굿을 하고 싶을 때에는 그 지역 단골과 합동으로 굿을 해야 했다. 여름 보리 수확과 가을 벼 추수가 끝난 뒤에는 일정량의 보리와 벼를 담당 단골에게 주었다. 이것은 단골이 생활에 얽매이지 않고 신앙적 지도자 역할을 하게 하려는 것이었다. 이러한 것으로 미루어 소도의 모습을 추정할 수 있다.

옛 소도의 모습을 없어지고, 현재는 소도가 우리 민속에 나타나는 세 종류의 장간(長竿)을 의미하는 말로 쓰이고 있다. 그것은 개인의 가정에서 경사가 있거나 기도를 드릴 때에 임시로 세우는 신간(神竿, 서낭당에 세워 신이 내리기를 비는 막대), 마을의 어구에 건립하는

'솟대'·'거릿대'·'수살목', 과거에 급제한 것과 같은 일을 성취한 사
람이 자기 문 앞이나 산소 또는 마을 입구에 세우는 기둥 등이다.

ᦞ 12 ᦕ

남의 아내를 빼앗은 다윗 – 관탈민녀 이야기

하나님은 남자와 여자를 만드셨다. 남자와 여자가 서로 마음에 맞는 상대를 만나 사랑을 나누고, 아이를 낳아 가정을 이루는 것은 자연스러운 일이다. 그런데 남녀의 결합에 아무런 제약이 없다면 방종에 흘러 많은 문제가 야기될 수밖에 없다. 그래서 오래전에 남녀 결합에 따른 여러 가지 문제점을 고려하여 혼인 제도를 만들고, 남녀 결합에 대한 관습과 법을 정하였다.

혼인제도가 정착됨에 따라 부부는 보호 받아야 할 대상이 되고, 부부 사이에도 지켜야 할 예의와 도리가 구체화되었다. 이것은 가정을 지키고, 사회 질서를 유지하는 데에 꼭 필요한 것이다. 만일 이게 무너지면, 불평과 불만이 생기고, 억울하고 슬픈 일을 당하는 사람이 생기게 된다.

남자들 중에는 예쁜 여인을 보면 차지하고 싶은 욕망을 억제하지 못하는 사람이 있다. 그래서 힘으로 욕심을 채우려 들기도 하고, 권력이나 재력을 이용하여 남의 아내를 빼앗는 일도 일어났다. 이것은 가정을 파괴하고, 사회 질서를 문란하게 하는 범법행위이다. 권력이나 재력을 이용하여 남의 아내를 빼앗는 일은 어느 한 지역이나 민족에 한정되지 않고, 동서고금을 막론하고 있었던 것 같다. 이런 일을 다룬 이야기가 각 민족의 신화나 전설·민담에 있는 것으로 이를 알 수 있다.

성경에는 우리야의 아내를 빼앗은 다윗왕 이야기가 있다. 이에 상응하는 한국 이야기로는 벼슬아치가 권력의 힘을 이용하여 남의 아내를 빼앗은 「관탈민녀(官奪民女) 이야기」가 있다.

남의 아내를 빼앗은 다윗

다윗왕은 이스라엘 역사에서 가장 훌륭하고 신앙심이 깊었던 왕으로 꼽힌다. 그런 다윗왕이 남의 아내를 빼앗고, 그 여자의 남편을 죽게 하는 일을 저질렀다.

다윗과 밧세바

그다음 해 봄에, 왕들이 출전하는 때가 되자, 다윗은 요압에게 자기의 부하들과 온 이스라엘의 군인들을 맡겨서 출전시켰다. 그들은 암몬 사람을 무찌르고, 랍바를 포위하였다. 그러나 다윗은 예루살렘에 머물러 있었다.

어느 날 저녁에, 다윗은 잠깐 눈을 붙였다가 일어나, 왕궁의 옥상에 올라가서 거닐었다. 그때에 그는 한 여인이 목욕하는 모습을 옥상에서 내려다보았다. 그 여인은 아주 아름다웠다. 다윗은 신하를 보내서, 그 여인이 누구인지 알아보게 하였다. 다녀온 신하가 그 여인은 엘리암의 딸로서, 헷 사람 우리야의 아내 밧세바라고 하였다. 그런데도 다윗은 사람을 보내서 그 여인을 데려왔다. 밧세바가 다윗에게로 오니, 다윗은 그 여인과 정을 통하였다. (그 여인은 마침 부정한 몸을 깨끗하게 씻고 난 다음이었다.) 그런 다음에 밧세바는 자기의 집으로 돌아갔다.

얼마 뒤에 그 여인은 자기가 임신한 것을 알고, 다윗에게 사람을 보내서, 자기가 임신하였다는 사실을 알렸다. 다윗이 그 소식을 듣고는, 요압에게 전갈을 보내서, 헷 사람 우리야를 왕궁으로 보내게 하였다. 요압이 우리야를 다윗에게 보내니, 우리야가 다윗에게로 왔다. 다윗은 요압의 안부와 군인들의 안부를 묻고, 싸움터의 형편도 물었다. 그런 다음에 다윗은 우리야에게 말하였다.

"이제 그대의 집으로 내려가서 목욕을 하고 쉬어라."
우리야가 어전에서 물러가니, 왕은 먹을 것을 함께 딸려서 보냈다. 그러나 우리야는 자기 상전의 종들과 함께 대궐 문간에 누워서 자고, 자기 집으로는 내려가지 않았다.

다윗은 우리야가 자기 집으로 내려가지 않았다는 말을 듣고, 원정길에서 돌아왔는데, 왜 집으로 내려가지 않았는지를, 우리야에게 물었다. 우리야가 다윗에게 대답하였다.

"언약궤와 이스라엘과 유다가 모두 장막을 치고 지내며, 저의 상관
이신 요압 장군과 임금님의 모든 신하가 별판에서 진을 치고 있습
니다. 그런데 어찌, 저만 홀로 집으로 돌아가서, 먹고 마시고, 나의
아내와 잠자리를 같이 할 수가 있겠습니까? 임금님이 확실히 살아
계심과, 또 임금님의 생명을 걸고 맹세합니다. 그런 일은 제가 하지
않겠습니다."
다윗이 우리야에게 말하였다.

"그렇다면, 오늘은 날도 저물었으니, 여기서 지내도록 하여라. 그러
나 내일은 내가 너를 보내겠다."
그리하여 우리야는 그날 밤을 예루살렘에서 묵었다. 그다음 날, 다윗이 그를 불러다가, 자기 앞에서 먹고 마시고 취하게 하였다. 그러나 저녁때에 그는 여전히 왕의 신하들과 함께 잠자리에 들고, 자기 집으

로는 내려가지 않았다.

다음 날 아침에 다윗은 요압에게 편지를 써서, 우리야의 편에 보냈다. 다윗은 그 편지에 다음과 같이 썼다.

"너희는 우리야를, 전투가 가장 치열한 전선으로 앞세우고 나아갔다가, 너희만 그의 뒤로 물러나서, 그가 맞아서 죽게 하여라."

요압은 적의 성을 포위하고 있다가, 자기가 알고 있는 대로 적의 저항 세력이 가장 강한 곳에 우리야를 배치하였다. 그 성의 사람들이 나가서 요압의 군인들과 싸우는 동안에, 다윗의 부하들 쪽에서 군인 몇 사람이 쓰러져서 죽었고, 그때에 헷 사람 우리야도 전사하였다.

요압이 다윗에게 사람을 보내서 전쟁의 상황을 모두 전하였다. 요압은 전령에게 이렇게 지시하였다,

"네가 이번 전쟁의 상황을 모두 임금님께 말씀드리고 났을 때에, 임금님이 화를 내시며 네게 말씀하시기를 '너희가 왜 그토록 성에 가까이 가서 싸웠느냐? 적의 성벽 위에서 적병들이 활을 쏠 줄도 몰랐단 말이냐? 여룹베셋의 아들 아비멜렉을 누가 쳐서 죽였느냐? 어떤 여자가 성벽 위에서 그의 머리 위로 맷돌 위짝을 던져서, 그가 데벳스에서 죽지 않았느냐? 그런 것을 알면서, 너희가 무엇 때문에 그토록 성벽에 가까이 갔느냐?' 하시면, 너는 '임금님의 부하 헷 사람 우리야도 죽었습니다' 하고 대답하여라."

전령이 떠나, 다윗에게 이르러서, 요압이 심부름을 보내면서 일러준 말을 모두 전하였다. 전령은 다윗에게 이렇게 말하였다.

"우리의 적은 우리보다 강하였습니다. 적이 우리와 싸우려고 평지로 나왔으므로, 우리는 적들을 성 안으로 밀어 넣으려고, 성문 가까이까지 적들을 밀어붙였습니다. 그때에 성벽 위에 있는 적들이 임금님의 부하들에게 활을 쏘았습니다. 그래서 임금님의 부하들 가운데서 몇 사람이 죽었고, 임금님의 부하인 헷 사람 우리야도 죽었습니다."

그러자 다윗이 전령에게 말하였다.

"너는 요압에게, 칼은 이 편도 죽이고 저 편도 죽이기 마련이니, 이번 일로 조금도 걱정하지 말라고 전하여라. 오히려 그 성을 계속 맹렬히 공격하여서 무너뜨리라 전하여, 요압이 용기를 잃지 않도록 하여라."

우리야의 아내는, 우리야가 죽었다는 소식을 듣자, 자기의 남편을 생각하여 슬피 울었다. 애도하는 기간이 지나니, 다윗이 사람을 보내어서, 그 여인을 왕궁으로 데려왔다. 그 여인은 이렇게 하여서 다윗의 아내가 되었고, 그들 사이에서 아들이 태어났다. 그러나 주님께서 보시기에 다윗이 한 이번 일은 아주 악하였다.

나단의 책망과 다윗의 회개

주님께서 예언자 나단을 다윗에게 보내셨다. 나단은 다윗을 찾아와서 이런 이야기를 하였다.

"어떤 성읍에 두 사람이 살았습니다. 한 사람은 부유하였고, 한 사람은 가난하였습니다. 그 부자에게는 양과 소가 아주 많았습니다. 그러나 그 가난한 사람에게는, 사다가 키우는 어린 암양 한 마리밖에는, 아무것도 없었습니다. 그는 이 어린 양을 자기 집에서 길렀습니다. 그래서 그 어린 양은 그의 아이들과 함께 자라났습니다. 어린 양은 주인이 먹는 음식을 함께 먹고, 주인의 잔에 있는 것을 함께 마시고, 주인의 품에 안겨서 함께 잤습니다. 이렇게 그 양은 주인의 딸과 같았습니다. 그런데 그 부자에게 나그네 한 사람이 찾아왔습니다. 그 부자는 자기를 찾아온 손님을 대접하는 데, 자기의 양 떼나 소 떼에서는 한 마리도 잡기가 아까웠습니다. 그래서 그는 그 가난한 사람의 어린 암양을 빼앗아다가, 자기를 찾아온 사람에게 대접하였습니다."

다윗은 그 부자가 못마땅하여, 몹시 분개하면서, 나단에게 말하였다.

"주님께서 확실히 살아 계심을 두고서 맹세하지만, 그런 일을 한 사람은 죽어야 마땅합니다. 또 그가 그런 일을 하면서도 불쌍히 여기는 마음이 전혀 없었으니, 그는 마땅히 그 어린 암양을 네 배로 갚아 주어야 합니다."

나단이 다윗에게 말하였다.

"임금님이 바로 그 사람입니다. 주 이스라엘의 하나님이 이렇게 말씀하십니다. '내가 너에게 기름을 부어서, 이스라엘의 왕으로 삼았고, 또 내가 사울의 손에서 너를 구하여 주었다. 나는 네 상전의 왕궁을 너에게 넘겨주고, 네 상전의 아내들도 네 품에 안겨 주었고, 이스라엘 사람들과 유다 나라도 너에게 맡겼다. 그것으로도 부족하다면, 내가 네게 무엇이든지 더 주었을 것이다. 그런데도 너는, 어찌하여 나 주의 말을 가볍게 여기고, 내가 악하게 여기는 일을 하였느냐? 너는 헷 사람 우리야를 전쟁터에서 죽이고 그의 아내를 빼앗아 네 아내로 삼았다. 너는 그를 암몬 사람의 칼에 맞아서 죽게 하였다. 너는 나를 무시하여 헷 사람 우리야의 아내를 빼앗다가 네 아내로 삼았으므로, 이제부터는 영영 네 집안에서 칼부림이 떠나지 않을 것이다.' 주님께서 또 이렇게 말씀하십니다. '내가 너의 집안에 재앙을 일으키고, 네가 보는 앞에서 내가 너의 아내들도 빼앗아 너와 가까운 사람에게 주어서, 그가 대낮에 너의 아내들을 욕보이게 하겠다. 너는 비록 몰래 그러한 일을 하였지만, 나는 대낮에 온 이스라엘이 바라보는 앞에서 이런 일을 하겠다.'"

그때에 다윗이 나단에게 자백하였다,

"내가 주님께 죄를 지었습니다."

나단이 다윗에게 말하였다.

"주님께서 임금님의 죄를 용서해 주실 것입니다. 그러므로 임금님은 죽지는 않으실 것입니다. 그러나 임금님은 이번 일로 주님의 원수들에게 우리를 비방할 빌미를 주셨으므로, 밧세바와 임금님 사이에서 태어난 아들은 죽을 것입니다."

나단은 자기 집으로 돌아갔다.

다윗의 아들이 죽다

주님께서, 우리야의 아내와 다윗 사이에서 태어난 아이를 치시니, 그 아이가 몹시 앓았다. 다윗이 그 어린아이를 살리려고, 하나님께 간절히 기도를 드리면서 금식하였다. 그는 왕궁으로 돌아와서도 밤을 새웠으며, 맨땅에 누워서 잠을 잤다.

……(중략)……그러다가 이레째 되는 날에 그 아이가 죽었다.……(중략)……

다윗이 대답하였다.

"아이가 살아 있을 때에 내가 금식하면서 운 것은, 혹시 주님께서 나를 불쌍히 여겨 주셔서, 그 아이를 살려 주실지도 모른다고 생각하였기 때문이오. 그러나 이제는 그 아이가 죽었는데, 무엇 때문에 내가 계속 금식하겠소? 나는 그에게로 갈 수 있지만, 그는 나에게로 올 수가 없소."

솔로몬이 태어나다

그 뒤에 다윗이 자기의 아내 밧세바를 위로하고, 동침하니, 그 여인이 아들을 낳았다. 다윗이 그의 이름을 솔로몬이라고 하였다. 주님께서도 그 아이를 사랑해 주셔서 예언자 나단을 보내셔서 주님께서 사랑하신다는 뜻으로 그의 이름을 여디디야라고 부르게 하셨다.

〈『새번역 성경』「사무엘기하」 11:1~12:25〉

이 이야기에서 다윗은 왕의 권력을 이용하여 암몬과 싸우러 나간 병사 우리야의 아내 밧세바를 빼앗는다. 밧세바는 왕의 부름에 저항하지 않고 순순히 응한다. 다윗은 밧세바가 임신한 것을 알고, 이를 숨기기 위해 전장에 있는 우리야를 불러 아내와 동침하게 한다. 그러나 충직한

병사 우리야는 이를 따르지 않는다. 다윗은 군사령관에게 편지를 보내어 우리야를 전사하게 하고, 그녀를 아내로 맞이한다.

주님께서는 예언자 나단을 다윗에게 보내셔서 그의 악한 행동을 꾸짖으시며, '앞으로 그의 집안에서 칼부림이 떠나지 않을 것과 집안에 재앙이 일어나고, 가까운 사람들이 그의 아내들을 빼앗는 일이 일어날 것'이라고 하셨다.

다윗은 선지자 나단의 말을 듣고, 바로 자신의 잘못을 뉘우친다. 그가 회개하는 것을 본 하나님은 그를 용서하여 주셨다. 그래서 다윗과 밧세바 사이에서 태어난 아기의 목숨을 거두는 것으로 징계를 그치신다.

다윗은 자기의 잘못을 뉘우치고, 새로운 출발을 다짐한다. 그가 회개하고 새 출발하는 모습을 본 하나님은 그와 밧세바에게 새로운 아들 솔로몬을 준다. 솔로몬은 그의 뒤를 이어 왕이 되어 이스라엘을 잘 다스린다.

관탈민녀 이야기

한국에는 왕이나 벼슬자리에 있는 사람이 권력을 이용하여 남의 아내를 빼앗는 이야기가 전해 온다. 이를 '관탈민녀(官奪民女) 설화'라고 한다. 그중에서 「도미의 아내」와 「우렁이 색시」를 「남의 아내를 빼앗은 다윗」과 비교해 보겠다.

도미의 아내

백제의 평민 도미(都彌)는 의리를 아는 사람이었다. 그의 아내는 예쁘고 아름다우며 절행(節行)이 있으므로, 사람들의 칭찬을 받았다. 이 때 개루왕이 이 말을 듣고, 도미를 불러 말했다.

"여자는 정결(貞潔, 정조가 굳고 행실이 깨끗함)을 중히 여긴다고 한다. 그러나 어둡고 사람이 없는 곳에서 교묘한 말로 꾀이면, 그 마음이 움직이지 않는 자가 없을 것이다."

이 말을 듣고 도미는, 다른 사람은 몰라도 자기 아내만은 비록 죽더라도 두 마음을 갖지 않을 것이라고 하였다.

왕은 도미에게 사건을 만들어 붙잡아 두고는, 가까운 신하 한 사람을 왕으로 꾸미어 도미의 집으로 보냈다. 그 신하는 밤에 도미의 집에 이르러서 도미의 부인에게 말하였다.

"내 너의 아름다움을 듣고 좋아한 지 오래되었다. 그래서 도미와 내기를 하였는데, 내가 이겼으므로 너를 얻게 되었다. 이제부터 네 몸은 내 소유이다."

왕의 신하가 부인의 몸을 취하려고 하자, 부인이 말했다.

"국왕의 말씀에 제가 감히 순종하지 않겠습니까? 대왕께서 먼저 방으로 들어가시면, 제가 옷을 갈아입고 곧 들어가 모시겠습니다."

부인은 방에서 물러 나온 뒤에 계집종을 단장시켜 모시게 하였다.

왕은 그녀가 속인 것을 알고 크게 노하였다. 그래서 도미를 애매한 죄로 다스려 그의 두 눈동자를 빼고, 작은 배에 실은 다음, 물위에 띄워 놓았다. 왕이 그녀를 불러들여 강제로 그의 몸을 취하려고 하니, 그녀가 말했다.

"남편을 잃고 혼자 몸이 되어 능히 스스로 살지 못하게 되었사온데, 대왕을 모시라는 명을 어찌 감히 어기겠습니까? 그런데 지금은 월경으로 온몸이 더럽게 되었사오니, 며칠 뒤에 깨끗하게 목욕을 한 뒤에 오겠습니다."

왕은 그 말을 믿고, 이를 허락하였다.

이렇게 하여 도망을 나온 그녀가 강가에 이르니, 배가 없어 건널 수 없었다. 그녀가 하늘을 우러러 통곡하니, 갑자기 조각배 한 척이 물결을 따라 왔다. 그녀는 이 배를 타고 천성도에 이르러 도미를 만났다. 부부는 함께 풀뿌리를 캐어 먹으며 연명하였다. 마침내 배를 타고 고구려로 가서 일생을 마쳤다. 〈『삼국사기』 권제48 「열전」 8 도미〉

우렁이 색시

옛날 어느 마을에 한 총각이 살았는데, 가난하여 장가도 들지 못하였다. 어느 날, 그는 들에서 혼자 일을 하다가 한심한 생각이 들어 "이 농사를 지어 누구랑 먹고 사나?" 하고 말했다. 그때, "나랑 같이 먹고 살지!" 하는 여인의 음성이 들렸다. 그가 그 말을 되풀이하며 살펴보니, 땅속에 있는 우렁이에서 나는 소리였다. 그는 그 우렁이를 집으로 가지고 와서 두멍(물을 많이 담아 두고 쓰는 큰 가마나 독) 속에 넣어 두었다.

이튿날, 그가 들에 나가서 일을 하고 저녁때 집에 와 보니, 밥상이 차려 있었다. 그 이튿날도 전과 같았다. 그다음 날, 그는 일찍 들어와 키를 쓰고 숨어서 부엌 안의 동정을 살폈다. 저녁때가 되자 두멍의 우렁이에서 색시가 나와 밥을 지어놓고, 다시 우렁이 속으로 들어가려고 하였다. 그가 얼른 나가 색시의 손을 잡으며 우렁이 속에 숨어 있지 말고 함께 살자고 하니, 색시가 말했다.

"저는 옥황상제께 죄를 짓고 내려온 선녀입니다. 일주일만 이대로 지낸 뒤에 혼인하면 행복하게 살 수 있어요. 제발 일주일만 기다려 주십시오."

그러나 그는 급한 마음에 당장 혼인하자고 졸랐다. 그가 하도 조르니, 그녀는 할 수 없이 승낙하였다. 그는 그녀와 함께 행복한 나날을 보냈다.

얼마 후, 그녀가 그의 점심밥을 가지고 들에 나갔다. 그때 마침, 그

근처를 지나던 임금님이 광채가 나는 그녀의 아름다운 모습을 보고, 그녀를 데리고 갔다. 그녀는 울부짖으며 뒤쫓아 오는 남편에게 말했다.

"오늘의 이 일은 일주일을 기다리지 않은 탓이오. 오늘부터 3년 동안 춤추기·달리기·거짓말을 열심히 익힌 뒤에 나를 찾아오면, 좋은 일이 있을 것이오."

그는 그날부터 전국을 떠돌며 춤추기, 달리기, 거짓말하기를 열심히 익혔다. 임금은 그녀를 대궐로 데리고 가서 그녀의 환심을 사려고 애를 썼지만, 소용이 없었다.

3년이 지난 어느 날, 그녀는 임금에게 한 달 동안 거지잔치를 열어 달라고 하였다. 잔치를 하는 동안 그녀는 매일 잔치 자리에 나가 자기의 남편이 오는가를 살폈다. 잔치 마지막 날, 그녀는 잔치 자리에서 뛰어난 몸놀림으로 춤추는 남편의 모습을 보고, 기쁜 마음에 환하게 웃었다. 3년 동안 웃지 않던 그녀가 환하게 웃는 모습을 본 임금이, 무엇을 보고 웃느냐고 물었다. 그녀가 이상한 옷을 입고 춤추는 거지를 보고 웃는다고 하였다. 임금은 그녀의 환심을 사기 위해 그 거지와 옷을 바꿔 입은 다음, 거지 속에 섞여 춤을 추었다.

그녀는 왕의 옷을 입은 남편의 귀에 대고, 그 동안 연마한 달리기와 거짓말 실력을 보이라고 하였다. 왕의 옷을 입은 그는 달려가 왕좌에 앉은 뒤에 "잔치가 끝났으니 거지들을 모두 대궐 밖으로 내보내라."고 하였다. 거지들 틈에 끼어 있던 임금도 쫓겨나고 말았다. 임금이 된 그는 아내와 함께 행복하게 살았다.

〈최운식, 『옛날 옛적에』, 민속원, 2008, 224~225쪽.〉

「도미의 아내」에서 왕은 여성이 정결을 중히 여긴다고 하지만, 조용한 곳에서 좋은 말로 꾀이면, 넘어가지 않는 여인이 없을 거라고 한다. 도미는 다른 여인은 몰라도 자기 아내는 그렇지 않을 것이라고 한다. 왕은 권력을 이용하여 도미 아내의 정절을 짓밟아 자기의 생각이 옳음을 보이려 한다. 그러나 도미의 아내가 명령에 순순히 따르지 않자 왕은 도미의 눈을 빼고, 배에 태워 표류하게 한다. 왕을 속이고 왕궁을 빠져나온 도미의 아내는 배를 타고 한없이 가다가 남편 도미를 만난다. 이 이야기에서는 왕의 횡포에 맞서는 도미 아내의 지혜와 곧은 마음, 부부간의 신뢰와 사랑이 돋보인다.

「우렁이 색시」에서 왕은 권력을 이용하여 농부의 아내를 빼앗는다. 그러나 왕은 자신의 횡포에 맞서는 농부와 그 아내의 지혜와 용기에 굴복하여 왕좌에서 쫓겨나고 만다. 농부 부부는 남의 아내를 빼앗는 몰염치한 왕을 쫓아낸 뒤에 왕 노릇을 하면서 행복하게 산다.

「우렁이 색시」라는 제목으로 전해오는 다른 이야기 중에는 원님에게 아내를 빼앗긴 남편이 아내를 그리워하며 울부짖다가 새, 또는 오동나무·참나무·꽃이 되었다는 비극적인 결말도 있다. 이들의 의미는 무엇일까?

새는 아내가 있는 집 둘레의 담장을 넘어서 창문 앞까지 날아갈 수 있는 존재이다. 오동나무는 가야금이 되어 아내의 무릎 위에 앉아 소리를 내겠다는 뜻을 담고 있다. 참나무가 되었다는 것은 참빗이 되어 아내의 머리를 빗겨 주겠다는 소원을 담고 있다. 꽃은 아내의 손에 들려지기를 바라는 마음을 담은 것이다. 여기에는 아내를 잊지 못하여 죽어서라도 아내와 함께 있고 싶은 간절한 소망이 담겨 있다.

두 이야기의 비교

「남의 아내를 빼앗은 다윗」과 「관탈민녀 이야기」를 비교해 보면 같은 점도 있고, 다른 점도 있다. 첫째, 왕이 권력을 이용하여 평민의 아내를 빼앗고, 그 여자의 남편을 해친다는 점에서 일치한다. 다윗은 전장에 나간 우리야의 아내를 빼앗아 동침하고, 그녀의 임신 사실을 감추려고 우리야를 불러 아내와 동침하게 한다. 그러나 충성스런 우리야가 이를 받아들이지 않자, 적진으로 보내어 적의 화살을 맞고 죽게 만든다. 백제의 개로왕은 도미 아내의 몸을 취하려다가 듣지 않자, 도미의 두 눈을 빼고, 배에 태운 뒤에 강물에 띄운다. 죽음에 상응하는 형벌을 내린 것이다. 두 왕 모두 횡포를 부리고, 잔인한 행동을 하였다는 점에서 다를 바 없다.

둘째, 왕에 대한 여인의 태도는 서로 다르다. 우리야의 아내 밧세바는 다윗왕의 부름에 순순히 응하여 동침하고, 임신까지 한다. 이에 비하여 도미의 아내는 꾀를 내어 왕을 속이면서 정절을 지킨다. 우렁이 색시는 끌려가면서 남편에게 3년 동안 달리기·춤추기·거짓말하기를 익힌 뒤에 자기를 찾으라 하고, 자기는 왕에게 마음을 열지 않는다. 복수할 준비가 될 때까지 시간을 끈 뒤에 복수한다.

셋째, 여인을 빼앗은 왕이 받은 대가가 다르다. 하나님은 다윗에게 나단 선지자를 보내어 엄한 꾸중과 함께 후손들에게 재앙이 끊이지 않을 것을 예고한다. 이에 다윗은 바로 자기의 잘못을 인정하고, 뉘우친다. 다윗의 이런 모습을 본 하나님은 밧세바가 낳은 아들의 목숨을 거두는 것으로 직접적인 징벌을 끝내고, 그의 잘못을 용서해 주신다. 그리고 뒤에 밧세바의 몸에서 솔로몬을 낳게 하여 왕위를 잇게 한다. 이에 비하여 「우렁이 색시」에서는 남의 아내를 빼앗을 정도로 횡포를 일삼는 왕이 징벌을 받는다. 그것도 빼앗은 여인과 그녀의 남편에 의해 왕위에서 쫓겨난다. 이 이야기에는 정절을 중히 여기고, 악인은 징벌을 받아야 한다는 민중의 의식이 잘 반영되어 있다.

이처럼 두 이야기는 전파·전승해 온 집단의 의식에서 차이를 보인다. 「남의 아내를 빼앗은 다윗」은 나쁜 일을 하였더라도 잘못을 뉘우치고, 새로운 마음으로 하나님의 말씀에 순종하며 살 것을 다짐하는 사람은 하나님께서 죄를 용서하시고, 사랑과 은총을 베풀어 주신다는 종교적 의미를 강조한다. 이에 비하여 「도미의 아내」와 「우렁이 색시」는 정절이나 인륜도덕을 지키면 복을 받는다고 하는 교훈적 의미를 강조한다.

∞ 13 ∽

나병을 고친 나아만 – 송시열

고대인들은 병의 원인을 여러 가지로 보았다. 평소에 쌓은 악행이 질병으로 나타난다고 보기도 하고, 신의 저주나 악령의 작용으로 병이 나타난다고 보기도 하였다. 또 신체의 균형이 깨지거나, 병균의 침투에 의한 것으로 보기도 하였다.

병의 치료는 발병의 원인에 따라 대응을 달리하였다. 본인의 악행에 따른 징벌로 병이 났을 때에는 잘못을 뉘우치고, 신이 그의 죄를 용서해 주어야 병이 낫는다. 신의 저주나 악령의 작용으로 병이 났을 때에는 이를 풀어주어야 한다. 이때에는 사제자나 그런 능력을 가진 사람이 환자와 교감하면서, 잡귀를 위력으로 쫓아내거나 잡귀가 스스로 마음을 돌려 나가게 해야 병이 낫는다.

신체의 균형이 깨졌거나 병균의 침투에 의해 생긴 병은 약물을 쓰거나 치료에 도움이 되는 방법을 써야 한다. 이때 처방을 내리는 사람은 환자에 대한 사랑과 정성을 가지고, 의학적 지식을 총동원하여야 한다. 환자는 처방을 내린 사람을 신뢰하고, 그에 따르면 병이 나을 것이라는 믿음을 가져야 한다. 환자를 간호하는 사람은 처방대로 약을 구하여 쓰고, 환자를 정성으로 보살펴야 한다. 약의 효과는 처방을 내리는 사람, 환자, 간호하는 사람이 조화를 이룰 때 극대화된다. 이 조화가 이루어지지 않을 때에는 병의 치유가 어려워진다.

성경에는 병을 고치는 이야기가 여러 편 전해 온다. 그중에는 시리아의 장군 나아만이 이스라엘의 예언자 엘리사를 만나 나병을 치유한 이야기도 있다. 이에 대응하는 한국의 이야기로는 우암 송시열의 치료 이야기가 있다.

나병을 고친 나아만

시리아의 군사령관인 나아만 장군이 이스라엘로 나병을 치료하러 갔다. 그는 예언자 엘리사의 말대로 하여 나병을 고치고, 하나님을 믿는다. 이 이야기는 깊은 의미를 지니고 있다.

시리아 왕의 군사령관 나아만 장군은 왕이 아끼는 큰 인물이고, 존경받는 사람이었다. 주님께서 그를 시켜 시리아에 구원을 베풀어 주신 일이 있었다. 나아만은 강한 용사였는데, 그만 나병에 걸리고 말았다.

시리아가 군대를 일으켜서 이스라엘 땅에 쳐들어갔을 때에 그곳에서 어린 소녀 하나를 잡아 온 적이 있었다. 그 소녀는 나아만의 아내 시중을 들고 있었다. 그 소녀가 여주인에게 말하였다.

"주인어른께서 사마리아에 있는 한 예언자를 만나 보시면 좋겠습니다. 그분이라면 어른의 나병을 고치실 수가 있을 것입니다."

이 말을 들은 나아만은 시리아 왕에게 나아가서, 이스라엘 땅에서 온 한 소녀가 한 말을 보고하였다. 시리아 왕은 기꺼이 허락하였다.

"내가 이스라엘 왕에게 편지를 써 보내겠으니, 가 보도록 하시오."

나아만은 은 열 달란트와 금 육천 개와 옷 열 벌을 가지고 가서, 왕의 편지를 이스라엘 왕에게 전하였다. 그 편지에는 이렇게 씌어 있었다.

"내가 이 편지와 함께 나의 신하 나아만을 귀하께 보냅니다. 부디 그의 나병을 고쳐주시기 바랍니다."

이스라엘 왕은 그 편지를 읽고 낙담하여, 자기의 옷을 찢으며 주위를 둘러보고 말하였다.

"내가 사람을 죽이고 살리는 신이라도 된다는 말인가? 이렇게 사람을 보내어 나병을 고쳐 달라고 하니 될 말인가? 이것은 분명, 공연히 트집을 잡아 싸울 기회를 찾으려는 것이니, 자세히들 알아보도록 하시오."

이스라엘 왕이 낙담하여 옷을 찢었다는 소식을, 하나님의 사람 엘리사가 듣고, 왕에게 사람을 보내어 말하였다.

"어찌하여 옷을 찢으셨습니까? 그 사람을 나에게 보내 주십시오. 이스라엘에 예언자가 있음을 그에게 알려 주겠습니다.

엘리사는 사환을 시켜 나아만에게, 요단강으로 가서 몸을 일곱 번 씻으면, 장군의 몸이 다시 깨끗하게 될 것이라고 말하였다. 나아만은 이말을 듣고 화가 나서 발길을 돌렸다.

"적어도, 엘리사가 직접 나와서 정중히 나를 맞이하고, 주 그의 하나님의 이름을 부르며 상처 위에 직접 안수하여, 나병을 고쳐 주어야 도리가 아닌가? 다마스쿠스에 있는 아마나강이나 바르발강이, 이스라엘에 있는 강물보다 좋지 않다는 말이냐? 강에서 씻으려면, 거기에서 씻으면 될 것 아닌가? 우리나라의 강물에서는 씻기지 않기라도 한다는 말이냐?"

하고 불평하였다. 그렇게 불평을 하고 나서, 나아만은 발길을 돌이켜, 분을 참지 못하며 떠나갔다.

그러나 부하들이 그에게 가까이 와서 말하였다.

"장군님, 그 예언자가 이보다 더한 일을 하라고 하였다면, 하지 않으셨겠습니까? 다만 몸이나 씻으시라는데, 그러면 깨끗해진다는데, 그것쯤 못할 까닭이 어디에 있습니까?"

그리하여 나아만은 하나님의 사람이 시킨 대로, 요단강으로 가서 일곱 번 몸을 씻었다. 그러자 그의 살결이 어린아이의 살결처럼 새 살로 돌아와 깨끗하게 나았다.

나아만과 그의 모든 수행원이 하나님의 사람에게로 되돌아와, 엘리사 앞에 서서 말하였다.

"이제야 나는 온 세계에서 이스라엘 밖에는 하나님이 계시지 않다는 것을 알게 되었습니다. 부디 예언자님의 종인 제가 드리는 이 선물을 받아 주십시오."

그러나 엘리사는

"내가 섬기는 주님께서 살아 계심을 두고 맹세하지만, 나는 그것을 받을 수가 없소."

하고 사양하였다. 나아만은 받아 달라고 다시 권하였지만, 엘리사는 끝내 거절하였다.

《『새번역 성경』「열왕기하」 5:1~16)

시리아의 나아만 장군은 군사령관으로, 왕이 아끼는 큰 인물이고, 존경받는 사람이었다. 그가 나병에 걸려 실의에 빠져 있다가 시리아 왕의 추천서를 가지고, 이스라엘의 선지자 엘리사를 만나러 갔다. 그는 엘리사가 정중하게 맞이하고, 안수기도를 해 줄 것이라 기대하였다. 그런데 엘리사는 그를 만나주지도 않고, 사환을 시켜 '요단강으로 가서 몸을 일곱 번 씻으면, 몸이 다시 깨끗하게 될 것'이라고 한다. 이런 대접을 받은 나아만은 자기를 무시하는 듯한 엘리사의 행동에 화가 나서 발길을 돌린다.

병의 치료는 환자·의사·처방이 조화를 이루어야 효과를 거둘 수 있다. 사랑과 정성이 어린 처방, 환자의 신뢰와 믿음이 뒷받침되어야 한다. 그런데 나아만은 엘리사가 대면조차 하지 않고, 요단강 물에 몸을 씻으라는 기대 이하의 평범한 처방을 내린 것에 화가 나서 발길을 돌린다. 이제 병을 고칠 수 있을 것이라는 그의 희망은 사라지고, 절망적인 상황이 되었다.

그때, 나아만의 부하가 그에게 선지자의 말을 따르는 것이 좋겠다고 진언한다. 부하의 진언은, 자기의 나병을 고칠 수 없다는 절망감에서 그를 건져 주었다. 그는 헛된 자존심 때문에 가졌던 불평과 불만을 엘리사의 말에 순종하면 병이 나을 것이라는 믿음으로 바꾸었다. 그래서 엘리사의 말대로 요단강으로 가서 일곱 번 몸을 씻었다. 그러자 놀랍게도 그의 몸이 깨끗해졌다. 이처럼 신비한 일을 체험한 나아만은 "세계에서 이스라엘 밖에는 하나님이 계시지 않다는 것을 알게 되었습니다."라고 고백하고, 하나님을 믿는 사람이 되었다.

이 이야기에는 나아만의 인품이 잘 드러나 있다. 나병에 걸려 걱정하고 있던 그는 전쟁 포로로 잡혀와 아내의 시중을 들고 있는 이스라엘 소녀의 말을 듣고, 이스라엘의 선지자를 만나러 간다. 그리고 엘리사에게 푸대접을 받은 것에 화가 나서 발길을 돌렸을 때에는 부하의 진언을 듣고, 마음을 바꿔 엘리사의 말대로 하여 병이 나았다. 그는 병이 낫자마자 이스라엘 민족이 믿는 하나님을 믿을 것을 결심하고, 엘리사에게 그 뜻을 말한다. 그는 종으로 부리고 있는 외국 소녀나 부하의 말에도 귀를 기울일 줄 알고, 은혜에 감사하며 참다운 신을 믿겠다는 곧은 성정을 가진 인물이다. 그는 이러한 인품을 가진 인물이었기에 하나님은 은혜를 베푸셔서 병을 낫게 해 주셨다.

송우암과 허미수

우암(尤庵) 송시열(宋時烈)이 미수(眉叟) 허목(許穆)에게 약방문(藥方文)을 구하자, 미수는 정적(政敵)인 우암의 병에 맞는 처방으로 그의 병을 고쳐 주었다고 한다. 이 이야기는 두 사람의 인품을 알게 해 주어서 매우 흥미롭다.

우암 송시열 선생과 미수 허목 대감은 한 조정에서 벼슬을 하였다. 우암 선생은 허미수 선생과 당파가 달라 조정에서 등을 지고 앉아서 국사를 논의하였다. 그래서 두 사람은 원수지간과 같았다. 허미수 선생은 의술에도 능하였다.

우암 선생은 소시 적부터 속병이 있어서 어린아이 오줌을 받아먹곤 하였다. 그런데 나이 연만하니, 자연히 속병이 심해져서 죽게 되었다. 우암 선생이 아들을 불러 말했다.

"내가 병이 이렇게 심하니, 네가 미수 선생한테 가서 약을 지어 오너라."

우암 선생의 아들이 가만히 생각해 보니, 아버지와 미수 선생은 원수지간인데, 약을 제대로 지어 줄 것 같지 않았다. 그래서 안 가려고 하니, 우암 선생이 아들에게 말했다.

"그런 법이 없다. 글과 약은 원수가 없어. 그러니 네가 가면, 틀림없이 약을 지어 줄 테니 가거라."

우암 선생이 이렇게 말하니, 아들은 아버지의 명을 거역할 수 없어 미수 선생한테 갔다.

그는 미수 선생한테 가서 아버지의 병을 이야기하고, 약을 지어 달라고 하였다. 그러자 미수 선생은 선뜻 이렇게 말했다.

　"약을 지어 주는 것도 좋지만, 단방문(單方文, 한 가지 약재만으로 구성한 처방문)이 있으니, 그대로 하라."

　"그게 무엇입니까?"

　"비상(砒霜, 비석에 열을 가하여 승화시켜 얻은 결정체. 거담제와 학질 치료제로 썼으나 독성 때문에 잘 쓰지 않음) 서 돈(무게의 단위. 한 돈은 3.75g)을 먹이고, 등줄기를 죽을 정도로 쳐라."

이 말을 들은 그는 분하기 그지없었다. 그러나 아버지 연배이고, 같은 조정에서 벼슬을 하고 있는 어른이어서 꾹 참고 돌아왔다.

　그가 집에 가니, 아버지가 약을 지어주더냐고 물었다.

　"약은 무슨 약을 지어줍니까? 아무 말도 안 하던데요."

우암 선생은 그럴 리가 없다면서 그에게 바른대로 말하라고 하였다. 그는 할 수 없이 말하였다.

　"비상 두 돈을 자시게 하고, 등을 치라고 했습니다."

　"그럴 것이다. 내가 젊을 때부터 어린아이 오줌을 먹어서 창자에 오줌버캐(오줌을 담아 둔 그릇에 허옇게 엉겨 붙은 물질이나 가라앉은 찌꺼기)가 있으니, 옳게 가르쳐 준 것이다. 당장 가서 비상을 사 오너라."

　그는 약국에 가서 비상 두 돈을 샀다. 미수 선생은 서 돈이라고 하였으나, 좀 약하게 하려고 두 돈을 샀다. 우암 선생이 비상을 먹자, 그는 아버지 등을 세게 칠 수 없어서 살짝 쳤다. 그가 아버지의 등을 치자, 속에서 무엇이 튀어 올랐다. 우암 선생이 그것을 뱉고 나니, 병이 나았다.

　우암은 몇 해를 더 살다 죽었다. 그때 비상을 서 돈을 다 먹고, 등줄기를 세차게 쳤더라면, 속에서 다 튀어 올라 오래 살았을 터인데, 두 돈만 먹고, 세차게 치지 않았기 때문에 더 살지 못하였다. 옛사람들은 원수처럼 서로 미워도 약은 제대로 지어주었다.

(『한국구비문학대계』 5-5. 한국정신문화연구원, 1980, 66~69쪽.)

위 이야기에 나오는 우암 송시열(1607~1689, 선조 40~숙종 15)은 조선 후기에 이조판서, 좌의정 등을 역임한 문신이며 학자이다. 정통 성리학자로 주자(朱子)의 학설을 전적으로 신봉하고, 실천하였다. 17세기 중엽 이후 붕당정치가 절정에 이르렀을 때 그는 서인 노론의 영수이자 사상적 지주로서 활동했다. 그는 명나라를 존중하고 청나라를 경계하는 것이 국가정책의 기조가 되어야 함을 역설했다. 강상(綱常, 삼강과 오상을 아울러 이르는 말) 윤리를 강조하고, 이를 통해서 국가·사회 기강을 철저히 확립하고자 했다.

미수 허목(1595~1682, 선조 28~숙종 8)은 조선 후기에 성균관제조, 이조판서, 우의정 등을 역임한 문신이다. 그는 군주의 권한을 강화하여 정치·사회 개혁을 주장했던 인물이다. 그는 1660년 인조의 계비인 조대비의 복상(服喪) 문제로 제1차 예송(禮訟, 예절에 관한 논란)이 일어나자, 당시 집권세력인 송시열 등 서인이 주장한 기년복(朞年服, 만 1년상)에 반대하고, 자최(齊衰, 조금 굵은 생베로 짓되 아래 가를 좁게 접어서 꿰맨 상복) 삼 년을 주장했다. 1675년 덕원에 유배 중이던 송시열의 처벌 문제를 놓고 강경론을 주장하여 온건론을 편 탁남(濁南, 조선 시대에, 남인 가운데 허적을 중심으로 한 분파)과 대립, 청남(淸南, 조선 시대에, 남인 가운데 허목을 영수로 한 분파)의 영수가 되었다.

허미수 선생은 성리학은 물론 제자백가서(諸子百家書), 도교와 불교 등에도 깊은 식견이 있고, 약의 처방에도 조예가 깊었던 듯하다. 미수 선생이 좌천되어 삼척부사로 부임해 왔을 때, 삼척에는 극심한 해파(海波, 바다의 파도)와 조수(潮水, 밀물과 썰물)가 읍내에까지 밀려들어 강의 입구가 막히고, 오십천이 범람하여 백성들이 인명과 재산을 잃어버리는 등 재난이 심하였다. 이를 안 미수 선생이 동해 바다를 예찬하는 글인 「동해송(東海頌)」을 짓고, 이를 전서체(篆書体)로 써서 「척주동해비(陟州東海碑)」를 세웠다. 이 비석을 세운 후로는 아무리 심한 폭풍우에도 바닷물이 넘치는 일이 없어졌다고 한다.

위 이야기는 서로 다른 당파의 수장으로, 극단적으로 대립하던 정적 우암과 미수 사이에 있었던 일이라고 전해 오는 이야기이다. 우암은 병이 들어 죽게 되자, 원수와 다름없는 미수에게 아들을 보내서 병을 고쳐 달라고 부탁한다. 우암은 정치적으로는 원수지간이지만, 대인인 미수가 올바른 처방을 해 줄 것이라 믿었기에 아들을 보내 약방문을 부탁한 것이다.

우암의 아들은 아버지가 시키는 일이라서 하는 수 없이 미수에게 가기는 하였으나, 그의 마음속에는 올바른 처방을 내려 줄 것이라고 생각하지 않았다. 그는 미수가 '비상 서 돈을 먹이고 등을 힘껏 내리치라'고 하는 말을 듣고, 아버지를 해하려는 불순한 의도가 있다고 믿는다. 그래서 처음에는 미수가 아무 말도 하지 않았다고 아버지에게 거짓말을 한다.

우암은 미수의 인품과 약에 대한 지식을 믿었다. 그러므로 아들이 바른대로 말을 하지 않는 것을 직감하고, 사실대로 말하라고 추궁한다. 그러자 그는 비상 '서 돈'을 '두 돈'이라고 줄여서 말한다. 이를 모르는 우암은 아들에게 처방대로 비상을 사오라고 하여 먹는다. 결과적으로 우암의 아들은 비상 '서 돈'을 먹게 하라는 미수의 말을 어기고, 아버지에게 비상 '두 돈'을 먹게 하였다. 그래서 우암의 장기 안에 끼어 있던 버캐가 다 녹지 않았다. 그리고 등을 힘껏 치라는 말을 어기고 슬쩍 두드렸기 때문에 녹은 버캐도 다 토해내지 못하였다. 그 결과 우암의 병은 완쾌되지 않아 몇 년 뒤에 죽고 말았다.

우암의 아들이 미수의 처방을 믿고, 이독제독(以毒制毒)의 원리를 실천하였더라면, 우암은 완쾌되어 몇 년을 더 살았을지도 모른다.

두 이야기의 비교

「나병을 고친 나아만」에서 시리아의 장군 나아만은 이스라엘의 선지자 엘리사가 대면하지도 않고 내준 기대 이하의 처방에 화가 나서 발길을 돌린다. 「송우암과 허미수」에서 우암의 아들은 미수가 준 단방문이 아버지를 죽게 하려는 불순한 의도가 있을지 모른다는 의심 때문에 처방대로 시행하지 않는다. 두 이야기는 병이 중한데도 환자 또는 간호하는 사람이 처방을 내린 사람을 믿지 않고, 처방을 따르지 않는다는 점에서 일치한다.

그러나 그다음 단계에서 두 이야기는 차이를 보인다. 「나병을 고친 나아만」에서 나아만은 엘리사의 말대로 하는 것이 좋겠다는 부하의 말에 마음을 돌린다. 엘리사에게 가졌던 불평불만의 마음을, 그의 말을 따르면 나병이 나을 것이라는 믿음으로 바꾼다. 그런 뒤에 요단강 물에 몸을 씻으니, 나병이 나았다. 「송우암과 허미수」에서 우암은 미수의 인품과 처방의 효과를 믿었다. 그러나 그의 아들은 미수를 믿지 못하고, 이독제독의 원리를 의심하여 약의 양을 줄였다. 그 결과 우암의 병은 완쾌되지 못하고, 반만 낫게 되었다. 이처럼 두 이야기는 약을 처방하는 사람과 환자 또는 환자를 시중하는 사람이 서로 신뢰하지 못하면 병이 나을 수 없다는 것을 말해 준다.

「나병을 고친 나아만」에서 나아만의 병이 치유된 것은 엘리사를 통하여 내린 하나님의 은총에 의한 것이다. 나아만은 겸손한 사람이고, 엘리사의 처방을 믿는 마음을 가졌기 때문에 하나님의 은총을 입어 나병을 치유하였다. 그는 나병의 치유를 계기로, 하나님을 믿는 신자가 될 것을 서약하였다. 나아만이 하나님의 권능을 알고, 하나님을 믿는 신도가 된 것은 하나님이 원하시는 일이요, 엘리사가 가장 바라는 바였을 것이다. 「송우암과 허미수」 이야기에서 우암의 병이 반이나마 나을 수 있었던 것은 약의 효과에 의한 것이다.

　나아만이 나병을 치유한 뒤에 한 행위는 많은 것을 생각하고, 깨닫게 한다. 나아만은 엘리사에게 준비해 온 예물을 주겠다고 하지만, 엘리사는 이를 끝까지 거절한다. 그런데 엘리사의 시종인 게하시가 나아만을 뒤따라가서 엘리사의 말이라고 거짓말을 하면서 은 한 달란트와 옷 두 벌을 달라고 하여 받아 온다. 엘리사는 게하시에게 그 벌로 나병환자가 되고, 그의 자손도 나병을 앓을 것이라고 한다. 이것은 게하시가 스승인 엘리사의 깊은 뜻을 무시하고, 물질을 탐한 벌을 받은 것이다.

숨겨진 왕자 요아스 – 궁예

권력은 남을 복종시키거나 지배할 수 있는 공인된 권리와 힘이다. 이것을 가지면 모든 일을 마음대로 할 수 있고, 사람을 부릴 수 있다. 그래서 사람들은 권력을 가지고 싶어 하고, 권력을 잡기 위해 온갖 노력을 기울인다.

그런데 권력은 나누어 가질 수 없고, 독점해야 한다. 그래서 권력은 부자간에도 나눠 가질 수 없다는 말이 생겨났다. 사람들은 권력을 독점하기 위해서 불의한 방법도 마다하지 않는다. 그래서 동서양의 역사를 보면, 권력을 잡기 위해 권모술수(權謀術數, 목적 달성을 위하여 수단과 방법을 가리지 아니하는 온갖 모략이나 술책)를 쓰고, 무도한 방법을 동원하여 이를 차지한 인물들의 이야기가 많이 있다.

성경에도 온갖 수단과 방법을 동원하여 권력을 쥐고, 그 권력을 이용하여 악행을 하는 인물의 이야기가 많이 실려 있다. 그 과정에서 억울한 일을 당한 사람도 있고, 죽임을 당한 사람도 있다. 이런 인물들의 이야기는 정의와 불의를 변별하는 능력을 길러주고, 악행을 저지른 사람에게 내리는 하나님의 징벌이 어떠한가를 알게 해

준다.

성경에는 한 여인이 권력 싸움에 휘말려 목숨을 잃을 위기에 처한 아기를 구출하여 왕위에 오르게 한「숨겨진 왕자 요아스」이야기가 있다. 이에 대응하는 이야기로는 신라의 왕자로 태어나 버림받고, 나중에 왕이 된 궁예가 있다.

숨겨진 왕자 요아스

유다 왕국 여호람왕의 왕비이고, 아하시야왕의 어머니인 아달랴는 남편과 아들이 살아 있을 때 정치에 관여하여 실력자 노릇을 하였다. 그런데 남편의 뒤를 이어 왕위에 오른 아들이 일찍 죽자 스스로 권력을 잡기 위해 왕족들을 다 죽이는 만행을 저지른다. 그때 아하시야왕의 누이인 여호세바는 어린 왕자를 숨겨서 기른 뒤에 왕위에 오르게 한다.

아하시야의 어머니 아달랴는 아들이 죽는 것을 보자, 왕족을 다 죽이기 시작하였다. 그러나 왕자들이 살해되는 가운데서도, 여호람왕의 딸이요 아하시야의 누이인 여호세바가, 아하시야의 아들 요아스를 몰래 빼내어 유모와 함께 침실에 숨겼다. 이때에 사람들이 아달랴 모르도록 그를 숨겼으므로, 그는 죽음을 면할 수 있었다. 요아스는 그의 고모 여호세바와 함께 여섯 해 동안을 주님의 성전에 숨어 지냈으며, 그 동안 나라는 아달랴가 다스렸다.

일곱째 해가 되자, 여호야다 제사장이 사람을 보내어 가리 사람의 백부장들과 호위병의 백부장들을 불러왔다. 그리고 그들을 주님의 성전에 있는 왕자에게로 데리고 가서, 그들과 더불어 언약을 맺고, 또 주님의 성전에서 맹세를 하게 한 뒤에, 그들에게 왕자를 보여 주었다. 그리고는 그들에게 이렇게 명령을 내렸다.

"이제 여러분이 해야 할 일을 말하겠습니다. 여러분 가운데서 안식일 당번을 세 반으로 나누어, 삼분의 일은 왕궁을 지키고, 다른 삼분의 일은 수르 성문을 지키고, 나머지 삼분의 일은 호위병들의 뒤에 있는 문을 지키십시오. 이와 같이 하여 왕궁을 철저히 지키게 하도록 하십시오. 각자 무기를 들고 임금님을 호위할 것이며, 누구든지 대열 안으로 들어오려는 사람은 반드시 죽이고, 임금님께서 나가고 드실 때에는 반드시 경호하도록 하십시오."

백부장들은 여호야다 제사장이 명령한 것을 그대로 다 하였다. 그리고 그들은 안식일 당번인 사람들과 안식일 비번인 사람들을 데리고 여호야다 제사장에게로 왔다. 제사장이 백부장들에게 창과 방패를 나누어 주었다. 그것은 다윗왕의 것으로서, 주님의 성전 안에 간직되어 있던 것들이다. 그리하여 호위병들은 각각 손에 무기를 들고, 성전 오른쪽에서부터 왼쪽까지 제단과 성전 주위를 감시하며, 왕을 호위하였다.

그런 다음에 여호야다 제사장이 왕세자를 데리고 나와서, 그에게 왕관을 씌우고, 왕의 직무를 규정한 규례서를 주고, 기름을 부어 왕으로 삼으니, 백성이 손뼉을 치며 "임금님, 만세!" 하고 외쳤다.

아달랴가 호위병들과 백성의 소리를 듣고, 주님의 성전에 모여 있는 백성에게 가서 보니, 왕이 대관식 규례에 따라 기둥 곁에 서 있고, 관리들과 나팔수들도 왕을 모시고 서 있고, 나라의 모든 백성이 기뻐하며 나팔을 불고 있었다. 아달랴가 분을 참지 못하고 옷을 찢으며 "반역이다! 반역이다!" 하고 외쳤다. 그때에 여호야다 제사장이 군대를 거느린 백부장들에게 명령을 내렸다.

"저 여자를 대열 밖으로 끌어내시오. 그리고 저 여자를 따르는 사람은 누구든지 칼로 쳐 죽이시오."

여호야다가 주님의 성전에서는 그 여자를 죽이지 말라고 하였으므로, 그들은 그 여자를 끌어내어, 군마가 드나드는 길을 통해 왕궁으로 들어가, 거기에서 그 여자를 처형하였다.

　여호야다는, 이스라엘 백성이 주님의 백성이 되는 언약을, 주님과 왕과 백성 사이에 맺게 하고, 동시에 왕과 백성 사이에도 언약을 맺게 하였다. ……(중략)…… 왕이 왕좌에 오르자 그 땅의 모든 백성이 기뻐하였다. 아달랴가 왕궁에서 칼에 맞아 살해된 뒤로, 도성은 평온을 되찾았다. 요아스가 왕위에 올랐을 때에 그는 일곱 살이었다.

〈『새번역 성경』「열왕기하 11:1~21」〉

아달랴는 북이스라엘 왕 아합과 왕비 이세벨의 딸로서, 남유다 왕국의 여호람왕(B.C. 849경~842경 재위)과 혼인하였다. 당시에 분단된 북이스라엘과 남유다는 서로의 정치적 필요에 따라 왕가끼리 정략결혼을 하였다. 여호람왕은 아버지 여호사밧 왕의 길에서 벗어나 산당을 세우고, 바알신을 섬기는 등 하나님 보시기에 악한 일을 하였다. 또 자기의 입지를 강화하기 위해 아우들을 모조리 죽였을 뿐만 아니라, 신실한 방백들도 죽였다. 여호람왕이 죽자 그의 아들 아하시야가 왕이 되었다.

북이스라엘에서는 여호사밧의 아들인 예후가 혁명을 일으켜 아합왕의 아들인 요람왕을 제거하고, 요람왕의 어머니 이세벨을 비롯하여 아합왕의 자손을 모두 죽였다. 그리고 이스라엘 아합왕의 외손자이고, 요람왕의 생질인 유다의 아하시야왕도 죽음에 이르게 하였다. 이렇게 하여 예후는, 역대 임금 중 악행을 가장 많이 한 왕으로 꼽히는 아합왕의 자손들을 모두 제거하였다. 그러나 유다에 있는 아합왕의 딸 아달랴는 화를 면하였다.

아달랴는 남편 여호람이 왕 노릇을 할 때나 아들 아하시야가 왕 노릇을 할 때에 정치에 관여하여 실권을 행사하였다. 그런데 아들 아하시야가 죽는 것을 보고, 스스로 왕이 될 생각을 하였다. 그래서 자기가 권력을 장악하고 왕위에 오르는 데에 방해가 될 왕족들을 죽이기 시작하였다. 그녀는 왕위 계승을 주장할 만한 왕족들을 다 죽이고, 왕위에 올라 이스라엘 역사상 유일한 여왕이 되었다.

위에 적은 글의 첫 부분은 아달랴가 다윗 가문의 왕자들을 죽일 때의 일이다. 여호람왕의 딸이요, 아하시야의 누이인 여호세바는 아하시야의 아들 요아스를 몰래 빼내어 유모와 함께 침실에 숨겼다. 이때에 사람들이, 아달랴가 모르도록 숨겼으므로, 그는 죽음을 면할 수 있었다. 여호세바는 당시의 제사장 여호야다의 아내였으므로, 요아스를 여섯 해 동안 성전 안에서 기를 수 있었다.

여호야다 제사장은 아달랴 여왕의 폭정을 겪으면서 다윗왕의 유일한 혈통인 요아스를 왕위에 올릴 것을 결심하였다. 그는 세밀한 계획을 세우고, 백부장과 호위병의 도움을 받아 요아스를 왕위에 올리고, 아달랴를 처형하였다. 이를 본 유다의 백성들은 기뻐하였다.

유다의 백성들이 일곱 살 소년인 요아스의 등장에 열광한 것은, 6년 동안 아달랴의 폭정에 시달리면서 하나님의 뜻을 저버리고, 우상을 숭배한 일을 몹시 뉘우쳤기 때문이다. 그리고 하나님께서 선조와 그들에게 주셨던 언약의 말씀이 실현되기를 간절히 구하는 마음이 있었기 때문이었을 것이다.

일곱 살에 유다 왕국의 제8대 왕이 된 요아스(재위 B.C. 835년 경~796년경)는 자기를 왕위에 앉게 해 준 여호야다 제사장이 살아 있는 동안에는 성전을 보수하고, 번제물을 바치는 등 하나님의 뜻에 맞는 일을 하였다. 그러나 여호야다 제사장이 130살로 죽자, 유다 지도자들의 말을 따라 하나님을 저버리고, 아세라 목상과 다른 우상들을 섬겼다. 하나님은 그에게 예언자를 보내어 경고를 하였으나, 그 말을 듣지 않았다.

그때 여호야다 제사장의 아들로 제사장이 된 스가랴가 하나님의 영에 감동이 되어 경고의 말을 하였다. 그러나 그를 둘러싸고 있는 사람들은 그를 없앨 음모를 꾸몄고, 드디어 왕의 명령에 따라 주님의 성전 뜰에서 그를 돌로 쳐 죽였다(역대지하 24:1~26). 시리아 군대가 침공하여 큰 타격을 입히고 물러간 뒤에, 여호야다의 아들 스가랴 제사장을 죽인 일에 반감을 품은 신복들이 그가 잠든 사이에 그를 죽였다. 그는 다윗성에 묻히기는 하였으나, 왕실 묘지에 안장되지는 못하였다.

버려진 왕자 궁예

궁예는 901년 후삼국 중의 한 나라인 후고구려[후에 마진(摩震), 태봉(泰封)으로 개명]를 건국한 인물이다. 그에 관한 기록은 『삼국사기』와 『삼국유사』, 『고려사』 등에 남아 있다.

궁예는 원래 신라 사람으로, 성은 김씨이다. 아버지는 제47대 헌안왕(憲安王)이요, 어머니는 헌안왕의 후궁이었는데, 그녀의 이름은 전하지 않는다. 혹자는 궁예가 제48대 경문왕(景文王) 응렴의 아들이라고도 한다.

그는 5월 5일에 외가에서 출생하였다. 그때 지붕 위에 긴 무지개와 같은 흰빛이 하늘에까지 닿았다. 일관(日官)이 아뢰기를

"이 아이가 중오일(重午日, 五月 五日)에 태어났고, 나면서부터 이가 있습니다. 또 광염(光焰, 빛과 불꽃)이 이상했으니, 장래 국가에 이롭지 못할 듯합니다. 기르지 마십시오."

라고 했다. 왕이 중사(中使, 왕의 명령을 전하던 내시)에게 명해 그 집에 가서 아이를 죽이게 했다. 사자(使者)가 아이를 강보에서 빼앗아 다락 아래로 던졌는데, 유모가 몰래 받다가 잘못해 손으로 찔러 한쪽 눈이 멀었다. 유모는 아이를 안고 도망하여 숨어서 고생하며 길렀다.

그의 나이 10여 세가 되어도 장난을 그만두지 않자, 유모가 말했다.

"네가 태어났을 때 나라의 버림을 받았다. 나는 이를 차마 보지 못하여 오늘까지 몰래 너를 길러 왔다. 그러나 너의 미친 행동이 이와 같으니 반드시 남들에게 알려질 것이다. 그렇게 되면, 너와 나는 함께 화를 면하지 못할 것이다. 이를 어찌하랴!"

이 말을 들은 궁예가 울면서 말했다.

"정말 그렇다면, 내가 이곳을 떠나 어머니의 근심거리가 되지 않도록 하겠습니다."

그는 말을 마치고 곧 세달사(世達寺)로 갔다. 지금의 흥교사(興教寺)가 그 절이다. 그는 머리를 깎고 중이 되어 스스로 선종(善宗)이라고 하였다.

〈『삼국사기』 권제 50, 「열전」 권제10, 궁예〉

신라 왕실로부터 버림받은 궁예는 열 살 때까지 유모의 손에서 자랐다. 그는 자기의 출생에 얽힌 비밀을 알고, 유모 곁을 떠나 세달사로 들어가 중이 되었다.

궁예가 성인이 되었을 때 신라는 국정이 문란하였으므로, 대규모 농민 반란이 일어나 세상이 어지러웠다. 그는 891(진성왕 5)년에 기훤(箕萱)이 이끄는 농민 반란군에 합류하였다. 그는 기훤이 제대로 대우해 주지 않자, 그의 곁을 떠나 강원도 원주 지방에서 활동하던 농민 반란군의 두목인 양길(梁吉)의 휘하로 들어갔다. 양길은 그를 잘 대우하고, 따로 군사를 내주었다. 그는 895(진성왕 9)년에 치악산 석남사(石南寺)를 근거지로 독립하여 자신의 세력을 확장해 나갔다.

그는 신라와 싸워 이김으로써 영토를 넓히고, 세력을 크게 확장하였다. 그는 자기에게 귀의(歸依)한 송악 지역의 토호 왕륭(王隆)과 그의 아들 왕건(王建)의 도움을 받아 898(효공왕 2)년에 본거지를 송악으로 옮겼다. 왕건 부자는 남다른 지략과 용병술로 궁예의 세력을 넓히는 데 한몫했다.

궁예의 세력이 커지는 것에 불안을 느낀 양길이 궁예를 공격하였다. 궁예는 양길을 물리치고, 양길이 거느리고 있던 지역들까지 차지하였다. 그래서 그의 영토는 지금의 강원도와 경기도, 황해도와 충청북도 지방까지 확대되었다.

그는 901(효공왕 5)년에 국호를 '후고구려(高句麗)'라 정하고, 스스로 왕이 되었다. 그는 904(효공왕 8)년에 나라의 이름을 '마진(摩震)'으로 고치고, 이듬해 도읍을 철원으로 옮겼다. 그는 이곳에 크고 호화로운 궁궐과 누대를 지으면서 백성들에게 과도한 세금을 거두고, 부역을 시켜 민심이 크게 이반되었다. 911(효공왕 15)년에는 국호를 다시 '태봉(泰封)'으로 고쳤다. 태봉이라는 국호는 918(경명왕 2)년에 왕건이 궁예를 몰아내고 고려 왕조를 세울 때까지 계속 쓰였다.

그는 부석사(浮石寺) 벽에 붙어 있는 신라왕의 초상을 칼로 내리쳐 훼손하고, 신라 타도를 외쳤다. 그는 신라와 싸워 성을 빼앗으면서 투항하는 신라인들을 모두 죽였다. 그것은 신라 왕족의 핏줄을 타고났음에도 불구하고 버림받고, 애꾸눈으로 살게 한 것에 대한 증오심의 표현이었을 것이다.

그는 스스로를 미륵불(彌勒佛)이라 칭했다. 승려 출신인 그는 당시 신라에 널리 퍼져 있던 미륵신앙을 바탕으로 신라의 정치적 폐해를 없애고, 이상적인 국가를 건설해 보겠다는 진보적 정치 이념을 내걸었다. 얼마 뒤에 그는 미륵관심법(彌勒觀心法)을 내세워 관리들을 감찰하고, 군의 동향을 감시하였다. 죄 없는 아랫사람을 처형하고, 독단적으로 일을 처리하여 불만을 샀다.

그는 점점 정적들을 무자비하게 대했다. 그리고 자신의 왕권강화책을 반대하는 목소리를 내던 왕비 강씨를 잔인하게 죽이고, 이를 말리던 아들 청광과 신광까지도 죽였다. 그의 실정이 이어지고, 불만이 쌓이자 918(경명왕 2)년에 홍유(洪儒), 배현경(裵玄慶), 신숭겸(申崇謙), 복지겸(卜智謙) 등의 장수들이 모의해 왕건을 새 왕으로 추대하였다. 궁예는 미복 차림으로 궁궐을 빠져나와 도망하다가 백성들에게 잡혀 살해되었다.

두 이야기의 비교

「숨겨진 왕자 요아스」와 「버려진 왕자 궁예」는 역사적 사실을 바탕으로 한 이야기이다. 두 이야기는 공통점과 함께 차이점도 지니고 있다.

두 왕자는 권력 다툼으로 죽음의 위기에 처하였으나, 여인의 도움으로 목숨을 건졌다. 요아스는 친할머니의 권력욕 때문에 죽음의 위기에 처하였다가 고모인 여호야다의 목숨을 건 구출 작전으로 죽음을 면하였다. 궁예는 왕비가 아닌 궁녀의 몸에서 잉태되어 외가에서 태어날 때 신이한 징후가 보였고, 중오일에 태어났다는 이유로 죽게 되었다. 이것은 진골(眞骨)에게 왕권이 계승되던 신라의 권력투쟁 상황을 비유적으로 표현한 것일 수도 있다. 이런 상황에서 죽게 된 아기 궁예는 유모의 도움으로 목숨을 건졌다.

죽음의 위기를 벗어난 요아스와 궁예는 후원자가 비밀리에 양육하여 성장하고, 성장한 뒤에 왕의 자리에 올랐다. 왕이 된 두 사람은 초기에는 선정을 베풀었지만, 나중에는 무도한 일을 하여 신복들의 배척을 받아 비참한 최후를 맞이하였다.

위와 같은 공통점을 지닌 두 이야기는 기록된 서적에 따라 내포하고 있는 의미와 성격이 달라졌다. 「숨겨진 왕자 요아스」는 성경의 「열왕기하」와 「역대지하」에 기록되어 이스라엘의 역사를 이야기하면서 다음과 같은 종교적 의미를 갖게 되었다.

첫째, 요아스를 죽이려 한 할머니 아달랴에 대한 징벌이 강조되어 있다. 요아스를 죽이려한 아달랴는 악행을 많이 한 이스라엘 아합왕과 이세벨의 딸이다. 그 여자는 부모가 우상을 숭배하고, 악행을 자행하는 것을 보고 자란 여인이다. 그 여자는 유다의 여호람왕과 혼인한 뒤에 남편을 꾀어 아합 가문이 행한 대로 하게 하여, 그를 타락의 길로 인도하였다. 그녀는 남편 여호람이 죽고 아들 아하시야가 왕이 되자 역시 아들을 꾀어 우상을 숭배하게 하였다. 아하시야는 어머니의 말대로 외가인 아합 가문의 길을 따라가다가 이스라엘에서 아합 가문을 숙청한 예후의 손에 죽임을 당하였다. 아달랴는 친정인 이스라엘 아합 가문의 악행과 자기가 저지른 죄 때문에 남편과 아들을 불의에 잃는 불행을 당하였다.

남편과 아들을 잃은 아달랴는 권력을 쥐기 위해 시댁 왕가의 왕자들을 죽이고, 여왕이 되어 횡포를 일삼았다. 부당한 방법으로 권좌에 오른 아달랴는 모반이 일어날 것을 철저히 대비하였을 것이다. 그러나 내부에서 요아스를 옹립하려고 봉기한 여호야다 제사장의 적은 병력에 맞서지 못하고, 처참한 최후를 맞이하였다. 이것은 그가 저지른 악행에 대한 징벌이었다.

둘째, 요아스가 구출된 것은 다윗의 혈통이 끊어지지 않고 이어갈 수 있게 하려는 하나님의 뜻이었음이 나타난다. 요아스가 권력에 눈이 먼 할머니 아달랴의 손에서 구출되어 성장하고, 왕위에 오른 것은 고모 여호세바와 고모부 여호야다 제사장의 은혜였다. 여호세바가 자기 어머니의 뜻을 거스르며 조카를 살린 것은 다윗의 자손이 왕위를 이어가게 하려는 하나님의 뜻이었다.

셋째, 요아스의 우상숭배와 배은망덕에 대한 징벌이 강조되어 있다. 요아스는 예루살렘에서 40년 동안 나라를 다스렸다. 그는 자기를 구해준 여호야다 제사장이 살아 있는 동안에는 하나님의 뜻에 맞는 통치를 하였다. 그러나 여호야다 제사장이 죽은 뒤에는 정책을 바꾸어 아세라 목상과 다른 우상들을 섬겼다. 그는 이를 비판하고, 경고하는 여호야다 제사장의 아들 스카랴 제사장을 죽였다. 그는 하나님의 뜻을 저버리고 우상을 숭배한 죄, 자기를 구해준 은인의 아들을 죽인 배은망덕의 죄를 범하였다. 그에 대한 벌로 그는 신하들의 손에 죽임을 당하였다. 이것은 하나님의 뜻을 저버리고 배은망덕한 사람은 벌을 받을 수밖에 없다는 엄연한 뜻을 깨닫게 하려는 것이다.

「버려진 왕자 궁예」 이야기는 『삼국사기』, 『삼국유사』, 『고려사』, 『자치통감』 등에 전해 온다. 그래서 그의 존재와 역할을 알게 해 줌과 동시에 교훈적인 의미를 깨닫게 한다. 그런데 이들 문헌은 저자가 속한 왕조의 입장에서 기록하다 보니, 궁예의 나쁜 점을 기술하거나, 부정적인 면을 강조하는 쪽으로 기울어졌다.

궁예는 신라 왕족의 피를 받아 태어났으나 버림을 받았고, 자기 힘으로 세력을 길러 후고구려를 세웠다. 스스로 세력을 길러 나라를 세웠다는 것은 그가 뛰어난 자질과 능력의 소유자였음을 알 수 있게 해 준다. 그러나 그는 설득과 포용을 병행하여 구사하면서 나라를 다스리지 못한 탓에 왕건의 배척을 받았고, 마침내는 축출되어 비참한 최후를 맞이하고 말았다.

∞ 15 ∞

니느웨로 간 요나 – 거타지

사람은 누구나 평온한 삶을 살고 싶어 한다. 그러나 뜻하지 않게 위기가 찾아오기도 한다. 위기는 자기가 자초한 경우도 있을 수 있고, 신이자의 뜻에 따라 생길 수도 있다.

위기는 가볍게 해결되는 경우도 있지만, 죽음에 상응하는 고통과 시련을 거쳐야 해결되는 경우도 많이 있다. 그런데 위기의 정도가 크면 클수록 극복한 뒤에 맛보는 기쁨과 보람도 클 것이다.

맞닥뜨린 위기를 어떻게 극복하느냐 하는 것은 각자의 의지와 능력에 따라 다를 것이다. 위기를 극복하면 보다 나은 상황으로 발전해 갈 수 있는 길이 열린다. 그래서 사람은 위기를 통해 성숙해 간다고 한다. 문학작품에서는 위기가 성공한 삶을 사는 사람이 거쳐야 하는 과정으로 표현되는 경우가 많다. 위기를 극복하는 데에는 본인이 가지고 있는 능력이나 의지가 중요하다. 그런데 신이나 인간의 도움이 있으면 더욱 좋다.

성경에 나오는 요나는 하나님의 명령을 거스른 벌로 죽음에 상응하는 위기를 맞는다. 그러나 잘못을 회개하고, 뒤늦게 소명을 받은 곳으로 가서 큰일을 성취한다. 『삼국유사』에 나오는 거타지는 신의 부름을 받는 과정이 무서웠고, 신이 부여한 과제를 수행하는 길도 험난하였다. 그러나 빼어난 활 솜씨를 발휘하여 위기를 극복하고, 용녀를 아내로 맞았다.

물고기 배 속에서 살아난 요나

하나님은 이스라엘의 이웃나라인 아시리아의 수도 니느웨가 죄악으로 가득찬 것을 보셨다. 하나님은 니느웨 사람들을 벌하기 전에 선지자 요나를 보내서 그들이 악의 길에서 벗어나도록 깨우치게 하려고 하였다.

주님께서 아밋대의 아들 요나에게 말씀하셨다.
"너는 어서 저 큰 성읍 니느웨로 가서, 그 성읍에 대고 외쳐라. 그들의 죄악이 내 앞에까지 이르렀다."
그러나 요나는 주님의 낯을 피하여 스페인으로 도망가려고, 길을 떠나 욥바로 내려갔다. 마침 스페인으로 떠나는 배를 만나 뱃삯을 내고, 사람들과 함께 그 배를 탔다. 주님의 낯을 피하여 스페인으로 갈 셈이었다.
주님께서 바다 위로 큰바람을 보내시니, 바다에 태풍이 일어나서, 배가 거의 부서지게 되었다. 뱃사람들은 두려움에 사로잡혀 저마다 저희 신에게 부르짖고, 저희들이 탄 배를 가볍게 하려고, 배 안에 실은 짐을 바다에 던졌다. 요나는 벌써부터 배 밑창으로 내려가 누워서, 깊이 잠들어 있었다.
마침 선장이 그에게 와서, 그를 보고 소리를 쳤다.

"당신은 무엇을 하고 있소? 잠을 자고 있다니! 일어나서 당신의 신에게 부르짖으시오. 행여라도 그 신이 우리를 생각해 준다면, 우리가 죽지 않을 수도 있지 않소?"

뱃사람들이 서로 말하였다.

"우리가 어서 제비를 뽑아서, 누구 때문에 이런 재앙이 우리에게 내리는지 알아봅시다."

그들이 제비를 뽑으니, 그 제비가 요나에게 떨어졌다.

그들이 요나에게 물었다.

"우리에게 말하시오. 누구 때문에 이런 재앙이 우리에게 내렸소? 당신은 무엇을 하는 사람이며, 어디서 오는 길이오? 어느 나라 사람이오? 어떤 백성이오?"

그가 대답하였다.

"나는 히브리 사람이오. 하늘에 계신 주 하나님, 바다와 육지를 지으신 그분을 섬기는 사람이오."

요나가 그들에게, 자기가 주님의 낯을 피하여 달아나고 있다고 말하니, 사람들이 그 사실을 알고, 겁에 질려서 그에게 소리쳤다.

"어쩌자고 당신은 이런 일을 하였소?"

바다에 파도가 점점 더 거세게 일어나니, 사람들이 또 그에게 물었다.

"우리가 어떻게 해야, 우리 앞의 저 바다가 잔잔해지겠소?"

그가 그들에게 대답하였다.

"나를 들어서 바다에 던지시오. 그러면 당신들 앞의 저 바다가 잔잔해질 것이오. 바로 나 때문에 이 태풍이 당신들에게 닥쳤다는 것을, 나도 알고 있소."

뱃사람들은 육지로 되돌아가려고 노를 저었지만, 바다에 파도가 점점 더 거세게 일어났으므로 헛일이었다.

그들은 주님을 부르며 아뢰었다.

"주님, 빕니다. 우리가 이 사람을 죽인다고 해서 우리를 죽이지 말아

주십시오. 주님께서는 뜻하시는 대로 하시는 분이시니, 우리에게 살
인죄를 지우지 말아 주십시오."

그들은 요나를 들어서 바다에 던졌다. 폭풍이 일던 바다가 잔잔해졌
다. 사람들은 주님을 매우 두려워하게 되었으며, 주님께 희생제물을
바치고서, 주님을 섬기기로 약속하였다.

주님께서는 큰 물고기 한 마리를 마련하여 두셨다가, 요나를 삼키게
하셨다. 요나는 사흘 밤낮을 그 물고기 배 속에서 지냈다. 요나가 물고
기 배 속에서 주 하나님께 기도드리며 아뢰었다.

"내가 고통스러울 때 주님께 불러 아뢰었더니, 주님께서 내게 응답
하셨습니다. 내가 스올 한가운데서 살려달라고 외쳤더니, 주님께서
나의 호소를 들어주셨습니다. …(중략)… 그러나 나는 감사의 노래를
부르며, 주님께 희생제물을 바치겠습니다. 서원한 것은 무엇이든지
지키겠습니다. 구원은 오직 주님에게서만 옵니다."

주님께서 그 물고기에게 명하시니, 물고기가 요나를 뭍에다 뱉어냈다.

주님께서 또다시 요나에게 말씀하셨다.

"너는 어서 저 큰 성읍 니느웨로 가서, 이제 내가 너에게 한 말을
그 성읍에 외쳐라."

요나는 주님께서 말씀하신 대로, 곧 길을 떠나 니느웨로 갔다.

니느웨는 둘러보는 데만 사흘길이나 되는 아주 큰 성읍이다. 요나는
그 성읍으로 가서 하룻길을 걸으면서 큰소리로 외쳤다.

"사십 일만 지나면 니느웨가 무너진다!"

그러자 니느웨 백성들은 하나님의 말씀을 믿고, 금식을 선포하고, 그
들 가운데 가장 높은 사람으로부터 가장 낮은 사람에 이르기까지 모
두 굵은 베옷을 입었다. 이 소문이 니느웨의 왕에게 전해지니, 그도
임금의 의자에서 일어나, 걸치고 있던 임금의 옷을 벗고, 굵은 베옷을
입고 잿더미에 앉았다.

왕은 니느웨 백성에게 다음과 같이 선포하여 알렸다.

"왕이 대신들과 더불어 내린 칙명을 따라서, 사람이든 짐승이든 소 떼든 양떼든, 입에 아무것도 대서는 안 된다. 무엇을 먹어도 안 되고, 물을 마셔도 안 된다. 사람이든 짐승이든 모두 굵은 베옷만을 걸치고, 하나님께 힘껏 부르짖어라. 저마다 자기가 가던 나쁜 길에서 돌이키고, 힘이 있다고 휘두르던 폭력을 그쳐라. 하나님께서 마음을 돌리고 노여움을 푸실지 누가 아느냐? 그러면 우리가 멸망하지 않을 수도 있다."

하나님께서 그들이 뉘우치는 것, 곧 그들이 저마다 자기가 가던 나쁜 길에서 돌이키는 것을 보시고, 뜻을 돌이켜 그들에게 내리시겠다고 말씀하신 재앙을 내리지 않으셨다. 　　　　《『새번역 성경』「요나서」1:1~3:10〉

요나는 이스라엘 왕 여로보암 2세 때의 예언자이다(왕하 14:25). 그는 아시리아의 수도인 니느웨(지금의 이라크 북부)로 가서, '죄악이 가득 차 있어 징벌을 받아 곧 망할 것'이라고 예언하라는 하나님의 명령을 받았다. 그러나 그는 그 명령을 따르지 않고, 스페인으로 가는 배를 탔다.

그가 하나님의 말씀을 따르지 않은 까닭은 무엇일까? 당시 아시리아는 이스라엘을 괴롭히는 나라였다. 그가 하나님의 말씀대로 니느웨로 가서 예언을 하면, 그곳 사람들이 회개할 것이고, 그러면 자비심이 많으신 하나님이 그들을 용서해 주실 것이다. 그것은 이스라엘을 괴롭히는 아시리아를 미워하고, 죄를 지었으면 벌을 받아야 한다는 그의 마음과 맞지 않았다. 그래서 그는 하나님의 명령을 피하여 도망가고 싶었던 것이다.

그가 탄 배는 거센 풍랑으로 침몰할 지경에 이르렀다. 배 밑창에서 자고 있던 그는 풍랑의 원인이 자기가 하나님의 명령을 거역한 탓이라는 것을 알았다. 그래서 뱃사람들에게 자기를 바다에 던지라고 한다. 뱃사람들이 그를 바다에 던지자 태풍이 사라져 없어졌다. 그때 하나님의 명령을 받은 큰 물고기가 요나를 삼켰다. 그가 사흘 밤낮을 물고기 배 속에 있으면서 참회의 기도를 올리자, 물고기는 그를 뭍으로 뱉어 내었다. 죽음의 고비를 넘긴 그는 하나님의 명령을 따라, 니느웨로 가서 예언을 한다. 그의 말을 들은 니느웨의 왕과 모든 사람들은 잘못을 회개하고, 잘못된 길에서 돌이킬 것을 결심한다. 이를 본 하나님은 니느웨에 내리겠다고 하신 재앙을 내리지 않으셨다.

이 이야기에서 하나님은 명령을 거역한 요나에게 죽음에 상응하는 시련을 줌으로써 마음을 고쳐먹고 사명을 완수하게 한다. 니느웨 사람들은 잘못을 뉘우침으로써 재앙을 면하였다. 여기에는 잘못된 길을 가던 사람도 마음을 돌이키면 사랑으로 용서하신다는 하나님의 마음이 나타난다. 요나의 활약으로 니느웨에서 구원을 받은 사람이 12만 명이나 되었다고 하니, 요나는 정말 큰일을 하였다.

거타지(居陀知)

거타지는 신라 진성여왕 때의 이름난 궁수(弓手, 활 쏘는 일을 맡아서 하는 군사)이다. 그는 외딴 섬에서 빼어난 활 실력을 발휘하여 요괴(妖怪)를 퇴치하고, 용녀를 아내로 얻는다. 이 이야기는 왕건의 선대인 「작제건 이야기」, 「박 화포장 이야기」와 같은 모험담의 전형이 되었다.

아찬 양패(良貝)는 왕의 막내아들이었다. 그는 당나라에 사신으로 갈 때 후백제의 해적들이 진도에서 길을 막는다는 말을 듣고, 궁수 50명을 뽑아서, 자기를 따르게 했다. 배가 곡도(鵠島, 지금의 백령도)에 이르자 풍랑이 크게 일어 10여 일 동안 묵게 되었다. 그는 이를 근심하여 사람을 시켜 점을 치게 했다.

"섬에 신지(神池, 신이 있는 연못)가 있으니, 제사를 지내면 좋겠습니다." 이에 못 위에 제물을 차려놓았더니, 못의 물이 한 길도 넘게 치솟았다.

그날 밤 꿈에 한 노인이 나타나 그에게 말했다.

"활을 잘 쏘는 사람 하나를 이 섬에 남겨 두면 순풍을 얻으리라." 그가 잠에서 깨어 그 일을 좌우에 알리며 물었다.

"누구를 남겨두는 것이 좋겠소?"

이에 여러 사람이 말했다.

"나무 조각 50개에 각자의 이름을 써서 물에 가라앉혀 제비를 뽑으시면 좋겠습니다."

그는 그 말에 따랐다. 군사 거타지의 이름을 쓴 나무 조각이 물에 잠기었으므로, 그 사람을 남겨두자, 문득 순풍으로 바다가 잔잔해져 배는 거침없이 나아갔다.

거타지는 근심에 싸여 섬 위에 서 있는데, 문득 한 노인이 못 속에서 나오더니 말했다.

"나는 서해약(西海若, 서쪽 바다의 신)이오. 해가 뜰 때면 항상 하늘로부터 중 하나가 내려와 타라니(陀羅尼, 인도어로 된 주문)의 주문(呪文)을 외우면서 이 못을 세 번 돌면, 우리 부부와 자손들이 물위에 뜨게 되오. 그러면 중은 내 자손들의 간을 빼어 먹는다오. 그래서 이제는 오로지 딸 하나와 우리 부부만 남게 되었소. 내일 아침에도 필시 올 터이니, 그대가 활로 중을 쏘아 주시오."

"활 쏘는 일은 저의 장기이니, 명령대로 하겠습니다."

노인은 고맙다고 인사하더니, 물속으로 사라졌다. 거타지는 숨어서 기다렸다.

이튿날 동쪽에서 해가 떠오르자 과연 중이 내려와 전처럼 주문을 외우면서 늙은 용의 간을 빼어 먹으려 하였다. 이때 거타지가 활을 쏘아 맞히니, 중은 순식간에 늙은 여우로 변해 땅에 쓰러져 죽었다. 이에 노인이 나와서 치사하였다.

"공의 덕을 입어 내 생명을 보전하게 되었으니, 내 딸을 공에게 아내로 드리겠소."

"저에게 따님을 주시고, 저버리지 않으시니, 참으로 원하던 바입니다."

노인은 그 딸을 한 가지 꽃으로 변하게 하여 거타지의 품속에 넣어 주었다. 그리고 두 마리의 용에게 명하여 거타지를 받들어 사신의 배를 따라가, 그 배를 호위하여 당나라에 들어가도록 했다. 신라의 배를 두 마리의 용이 호위하고 있는 것을 본 당나라 사람은 이 사실을 황제에게 아뢰니, 황제가 말했다.

"신라의 사람은 필경 비상한 사람일 것이다."

그리고 잔치를 베풀어 여러 신하들의 윗자리에 앉히고, 금과 비단을 주었다.

본국으로 돌아온 거타지는 가슴에서 꽃가지를 꺼내 여자로 변하게 하여 함께 살았다.

『삼국유사』 권2 「진성여대왕 거타지」

이 이야기에서 서해신은 천 년 묵은 여우의 횡포를 막을 수 없었다. 그래서 활 솜씨가 빼어난 궁사의 도움을 받으려고 한다. 서해신은 당나라에 가는 신라 사신 양패의 배가 곡도에 이르렀을 때, 풍랑을 일으켜 그 배가 떠나지 못하게 한다. 그리고 사신의 꿈에 나타나 궁사(弓師, 활 쏘는 일을 주로 하는 사람) 1명을 섬에 내려놓고 가라고 한다. 양패는 데리고 온 궁사 50명 중 누구를 내려놓아야 할지 몰라 걱정을 하다가, 나무 조각에 궁사의 이름을 써서 바다에 던진다. 그러자 궁사 거타지의 이름을 쓴 나무 조각이 물에 잠겼다. 이것은 서해신이 거타지의 활 솜씨가 뛰어난 것을 알고, 그를 선택한 것이다.

사신 일행이 탄 배가 떠나고, 섬에 홀로 남은 거타지는 두려움과 공포에 휩싸여 힘든 시간을 보내고 있었다. 그때 노인으로 변신한 서해신이 나타나 천 년 묵은 여우가 중으로 변신하여 횡포를 부린다는 말을 하고, 그 중을 쏘아 자기와 가족을 살려달라고 한다. 이것은 서해신의 당부이며 명령이다. 그가 서해신의 말대로 중을 쏘자, 중은 순식간에 늙은 여우의 모습으로 변하여 죽는다. 거타지는 뛰어난 활 솜씨로 도술을 부리는 여우를 물리치고, 서해신의 가족을 살린다. 서해신은 자기 가족의 목숨을 구해준 거타지의 은혜를 갚으려는 마음에서 자기의 딸을 그의 아내로 준다. 그리고 부하 용들을 시켜 거타지를 사신의 배까지 데려다주고, 그 배를 호위하게 한다.

설화나 민속에서 바다의 신은 용왕으로 표현되는 경우가 대부분이다. 따라서 거타지가 만난 서해신은 서해용왕으로 보아도 좋을 것이다. 용은 못·강·바다와 같은 물에서 사는 상상의 동물로, 여러 동물이 가진 최상의 무기를 모두 갖추고 있다. 민간에서 용은 구름과 비를 만들고, 땅·바다·강과 하늘에서 자유롭게 활동할 수 있는 능력을 지닌, 신이한 존재로 믿는다. 따라서 민간신앙에서 용은 비를 가져오는 우사(雨師, 비를 맡은 신)이고, 물을 관장하고 지배하는 수신이며, 사귀(邪鬼)를 물리치고 복을 가져다주는 선신(善神)이다.

옛이야기에서 용은 신이한 능력을 가진 존재, 지존의 왕을 상징하기도 하고, 또 왕비·공주·존귀한 신분의 인물을 비유적으로 표현하기도 한다. 서해신, 즉 서해용왕은 자기와 가족을 살려준 거타지의 은혜를 갚는 뜻에서 그에게 딸을 아내로 준다. 용왕의 딸은 귀한 신분이고, 아버지로부터 신이한 능력을 물려받은 특별한 여인이다. 거타지가 이런 여인을 아내로 얻은 것은 많은 사람들이 부러워하고, 바라는 혼인으로, 앞날의 행복을 보장받는 일이다. 거타지가 이런 혼인을 할 수 있었던 것은 그가 무인도에 홀로 남아서 도술을 부리는, 천 년 묵은 여우를 활로 쏘아 맞힐 만큼 뛰어난 활 솜씨와 담력을 지녔기 때문이다.

『고려사』「고려세계(高麗世系)」에 실려 있는 고려 태조 왕건의 할아버지와 관련된 「작제건(作帝建) 이야기」도 이 이야기와 비슷하다. 「작제건 이야기」는 「거타지 이야기」를 받아들여 고려 태조 왕건의 가계를 성스럽게 꾸민 것이라 생각한다. 이런 작업을 통하여 작제건은 당나라 황족의 아들, 신궁으로 불릴 만큼 활을 잘 쏘는 사람, 용녀를 아내로 맞이한 인물로 신성성을 지니게 되었다. 따라서 왕륭(王隆)을 비롯한 그의 후손은 용의 후손으로, 용이 지닌 신이성을 지닌 고귀한 혈족이 되었다. 이로써 작제건은 거타지와 함께 고난을 이기고 악마를 퇴치한 뒤에 존귀한 여인과 혼인한 영웅의 모델이 되었다.

이 이야기와 비슷한 이야기가 『동야휘집(東野彙輯)』, 『청구야담(靑邱野談)』, 『천예록(天倪錄)』 등에도 실려 있다. 훈련도감의 군졸 박화포장(朴火砲匠)이 중국 사신 일행에 끼어 배를 타고 가던 중 넓은 바다에 이르자, 파도가 심하여 갈 수 없었다. 도사공의 말에 따라 배에 탄 사람들이 차례로 옷을 벗어 물에 던지니, 박 포장의 옷이 물에 잠겼다. 사신 일행은 그를 외딴 섬에 내려놓고 떠났다. 외딴 섬에 홀로 남은 박 포장은 큰 뱀이 다니는 길에 많은 칼날을 꽂아놓고, 대나무를 벤 뒤에 밑동을 뾰족하게 깎아놓았다. 그래서 큰 뱀을 퇴치하고, 아름다운 돌과 보석을 많이 얻어 가지고 와서 부자가 되었다고 한다(『동야휘집』 권7 「落小島砲匠獲貨」).

두 이야기의 비교

「니느웨로 간 요나」에서 요나는 니느웨로 가라는 하나님의 명령에 순종하지 않고 스페인으로 가는 배를 탔다가 풍랑을 만나 죽을 고비를 넘긴 뒤에 니느웨로 가서 하나님의 말씀을 전파한다. 「거타지」에서 거타지는 당나라에 가는 사신의 배를 탔다가 풍랑으로 곡도에 홀로 남는다. 그는 활 솜씨를 발휘하여 용왕의 가족을 살리고, 용녀를 아내로 맞이한다.

두 이야기는 신의 선택을 받은 주인공이 풍랑으로 죽을 고비를 넘기고, 신이 원하는 곳으로 가서, 신이 원하는 일을 하였다는 점에서 일치한다. 요나가 간 니느웨와 거타지가 홀로 남아 있던 곡도는 신의 뜻에 따라, 신이 부여하는 큰일을 해야 하는 특별한 장소이다.

두 이야기의 다른 점을 살펴보겠다. 「니느웨로 간 요나」에서 요나는 하나님의 명령이 자기 마음에 들지 않아 이를 피하려고 스페인으로 가는 배를 탔다가 풍랑을 만나고, 바다에 던져져 죽을 고비를 맞는다. 그러나 하나님은 큰 물고기를 보내어 그를 삼키게 함으로써 그를 죽지 않게 함은 물론, 물고기 배 속에서 참회하는 시간을 갖게 한다. 그는 물고기 배 속에 있는 동안 기도하면서 하나님의 말씀에 순종할 것을 결심한다. 마침내 그는 니느웨로 가서 하나님의 말씀을 전함으로써 그곳 사람들로 하여금 악의 길에서 벗어나 선의 길로 돌아오게 한다. 그래서 그곳 사람 12만 명의 목숨을 구하고,

니느웨가 평온한 땅이 되게 한다.

거타지는 당나라에 가는 신라 사신 양패를 수행하는 궁사로, 서해신의 선택을 받아 무인도에 혼자 남는다. 그는 활 솜씨를 발휘하여 도술을 부리는 늙은 여우를 물리치고, 서해신의 목숨을 구한다. 그의 뛰어난 활 솜씨는 변괴의 화신인 여우를 퇴치함으로써 바다와 섬 지방의 질서를 회복한다.

두 이야기가 일깨워 주는 사항은 무엇인가? 「니느웨로 간 요나」는 첫째, 하나님의 명령은 거역해서는 안 되고, 거역할 수도 없는 일임을 일깨워 준다. 하나님의 명령은 당장은 피할 수 있을지 몰라도, 결국은 수행하지 않으면 안 되는 성스러운 사명이다. 둘째, 하나님은 자비로운 분임을 알게 해 준다. 하나님은 니느웨가 죄악으로 물든 것을 보시고, 큰 재앙을 내려 그곳 사람들을 모두 죽게 하려고 하였다. 그러나 요나의 외침을 들은 니느웨 사람들이 회개하는 것을 보시고, 하나님은 자비심을 발휘하여 재앙을 거두셨다. 그리고 하나님의 처사를 못마땅하게 생각하는 요나를 타이르신다.

「거타지」이야기는 첫째, 남다른 실력이 있어야 남을 도울 수 있다는 것을 일깨워 준다. 둘째, 남을 위해 좋은 일을 하면, 용녀를 아내로 맞는 것과 같은 좋은 일이 생긴다는 것을 말해 준다.

제2부

신약 이야기

∞ 1 ∞

예수의 탄생 – 건국 시조

온 인류를 구원할 메시아나 국가 창건의 시조와 같은 위대한 인물은 평범하게 태어나지 않고, 신이한 출생을 한다. 신이한 출생 이야기 중에는 하늘 또는 천신이 주인공을 직접 낳는 이야기도 있고, 여인의 몸에 잉태시켜 낳는 이야기도 있다. 이것은 하늘을 신성시하고 숭배하는 의식에서 비롯된 것이다.

옛사람들은 하늘 못지않게 땅을 신성시하고, 모든 생물을 낳아 기르는 위대한 어머니로 여겼다. 그래서 땅이 직접 주인공을 낳거나, 땅을 주관하는 지신이 여인의 몸에 잉태시켜 주인공을 낳는 출생담이 형성되었다.

하늘을 숭배하고, 땅을 위대한 어머니로 여기는 고대인의 의식은 천부지모(天父地母) 관념으로 발전하였다. 그래서 하늘과 땅이 직접 혹은 간접으로 사람을 태어나게 하는 신이한 출생 이야기가 형성되었다. 위대한 인물의 신이한 출생 이야기는 그 인물의 신성성을 강화함으로써 그를 추앙하는 집단의 신앙심 또는 자부심과 긍지를 갖게 하고, 단결심을 높이는 기능을 한다.

여기서는 기독교인들이 구세주로 믿는 예수의 탄생 이야기와 가야, 신라, 고조선, 고구려 등을 세운 건국 시조의 탄생 이야기를 비교해 보려고 한다. 이것은 건국 시조의 탄생 이야기를 통해 민족적 자부심과 긍지를 지키며 살아온 한국인이 예수의 탄생 이야기를 낯설지 않게 받아들여 이해하고, 신앙심을 갖게 하는 데에 도움을 줄 것이다.

예수의 탄생

성경에는 예수의 탄생에 관한 기록이 4복음서 가운데 「마태복음」과 「누가복음」 두 곳에 나온다. 두 곳의 기록은 예수가 '성령으로 잉태'된 사실을 이야기한다. 그런데 「마태복음」은 예수의 아버지 요셉을 중심으로, 「누가복음」은 어머니 마리아를 중심으로 하여 기술하였다.

예수의 탄생 1

예수 그리스도의 태어나심은 이러하다. 그의 어머니 마리아가 요셉과 약혼하고 나서, 같이 살기 전에, 마리아가 성령으로 잉태한 사실이 드러났다. 마리아의 남편 요셉은 의로운 사람이라서 약혼자에게 부끄러움을 주지 않으려고 가만히 파혼하려 하였다.

요셉이 이렇게 생각하고 있는데, 주님의 천사가 꿈에 그에게 나타나서 말하였다.

"다윗의 자손 요셉아, 두려워하지 말고, 마리아를 네 아내로 맞아들여라. 그 태중에 있는 아기는 성령으로 말미암은 것이다. 마리아가 아들을 낳을 것이니, 너는 그 이름을 예수라고 하여라. 그가 자기 백성을 그들의 죄에서 구원하실 것이다."

이 모든 일이 일어난 것은 주님께서 예언자를 시켜서 이르시기를 "보아라, 동정녀가 잉태하여 아들을 낳을 것이니, 그의 이름을 임마누엘이라고 할 것이다."

하신 말씀을 이루려고 하신 것이다.(임마누엘은 번역하면 '하나님이 우리와 함께 계시다'는 뜻이다.)

요셉은 잠에서 깨어 일어나서, 주님의 천사가 말한 대로, 마리아를 아내로 맞아들였다. 그러나 아들을 낳을 때까지는 아내와 잠자리를 같이 하지 않았다. 아들이 태어나니, 요셉은 그 이름을 예수라고 하였다.

〈『새번역 성경』「마태복음」1:18~25〉

예수의 탄생 2

그 뒤로 여섯 달이 되었을 때에 하나님께서 천사 가브리엘을 갈릴리 지방의 나사렛 동네로 보내시어 다윗의 가문에 속한 요셉이라는 남자와 약혼한 처녀에게 가게 하셨다. 그 처녀 이름은 마리아였다.

천사가 안으로 들어가서, 마리아에게 말하였다.

"기뻐하여라, 은혜를 입은 자야, 주님께서 그대와 함께하신다."

마리아는 그 말을 듣고 몹시 놀라, 도대체 그 인사말이 무슨 뜻일까 하고 궁금히 여겼다. 천사가 마리아에게 말하였다.

"두려워하지 말아라. 마리아야, 그대는 하나님의 은혜를 입었다. 보아라, 그대가 잉태하여 아들을 낳을 터이니, 그의 이름을 예수라고 하여라. 그는 위대하게 되고, 더없이 높으신 분의 아들이라고 불릴 것이다. 주 하나님께서 그에게 그의 조상 다윗의 왕위를 주실 것이다. 그는 영원히 야곱의 집을 다스리고, 그의 나라는 무궁할 것이다."

마리아가 천사에게 말하였다.

"나는 남자를 알지 못하는데, 어떻게 그런 일이 있겠습니까?"

천사가 마리아에게 대답하였다.

"성령이 그대에게 임하시고, 더없이 높으신 분의 능력이 그대를 감싸 줄 것이다. 그러므로 태어날 아기는 거룩한 분이요, 하나님의 아들이라고 불릴 것이다. 보아라. 그대의 친척 엘리사벳도 늙어서 임신하였다. 임신하지 못하는 여자라 불리던 그가 임신한 지 벌써 여섯 달이 되었다. 하나님께서는 불가능한 일이 없다."

마리아가 말하였다.

"보십시오, 나는 주님의 여종입니다. 당신의 말씀대로 나에게 이루어지기를 바랍니다."

천사는 마리아에게서 떠나갔다.　　　　《『새번역 성경』「누가복음」1:26~38)

「예수의 탄생 1」에서 요셉은 약혼녀 마리아가 임신하였다는 말을 듣고, 가만히 파혼하려고 하였다. 그런데 주님의 천사가 그에게 나타나 마리아가 '성령으로 잉태'하였음을 알려주고, 그 아기가 장차 그의 백성을 죄에서 구원할 것이라고 일러준다. 그래서 요셉은 파혼하려던 마음을 바꾸어 마리아를 아내로 맞이한다. 그리고 아들이 태어나니, 그의 이름을 예수라고 하였다.

「예수의 탄생 2」에서 하나님은 가브리엘 천사를 마리아에게 보내어 '성령으로 잉태' 되어 아이를 낳을 것을 알린다. 그리고 그 아기는 '거룩한 분', '하나님의 아들'이라고 불릴 것이라고 한다.

이처럼 하나님은 천사를 보내어 온 인류를 구원할 막중한 임무를 띤 예수가 '처녀의 몸에 성령으로 잉태' 되어 태어날 것을 알려준다. 「마태복음」에 적혀 있는 「예수의 탄생 1」은 요셉을 중심으로 하고, 「마가복음」에 적혀 있는 「예수의 탄생 2」는 마리아를 중심으로 하여 기술한 내용이다.

예수의 동정녀 탄생은 전지전능하신 하나님의 성령과 인간인 마리아의 결합에 의한 신이(神異)한 출생이다. 신이한 출생으로 태어난 예수는, 신이한 능력을 발휘하여 인류 구원의 위업(偉業)을 성취한다.

건국 시조

신과 인간의 결합에 의한 신이한 출생은 예수의 탄생에만 나타나는 것이 아니다. 한국의 역사를 보면, 고대국가를 세운 인물에도 신이한 출생이 많이 나타난다.

건국 신화나 씨족 신화 주인공의 출생을 보면, 평범한 아버지와 어머니에게서 태어나는 것이 아니고, 신이한 출생을 한다. 이들은 생명의 근원을 하늘에 두고 있는 경우도 있고, 땅에 두고 있는 경우도 있다. 그런데 하늘과 땅이 주인공을 직접 낳기도 하고, 여인의 몸을 빌려 낳기도 한다.

옛사람들의 '하늘'에 대한 인식은 어떠하였을까? 옛사람들은 하늘과 연관되어 일어나는 밤과 낮의 변화, 계절의 변화, 변화무쌍한 기상의 변화, 천재지변 등을 겪으면서, 하늘을 두려워하고, 신성시하고, 숭배하였다. 이런 과정을 거치면서 하늘숭배 사상이 형성되었다.

하늘숭배 사상은 자연으로의 하늘을 숭배함과 동시에 하늘을 신격화하여 '하늘에 계신 절대적이고 전지전능하신 신'을 상정하였다. 그 신을 하늘에 계신 위대한 임이라는 뜻으로 '하느님' 또는, '천신(天神)'·'천제(天帝)'·'천군(天君)'으로 불렀다. 자세한 설명 없이 '하늘' 또는 '天'이라고 하는 말에는 자연으로서의 하늘을 가리키면서 그 이면에 신격화된 하느님의 뜻이 담겨 있다.

한국인이 인식하고 있는 '하느님'은 성경에서 말하는 '하나님'과 크게 다르지 않다. 그런데 성경에서는 유일신임을 강조하려는 뜻에서 한국인이 오래전부터 써 온 '하느님'을 '하나님'이라고 고쳐서 쓰고 있다. 그런데 많은 기독교인들은 '하나님'이라고 하면, 전통적으로 써온 하느님, 즉 '하늘에 계신 절대적이고 전지전능하신 신'이라는 인식이 먼저 떠오르고, 그 위에 유일신이라는 개념을 의식적으로 더한다고 한다. 여하튼 한국인은 하느님에 대한 전통적인 인식이 있었기 때문에 성경에서 말하는 '하나님'을 온전히 이해할 수 있게 되었다.

줄을 타고 내려온 수로왕

천지가 개벽한 후로 이곳에는 나라의 이름이 없었고, 또 군신의 칭호도 없었다. 이때 구간(九干, 아홉 추장)이 나라를 통솔하였으니, 모두 일백 호, 칠만 오천 명이었다. 이 사람들은 거의 산과 들에 모여 살았으며, 우물을 파서 마시고, 밭을 갈아서 먹었다.

후한 광무제 건무 18년 임인(壬寅) 3월 계욕일(禊浴日, 액을 없애는 뜻에서 물가에 모여 목욕하고 술과 음식을 나누어 먹는 날)이었다. 그들이 살고 있는 북쪽 구지봉(龜旨峯)에서 무엇을 부르는 이상한 소리가 났다. 백성 이삼백 명이 거기 모여 있었는데, 사람의 말소리 같기는 하지만, 그 모양은 보이지 않고 말소리만 들렸다.

"여기 사람이 있느냐?"

구간 등이 말했다.

"우리들이 있습니다."

"내가 있는 곳이 어디냐?"

"구지(龜旨)입니다."

"하늘이 나에게 명하기를, '이곳에 나라를 새로 세우고, 임금이 되라'고 하여서 내려온 것이다. 너희들은 모름지기 산봉우리의 흙을 파면서, '거북아 거북아 머리를 내어라. 내지 않으면 구워 먹을래' 하고 노래를 부르고, 뛰면서 춤을 추어라. 그러면 곧 대왕을 맞이하여 기뻐 뛰놀게 될 것이다."

구간들이 이 말을 좇아 모두 기뻐하면서 노래하고, 춤을 추었다.

얼마 안 되어 하늘을 우러러 보니, 자주색 줄이 하늘에서부터 내려와 땅에 닿고 있었다. 그 줄 끝을 쳐다보니, 붉은 보자기에 금빛 상자가 싸여 있었다. 그 상자를 열어보니, 거기에는 해와 같이 둥근 황금알 여섯 개가 있었다. 사람들은 모두 놀라고 기뻐하며 함께 절하였다.

조금 있다가 그것을 다시 싸 가지고 아도간의 집으로 돌아와 탑 위에 올려놓고, 여러 사람들은 각기 흩어졌다. 이로부터 열두 시간이 지난 그 이튿날 아침에 여러 사람들이 다시 모여 그 상자를 여니, 여섯 알은 변하여 어린아이가 되어 있었는데, 그중 한 아이의 용모가 아주 환했다. 사람들은 이들을 평상에 앉히고 함께 절하면서 하례하였다. 그리고 공경하기를 극진히 하였다.

이 아이는 나날이 자라서 10여 일이 지나니, 키는 9척으로 은나라 탕왕과 같고, 얼굴이 용과 같은 것은 한나라 고조와 같았다. 눈썹이 팔자로 채색이 나는 것은 요임금과 같았고, 눈동자가 겹으로 된 것은 순임금과 같았다.

그가 그달 보름에 왕위에 올랐다. 그는 처음으로 세상에 나타났다고 하여 이름을 수로(首露) 또는 수릉(首陵)이라고 하였다. 그리고 나라 이름을 대가락(大駕洛) 또는 가야국(伽倻國)이라고 했으니, 이것은 6가야 중의 하나이다. 나머지 다섯 사람도 각각 다섯 가야의 임금이 되었다.

〈『삼국유사』「가락국기」〉

말을 타고 내려온 혁거세

옛날에 진한 땅에는 여섯 촌이 있었다. 알천 양산촌의 촌장은 알평인데, 처음에 하늘에서 표품봉으로 내려왔고, 이씨의 조상이 되었다. 그 외 다섯 촌장도 각각 산봉우리로 내려와 정씨, 손씨, 최씨, 배씨, 설씨의 시조가 되었다.

전한(前漢) 지절[地節, 중국 전한 선제(宣帝)의 두 번째 연호. 기원전 69년에서 기원전 66년까지 4년 동안 사용] 원년에 6부의 조상들은 저마다 자제들을 거느리고, 알천(閼川) 언덕에 모여 덕 있는 사람을 임금으로 삼아 나라를 세우고 도읍을 정하는 일을 협의하였다.

그들이 높은 곳에 올라 남쪽을 바라보니, 양산 아래 나정(蘿井)이라는 우물가에 번갯빛 같은 이상한 기운이 하늘로부터 땅에 닿도록 비치고 있었다. 거기에 백마 한 마리가 꿇어 앉아 절하는 형상을 하고 있었다. 촌장들이 그곳으로 가서 조사해 보니, 말은 하늘로 올라가고, 거기에 자줏빛 알 한 개가 있었다. 말은 사람을 보고는 길게 울더니, 하늘로 올라갔다.

그 알에서 남자아이를 얻었다. 그 아이는 모양이 단정하고, 아름다웠다. 모두 놀라고 이상히 여겨 동천에 목욕시키니, 몸에서 광채가 나고, 새와 짐승들이 따라서 춤을 추었다. 이윽고 천지가 진동하고, 해와 달이 청명하여졌다. 이에 그 아이를 혁거세왕(赫居世王)이라고 이름하였다.

〈『삼국유사』 권제1 「신라시조 혁거세왕조」〉

「줄을 타고 내려온 수로왕」은 가야국의 건국 신화이다. 이 이야기는 나라 이름도 없고, 왕과 신하의 칭호도 없던, 아주 오랜 옛날의 일을 이야기한다.

이른 봄에 아홉 추장과 이삼백 명의 무리가 액을 없애려는 뜻에서 물가에 모여 목욕하고 술과 음식을 나누어 먹는 계욕일 행사를 하고 있었다. 그때 북쪽 구지봉에서 이상한 소리가 들렸다. 그들이 달려가 보니, 신인이 하늘의 명을 받고 나라를 세워 다스리려 내려온다면서 "'거북아 거북아 머리를 내어라 내지 않으면 구워 먹을래' 하는 노래를 부르며 춤을 추어라. 그러면 곧 대왕을 맞이하여 기뻐 뛰놀게 될 것이다."라는 말소리가 들렸다. 그들이 그 말대로 하니, 하늘에서 금빛 상자가 자주색 줄에 매달려 내려왔다. 그 상자 속에 들어 있던 알에서 남자아이가 태어나고, 그가 가야의 시조가 되었다.

'거북아 거북아 머리를 내어라. 내지 않으면 구워 먹을래' 라는 노래는 널리 알려진 고대가요 「구지가(龜旨歌)」이다. 나라를 다스릴 신이한 임금을 맞이하는 노래라 하여 「영신군가(迎神君歌)」라고도 한다. 땅을 파는 시늉을 하면서 이 노래를 부르라고 한 점으로 보아 신에게 올리는 제의의 성격을 띤 노래라 하겠다.

이 노래에서 말하는 거북은 당시 사람들의 토템동물일 것이다. 고대인들은 토템동물을 조상신, 또는 수호신으로 믿고, 동일시하였다. 그런데 특별한 경우에는 토템동물을 잡아서 제물로 바치면서 제의를 행하기도 하였다. 이렇게 보면, 「구지가」는 신으로 믿는 거북을 잡아 바치면서 나라를 다스릴 우두머리, 즉 왕을 보내달라고 비는 노래라 하겠다. 이 이야기에서는 수로왕이 하늘에서 알의 형태로 상자에 담겨 내려온다는 점이 특이하다. 국가 창건의 시조는 평범한 부모에게서 태어나는 것이 아니라, 우주를 주관하는 절대적인 힘을 지닌 하늘이 직접 내려 보낸다는 사고가 바탕에 깔려 있다. 이 이야기에서 알은 생명의 근원을, 상자는 자궁을, 자주색 줄은 탯줄을 상징하는 것으로 볼 수 있다.

「말을 타고 내려온 혁거세」를 보면, 6부의 촌장이 자제들과 알천 언덕에 모여 왕을 세우고 도읍을 정하여 나라를 세울 일을 협의한다. 그들이 높은 곳에 올라 보니, 나정 우물가에 이상한 기운이 돌고, 백마가 꿇어 앉아 절하였다. 그들이 달려가 보니, 말은 하늘로 올라가고, 우물가에는 알 하나가 있었다. 알에서 나온 사람이 혁거세로, 신라의 건국 시조가 된다. 이처럼 혁거세는 우주 만물을 지배하는 위대한 힘을 지닌 하늘이 알의 형태로 낳아 말에 태워 내려 보낸, 신성한 존재이다. 이것은 신화적 사고에 의한 상징적 표현이다.

이를 역사적 사실과 관련지어서 생각해 보자. 진한의 여섯 부족은 이 지역에 전부터 살고 있는 원주민이다. 하늘에서 말을 타고 내려온 혁거세는 다른 지역에서 옮겨온 기마민족의 후예이다. 그렇게 보면, 「혁거세 신화」는 기마민족의 후예인 혁거세가 진한 지역으로 이주해 와서, 그곳에 살고 있던 여섯 부족의 추대를 받아서 왕이 된 역사적 사실을 신화적으로 꾸민 것이 된다. 그런데 그 바탕에는 인간의 생명은 그 근원이 하늘에 있다는 신화적 사고가 깔려 있다.

가야의 시조 수로왕이나 신라의 시조 혁거세는 알의 형상으로 하늘에서 내려왔다. 경주 이씨의 시조인 알평을 비롯한 6촌의 촌장 역시 하늘에서 스스로 표품봉을 비롯한 여러 산으로 내려와 각 성씨의 시조가 되었다.

이처럼 이들은 하늘에서 인간계로 내려와 인간의 모습으로 태어나, 씨족 또는 국가 창건의 시조가 되었다. 이것은 인간 생명의 근원이 하늘에 있고, 하늘이 스스로 인간을 내려 보낸다고 하는 사고, 즉 자발천생관적(自發天生觀的) 인간기원론의 표현이라 하겠다.

단군신화

옛날에 환인(桓因) 천제의 작은아들 환웅(桓雄)이 자주 천하에 뜻을 두고, 사람이 사는 세상을 탐내어 구하였다. 그의 아버지가 아들의 뜻을 알아차리고 삼위태백(三危太伯, 삼위산과 태백산)을 내려다보니, '인간을 널리 이롭게 할[弘益人間]' 만하였다. 이에 환인은 아들 환웅에게 천부인(天符印) 3개를 주어 인간세계를 다스리게 했다.

환웅은 무리 3천 명을 거느리고, 태백산(지금의 묘향산) 마루턱에 있는 신단수 밑으로 내려왔다. 이곳을 신시(神市)라 하고, 이분을 환웅천왕이라고 한다. 그는 풍백(風伯)·우사(雨師)·운사(雲師)를 거느리고 와서, 곡식·수명·질병·형벌·선악을 주관하고, 모든 인간의 360여 가지 일을 주관하며, 세상을 다스리고 교화하였다.

이때, 곰 한 마리와 호랑이 한 마리가 같은 굴속에 살고 있었는데, 이들은 항상 환웅에게 빌어 사람이 되기를 원했다. 이때 환웅은 신령스런 쑥 한 줌과 마늘 스무 개를 주면서 말했다.

"너희들은 이것을 먹고 백 일 동안 햇빛을 보지 않으면 곧 변하여 사람이 될 것이다."

곰과 호랑이는 이것을 받아서 먹었다. 곰은 삼칠일간 금기를 지켰으므로 여자의 몸으로 변하였다. 그러나 호랑이는 금기를 지키지 않았으므로 사람으로 변하지 못했다.

웅녀(熊女)는 혼인할 사람이 없었으므로, 매일 신단수 밑에서 아기 갖기를 축원하였다. 이에 환웅이 짐짓 변하여 그녀와 혼인했더니, 바로 잉태하여 아들을 낳았다. 그 아기의 이름은 단군왕검(檀君王儉)이라고 했다. 단군왕검은 요임금이 즉위한 지 50년인 경인년에 평양성에 도읍하여 처음으로 조선이라고 불렀다. 〈『삼국유사』「고조선조」〉

주몽신화

「주몽 신화」는 앞의 '버려진 아이 모세와 주몽'과 '홍해를 건넌 모세와 주몽'에서 다룬 바 있으므로, 출생 대목만 정리한다.

수신 하백(河伯)의 딸인 유화(柳花)는 천신인 해모수(解慕漱)와 혼인하였다. 그런데 해모수는 유화를 지상에 버려둔 채 하늘로 올라갔다. 하백은 화가 나서 유화를 내쫓았다.

부여의 금와왕(金蛙王)이 우발수(優渤水) 근처를 지나다가 유화를 발견하고, 그녀를 데리고 가서 별궁에 두었다.

그런데 유화의 몸에 해가 비치자 임신하여 얼마 뒤에 커다란 알을 낳았다. 금와왕이 상서롭지 못하다 하여 알을 개와 돼지에게 주었으나, 먹지 않았다. 그래서 길에다 버리게 하였더니, 소와 말이 모두 피해서 지나갔다. 다시 들에 내다 버리니, 새와 짐승이 오히려 덮어 주었다. 왕이 알을 쪼개 보려고 하였으나, 깨뜨릴 수가 없었다.

왕이 이상히 여겨 다시 어머니 유화에게 돌려주었다. 유화가 알을 천으로 싸서 따뜻한 곳에 두었더니, 한 아이가 껍질을 깨고 나왔는데, 골격과 외양이 영특하고 기이하였다.

〈최운식 외, 『한국의 신화』, 시인사, 1988, 44~51쪽.〉

「단군신화」는 고조선의 건국신화로, 우리의 조상인 단군의 출생이 매우 신이함을 보여준다. 단군신화에 나오는 '인간을 널리 이롭게 한다'는 정신, 즉 홍익인간의 정신은 우리의 교육이념이 되어 오늘을 사는 우리들의 정신적 지주 역할을 하고 있다.

단군 이야기에서 환웅은 환인 천제의 아들이니, 그 역시 천신이다. 그는 천신으로 풍백·우사·운사를 거느리고 왔으므로, 바람·비·구름을 주관할 수 있었다. 그리고 곡식, 수명, 질병, 형벌, 선악

등을 비롯하여 인간의 360여 가지 일을 주관할 수 있었다. 환웅은 곡식도 주관했다고 한 점으로 보아 농경신의 성격도 지니고 있음을 알 수 있다.

이 이야기에서 곰은 조상신 또는 수호신으로 믿는 토템동물로 볼 수 있다. 그러므로 곰은 그 부족이 조상신, 수호신으로 믿는 신으로, 지상에 있는 신을 상징한다. 따라서 단군은 천신인 환웅이 지신인 웅녀와 결합하여 태어난 신이한 존재이다.

이 이야기를 역사적 사실과 관련지어 해석하기도 한다. 이에 따르면, 하늘에서 환인 천제로부터 천부인 세 개를 받고, 3천 명의 무리와 함께 내려온 환웅은 다른 지역에서 옮겨온 이주민이다. 이주민의 대표인 환웅은 먼저 자리를 잡고 있던 곰토템 부족과 호랑이토템 부족 중 어느 쪽의 손을 잡는 것이 좋을 것인가를 망설인다. 그러다가 곰토템 부족의 딸과 혼인하여 동맹관계를 맺고, 고조선을 건국한 것이다.

단군신화를 이렇게 해석하더라도 그 밑바탕에는 인간 생명의 근원을 하늘에 두는 의식이 자리 잡고 있다. 그런데 수로왕이나 혁거세와는 달리 주인공이 하늘에서 직접 내려오지 않고, 천신이 여인과 결합하여 그 여인의 몸에서 주인공이 탄생한다. 이것은 인위천생관적(人爲天生觀的) 인간기원론의 반영이라 하겠다.

「주몽신화」에서 유화는 햇빛을 받고 임신하여 주몽을 출생한다. 이것은 유화가 태양신인 해모수의 정기를 받아 임신하였음을 의미한다. 해모수는 다섯 마리 용이 끄는 수레[五龍車]를 타고 하늘과 땅을 마음대로 왕래하고, 수신인 하백과의 주술경쟁에서 승리할 정도로 신이한 능력을 가진 존재이다. 그런데도 해모수는 직접 아들을 낳지 않고, 유화의 몸을 빌려 주몽을 잉태케 한다. 이는 「단군신화」의 경우와 마찬가지로 인위천생관적 인간기원론을 바탕으로 이야기를 구성하였기 때문이다. 또 하늘과 땅의 조화와 결합에 의해 생명이 출생할 수 있다는 사고를 표현한 것이다.

『삼국유사』 권제1 「고구려조」에는 「주림전(珠琳傳)」에 있는 부여왕의 탄생 이야기가 기록되어 있다. 영품리왕(寧稟離王)의 시비가 하늘에서 내려오는 이상한 기운에 감응되어 임신하여 아들을 낳았다. 그 아이이 자라 부여의 왕이 되었다고 한다. 이 역시 인위천생관적 인간기원론을 바탕으로 하여 꾸며진 이야기이다.

이와 같이 천생관에는 자발천생관적 인간기원론과 인위천생관적 인간기원론이 있다. 그런데 인위천생관적 인간기원론은 남녀 양성의 결합으로 인간이 탄생한다는 사실에 대한 지식을 결합시킨 데서 생겨난 것이라 할 수 있다. 이것은 사고의 발달 단계로 보아 자발천생관 뒤에 형성된 관념이다.

고대 부족국가인 부여, 동예, 고구려에서는 영고(迎鼓), 동맹(東盟), 무천(舞天) 같은 제천의식이 행하여졌다. 여러 가지 민속이나 설화, 고소설에서는 하늘을 신성시하고, 하늘에는 우주만물을 주관하는 하느님이 계시며, 하늘은 모든 존재의 근원이 된다는 사고가 나타난다. 그리고 무속에서는 천신계통의 신이 널리 신앙되고 있다. 이런 것들은 모두 한국인이 예로부터 하늘을 신성시하고, 숭배했음을 말해 준다. 인간 생명의 근원이 하늘에 있다는 천생관은 이러한 하늘숭배 사상에서 나온 것이다.

하늘이 사람을 낳는 것과 마찬가지로 땅 역시 사람을 낳는다. 『삼국유사』 권제1 「동부여조」를 보면, 북부여의 왕 부루(夫婁)는 늦도록 아들이 없어 기자치성(祈子致誠)을 드린 뒤에, 연못가의 바위 밑에서 금빛 개구리 모양의 남자아이를 얻는다. 이 아이가 자라 왕이 되었으니, 그가 금와왕이다.

『고려사』 권제57에는 땅에서 세 신인(神人)이 솟아올랐다고 하는 제주도 「삼성혈(三姓穴) 신화」가 적혀 있다. 이 이야기는 『세종실록지리지』와 『동국여지승람』에도 실려 있다.

『삼국유사』 권제2 「후백제 견훤조」에는 양가의 처녀가 밤마다 찾아오는 자줏빛 옷을 입은 남자와 관계하여 견훤을 낳았다고 한다. 그런데 그 남자의 정체가 지렁이였다고 한다. 여기서 지렁이는 '삶-죽음-재생'을 반복하는 달의 속성을 지닌 동물 즉 '달동물(lunar animal)'로, 지신의 상징이라 하겠다.

이들 이야기는 모두 지생관적 인간기원론을 바탕으로 구성되었다. 그중 땅이 직접 아들을 낳은 금와왕과 세 신인의 출생담은 자발지생관적 인간기원론이 반영된 이야기이다. 그리고 처녀의 몸에 잉태되어 태어난 견훤의 출생담은 인위지생관적 인간기원론이 반영된 이야기이다.

원시인이나 고대인들은 식물이나 동물이 땅에서 나고 자라는 것을 보면서 대지를 위대한 어머니로 생각하고, 신성시하였다. 이러한 의식이 구체화하면서 '지모신(地母神) 신앙'이 형성되었다. 지생관적 인간기원론은 이러한 지모신 신앙을 바탕으로 하여 형성된 것이다.

두 이야기의 비교

성경에 나오는 예수와 건국신화에 나오는 수로, 혁거세, 단군, 주몽은 인간의 상식을 뛰어넘는 '신이한 출생'을 한다. 신이한 출생 이야기는 인류 구원의 구세주, 씨족이나 국가 창건의 시조, 국난 극복의 영웅과 같은 비범한 인물의 출생담에 자주 등장하는 모티프이다. 이것은 특정 인물을 신성한 인물로 만드는 데에 중요한 몫을 한다.

신이한 출생담에는 비범한 인물을 하늘이 낳는다고 하는 천생관과 땅이 낳는다고 하는 지생관이 있다. 천생관에는 하늘이 직접 아이를 낳는 자발천생관이 반영된 이야기도 있고, 하늘(천신, 하느님)이 여인의 몸에 잉태하게 하여 아이를 낳은 인위천생관이 반영된 이야기도 있다.

예수의 출생 이야기와 단군·주몽의 출생 이야기는 인위천생관을 바탕으로 하고 있다는 점에서 일치한다. 이들 이야기에 나오는 '하늘'은, 성경에서는 '하나님'·'여호와'·'주님'으로 기록되어 있다. 문헌에 기록된 건국신화에서는 '天(천)' 또는 '天帝(천제)'라고 기록되었다. 이를 번역할 때에는 '하늘' 또는 '하느님'이라고 한다. 이렇게 표현은 다르지만, 하늘은 '하늘에 계신 절대적이고 전지전능한 신'이라고 하는 점에서 일치한다.

예수는 '처녀의 몸에 성령으로 잉태'하였다. 성령(聖靈)은 성부(聖父), 성자(聖子)와 함께 성삼위(聖三位)의 한 분인 신격체(神格體)이다. 성령에 대한 신약성경의 기록을 보면, 성령은 동정녀 마리아에게 예수를 잉태하게 하였다. 또, 성령은 예수가 세례를 받는 동안 비둘기처럼 그에게 내려왔다(「마태복음」 3:16, 「누가복음」 3:22). 예수는 제자들에게 "너희는 가서 모든 민족을 제자로 삼아서, 아버지와 아들과 성령의 이름으로 세례를 주라(「마태복음」 28:19)"라고 하였다. 「사도행전」에도 성령이 임한 많은 사례가 언급되어 있는데, 그 가운데

병 고침·예언·축귀·방언 등은 특별히 성령의 활동과 관련되어 있다. 이처럼 성령은 신성하고, 전능한 존재이다. 성령은 이러한 존재이기에 동정녀에게 예수를 잉태하게 할 수 있는 것이다.

단군신화에서 단군은 환웅이 웅녀와 혼인하여 낳은 아들이다. 환웅은 환인천제의 아들이고, 웅녀는 지신을 상징하는 여자이니, 단군은 천신과 지신의 결합에 의해 태어난 신이한 인물이다. 주몽은 천신인 해모수가 수신 하백의 딸인 유화에게 하늘의 상징인 햇빛을 비춰 잉태하게 한 아이이니, 역시 신이한 인물이다.

하늘이 여인의 몸을 빌려 낳은 단군이나 주몽, 예수는 어떤 인물이 되어 무슨 일을 하였나? 단군이나 주몽은 건국신화의 주인공이 되었다. 옛날에 신화는 신성시하고, 사실로 믿었으며, 신앙심을 고취하고, 집단 단결을 촉구하는 기능을 하였다. 그에 따라 건국신화의 주인공은 국가 창건의 시조로 추앙받고, 그 나라 사람들의 신앙의 대상이 되었다. 그러나 후대로 내려오면서 신성성이나 진실성이 약화되고, 먼 옛날의 이야기로 격하되었다. 이에 비하여 예수는 기독교의 창시자로, 인류 구원의 메시아가 되었다. 그에 따라 예수의 동정녀 탄생은 기독교인들이 신성시하고, 사실로 믿는 이야기가 되었다.

예수의 동정녀 탄생은 일반적인 상식으로는 이해하기 어려운 일이므로, 예수 당시에도 이에 대한 비판이 있었다. 예수가 고향에 가서 가르치고, 이적을 행하니, 마을 사람들이 말한다. "이 사람은 목수의 아들이 아닌가? 그의 어머니는 마리아라고 하는 분이 아닌가? 그의 아우들은 야고보와 요셉과 시몬과 유다가 아닌가? 또 그의 누이들은 모두 우리와 같이 살고 있지 않은가? 그런데 이 사람이 이 모든 것을 어디에서 얻었을까?(「마태복음」 13:54~55)"하고 의문을 제기한다. 이것은 고향 사람들만 그런 것이 아니고, 예수의 형제들까지도 예수를 신성한 존재로 믿지 않았음을 의미한다(「요한복음」 7:5).

'예수의 동정녀 탄생'은 과학적 사고에 의한 분석의 대상이 아니라 신앙의 대상이다. 예수의 동정녀 탄생과 같은 신이한 이야기를 신성하고 진실한 것이라는 믿음을 가질 때 예수는 하나님의 아들로, 인류 구원의 힘을 지닌 메시아로 자리매김을 하게 된다.

೫ 2 ೫
아기 예수 살해 기도 ─ 아기장수 이야기

　많은 사람들이 일정한 장소에 모여 집단적 생활을 하게 되면, 그 집단을 통솔하는 지배계층과 그들의 통솔을 받는 피지배계층이 생기게 마련이다. 이것은 집단의 존립과 공동의 이익을 위해 필요한 일이다. 집단은 모이는 사람의 성격과 수에 따라 씨족, 민족, 지역 사회, 국가 등으로 구분할 수 있다.

　그중 민족의 경우를 살펴보겠다. 민족을 이등변 삼각형에 비유하면, 지배계층은 삼각형의 꼭짓점에 위치한 최고의 통치자와 그 주변의 사람들로, 민족을 이끌어 간다. 피지배계층은 삼각형의 아래 부분에 위치한 사람들이다. 삼각형의 위쪽으로 올라가면 올라갈수록 숫자가 줄어들고, 지배계층의 속성이 강해진다. 삼각형의 아래쪽으로 내려가면 내려갈수록 숫자가 많아지고, 피지배계층의 속성이 강해진다. 피지배계층은 삼각형의 아래 부분에 위치한 사람들로, 흔히 민간·민중, 또는 서민이라고 부른다. 이들은 민족의 심층부를 이루고 있으며, 절대다수를 차지하고 있어서, 그 민족의 주체를 이룬다.

지배계층과 피지배계층인 민중은 지향가치가 다를 수 있다. 지배계층은 이미 차지하고 있는 기득권을 지키는 것에 온 정신을 기울인다. 그러나 민중은 지배계층이 누리고 있는 기존 질서의 부작용이나 적폐를 청산하고, 새로운 질서를 만들어 나가고자 한다. 이 과정에서 두 계층은 서로 충돌하게 된다.

지배계층은 자기들의 기득권을 위협하는 인물의 출현을 극도로 싫어한다. 그래서 새로운 인물이 출현할 기미만 보여도 권력을 이용하여 억압하고, 목숨을 빼앗으려 한다. 이러한 상황을 소재로 한 성경의 이야기 중 대표적인 것은 「아기 예수 살해 기도」이다. 그에 대응하는 한국의 이야기로는 「아기장수 이야기」를 들 수 있다.

예수의 탄생과 피신

예수는 태어나자마자 살해당할 위기를 맞는다. 그러나 하나님의 세심한 보살핌에 따라 이집트로 이주하여 위기를 모면하고, 상황이 종료된 뒤에 돌아온다.

예수의 탄생과 동방박사들의 경배

헤롯왕 때에, 예수께서 유대 베들레헴에서 나셨다. 그런데 동방으로부터 박사들이 예루살렘에 와서 말하였다.

"유대인의 왕으로 나신 이가 어디에 계십니까? 우리가 동방에서 그의 별을 보고, 그에게 경배하러 왔습니다."

헤롯왕은 이 말을 듣고 당황하였고, 온 예루살렘 사람들도 그와 함께 당황하였다.

왕은 백성의 대제사장들과 율법 교사들을 다 모아 놓고서, 그리스도가 어디에서 태어나실지를 그들에게 물어보았다. 그들이 왕에게 말하였다.

"유대 베들레헴입니다. 예언자가 이렇게 기록하여 놓았습니다. '너
　유대 땅에 있는 베들레헴아, 너는 유대 고을 가운데서 아주 작지가
　않다. 너에게서 통치자가 나올 것이니, 그가 내 백성 이스라엘을 다
　스릴 것이다.'"

그때에 헤롯은 그 박사들을 가만히 불러서, 별이 나타난 때를 캐어
묻고, 그들을 베들레헴으로 보내며 말하였다.

"가서, 그 아기를 샅샅이 찾아보시오. 찾거든 나에게 알려 주시오.
　나도 가서 그에게 경배할 생각이오."

그들은 왕의 말을 듣고 떠났다.

그런데 동방에서 본 그 별이 그들을 인도해 가다가, 아기가 있는
곳에 이르러서, 그 위에 멈추었다. 그들은 그 별을 보고, 무척이나 크
게 기뻐하였다. 그들은 그 집에 들어가서, 아기가 그의 어머니 마리아
와 함께 있는 것을 보고, 엎드려서 그에게 경배하였다. 그리고 그들의
보물 상자를 열어서, 아기에게 황금과 유향과 몰약을 예물로 드렸다.
그리고 그들은 꿈에 헤롯에게 돌아가지 말라는 지시를 받아, 다른 길
로 자기 나라에 돌아갔다.

예수 가족의 피신과 귀환

박사들이 돌아간 뒤에, 주님의 천사가 꿈에 요셉에게 나타나서 말하
였다.

"헤롯이 아기를 찾아서 죽이려고 하니, 일어나서, 아기와 그 어머니
　를 데리고 이집트로 피신하여라. 그리고 내가 너에게 말해 줄 때까
　지 거기에 있어라."

요셉이 일어나서, 밤사이에 아기와 그 어머니를 데리고 이집트로 피신
하여 헤롯이 죽을 때까지 거기에 있었다. 이것은 주님께서 예언자를

시켜서 말씀하신 바, "내가 이집트에서 내 아들을 불러냈다." 하신 말씀을 이루시려는 것이었다.

헤롯은 박사들에게 속은 것을 알고, 몹시 노하였다. 그는 사람을 보내어, 그 박사들에게 알아 본 때를 기준으로, 베들레헴과 그 가까운 온 지역에 사는, 두 살짜리로부터 그 아래의 사내아이를 모조리 죽였다. 이리하여 예언자 예레미야를 시켜서 하신 말씀이 이루어졌다.

"라마에서 소리가 들려왔다. 울부짖으며, 크게 슬피 우는 소리다. 라헬이 자식들을 잃고 우는데, 자식들이 없어졌으므로, 위로를 받으려 하지 않았다."

헤롯이 죽은 뒤에, 주님의 천사가 이집트에 있는 요셉에게 꿈에 나타나셔서 말하였다.

"일어나서, 아기와 그 어머니를 데리고 이스라엘 땅으로 가거라. 그 아기의 목숨을 노리던 자들이 죽었다."

요셉이 일어나서, 아기와 그 어머니를 데리고 이스라엘 땅으로 들어왔다.

그러나 요셉은, 아켈라오가 그 아버지 헤롯을 이어서 유대 지방의 왕이 되었다는 말을 듣고, 그곳으로 가기를 두려워하였다. 그는 꿈에 지시를 받고, 갈릴리 지방으로 물러가서, 나사렛이라는 동네로 가서 살았다. 이리하여 예언자들을 시켜서 말씀하신 바,

"그는 나사렛 사람이라고 불릴 것이다"

하신 말씀이 이루어졌다.   〈『새번역 성경』「마태복음」 2:1~23〉

위 이야기에 나오는 동방박사는, 지금의 이란 지역 사람으로, 별의 빛이나 위치, 운행 따위를 보고 점을 치는 점성술(占星術)에 능한 사람이었다. 그들은 별을 보고, 유대인의 왕이 될 예수의 탄생을 알고, 경배하기 위해 먼 길을 걸어 유대에 왔다. 그들은 별을 보고 찾

아가 아기 예수께 황금과 유향과 몰약을 예물로 드리고 경배하였다. 그들은 꿈에 헤롯에게 돌아가지 말라는 지시를 받고, 다른 길로 자기 나라에 돌아갔다.

유대 지방의 분봉왕인 헤롯은 동방박사들로부터 '유대인의 왕'으로 나신 이에게 경배하러 왔다는 말을 듣고, 몹시 당황하였다. 그래서 동방박사들에게 자기도 경배할 수 있도록 예수가 태어난 곳을 알려 달라고 한다. 이것은 헤롯왕이 예수가 있는 곳을 알아내어 죽이려는 악한 마음에서 나온 말이지, 예수의 탄생을 기뻐하고 경배하려는 것이 아니었다.

헤롯왕은 태어난 아기가 자라서 자기의 왕권에 도전할 것이라는 생각에 불안하여 견딜 수 없었다. 그래서 베들레헴 근처 두 살 이하의 모든 사내아이를 죽이라고 명하였다. 포악하기 짝이 없는 왕명에 따라 많은 두 살 이하의 사내아이가 애매한 죽임을 당하였다.

그러나 요셉은 천사의 지시대로 아기 예수와 어머니를 데리고 이집트로 피신하였으므로, 화를 면하였다. 요셉은 예수를 죽이려고 하는 헤롯왕이 죽을 때까지 이집트에서 살다가 유대의 나사렛으로 가서 살았다. 이리하여 아기 예수는 죽음의 위기에서 벗어나 공생애를 시작할 때까지 30여 년을 나사렛에서 살았다. 이로써 아기 예수의 출생과 피신, 귀환을 두고 예언한 선지자의 말이 다 이루어졌다.

아기장수 이야기

아기장수 이야기는 전국적으로 널리 분포되어 전해 온다. 지금까지 조사된 이야기는 약 300여 편이 되는데, 다양한 변이 양상을 보이고 있다.

용마가 나온 용마산

옛날에 용마산 밑에 사는 사람이 아들을 낳았다. 그 어머니가 첫국밥을 얻어먹고, 잠깐 방을 나갔다가 오니까, 갓난애가 온데간데없었다.

"이 아이가 어디 갔을까? 참 이상하다!"

어머니가 혼자 두리번거리며 방을 둘러보니까, 무슨 수로 올라갔는지 방안 선반에 올라가서 놀고 있었다. 어머니는 하도 이상하여 아이를 살펴보니, 아이의 겨드랑이에 날개가 있었다.

어머니는 남편을 불러서 말했다.

"애가 날아서 선반에 올라갔으니, 이거 어쩌지요?"

이 말은 들은 아이의 아버지가 말했다.

"이 애는 장사가 틀림없소. 이것은 우리 집이 망할 징조요. 장수가 나면 역적이 되고, 역적이 나면 집안이 망한다 하였소."

부부는 의논한 끝에 아이를 죽이기로 하였다. 그래서 어린 것을 볏섬, 맷돌로 찍어 눌러서 죽였다.

이렇게 부모가 장사 자식을 찍어 눌러 죽이고 나니, 용마봉에서 용마가 나와 뛰어다니다가 어디론가 날아가 버렸다.

〈최래옥, 한국구비전설의 연구, 일조각, 1981, 290쪽.〉

좌절한 아기장수

옛날에 한 부부가 있었는데, 오랫동안 자식을 낳지 못하였다. 그래서 자식을 얻기 위해 산의 바위굴에 들어가서 정성을 드리곤 하여, 드디어 아들 하나를 얻게 되었다.

이 아이는 태어난 지 일주일도 안 돼서 방 선반에 올라가기도 하고, 보통의 애들하고는 달라 범상하지 않았다. 아이는 자라면서 밤이 되면

혼자서 어디를 갔다가 돌아오곤 하였다. 엄마와 아빠가 궁금하여 몰래 아이의 뒤를 따라가 보니, 아이는 어떤 굴속으로 사라지고 없었다. 부모는 이를 누구에게도 말하지 않았다.

그런데도 이 아이가 아기장수라는 소문이 퍼졌다. 이 소문을 들은 관가에서 관군을 이끌고 이 아이를 잡으러 왔다. 관군은 부모에게 아이가 어디에 갔는지 말하라고 추궁하였다. 부모는 처음에는 모른다고 하다가, 할 수 없이 아이가 바위 속으로 들어갔다고 알려주었다.

관군들이 그 바위를 깨뜨리고 그 속으로 들어가 보니, 아이가 장수가 되어 대군을 이끌고 밖으로 나오려고 하였다. 이 아이는 관군이 들이닥치는 바람에 밖으로 나오지 못하고, 관군에게 잡혀서 죽었다. 아이가 굴 밖으로 나왔으면, 나라를 세웠거나, 전쟁이 났으면 그 전쟁 중에 영웅이 되었을 터인데…….

<이복규, 『인문학이삭줍기』, 문예원, 2020, 272~274쪽.>

「용마가 나온 용마산」 이야기는 서울특별시 중랑구 용마산로 62길 53(면목동)에 있는 아차산의 최고봉인 용마산(해발 348m)에 전해 오는 전설이다. 이것은 「아기장수 전설」로 널리 알려진 이야기로, 필자는 이 전설을 충남 태안군 소원면 파도리를 비롯하여 여러 곳에서 채록한 바 있다.

위 이야기에서 갓난아이는 날아서 시렁에 올라갔다고 한다. 날개가 있어 날 수 있다고 한 것은 공간의 제약을 벗어나 하늘을 날 수 있다는 뜻이다. 이것은 공간과 시간의 제약을 벗어날 수 있는 특별한 능력을 지녔음을 의미한다. 시간과 공간의 제약을 극복하고, 남보다 빨리, 남보다 멀리까지 자기의 영향력을 미칠 수 있는 사람은 평범한 사람이 아니다. 날개를 가진 이 아이는 장차 장수 또는 영웅이 될 아이임이 분명하다.

장수나 영웅은 많을수록 좋다. 이들이 힘을 모은다면, 나라가 튼튼해질 것이고, 어떠한 어려움도 극복할 수 있을 것이다. 그런데 지배계층은 아기장수를 잘 길러 나라를 위해 일하게 할 생각은 하지 않고, 자라서 역적이 될 거라고 예단(豫斷)한다. 그래서 '아기장수는 태어나는 즉시 죽여야 한다. 아기장수를 숨기는 부모나 마을 사람들은 처벌을 하겠다'고 하였다. 이것은 지배계층이 자기들의 기득권을 지키기 위해 만든 규범이다. 부모는 이것을 알면서도 지배계층의 보복이 두려워 서둘러서 자기 아들을 죽인다. 그래서 아기장수는 세상에 태어나기가 무섭게, 부모의 손에 의해 비참한 최후를 맞는다.

아기장수가 비참한 최후를 맞게 된 데에는 아기장수 자신의 책임도 있다. 그는 아직 어려서 자기의 능력을 제대로 발휘할 수 없고, '아기장수는 죽여야 한다'는 사회적 통념과 맞서 싸워서 이길 능력도 없다. 그런데 성급하게 날갯짓을 하여 죽음을 자초하고 말았다. 아기장수가 자기 능력을 발휘할 수 있을 때까지 자신을 숨기고 얌전하게 있었더라면, 장수가 되어 성공할 수도 있었을 것이다.

「좌절한 아기장수」는 마산의 용마산에 전해 오는 전설이다. 이 이야기는 「용마가 난 용마산」 이야기와는 좀 다르지만, 역시 아기장수가 나면 죽여야 한다는 통념이 바탕에 깔려 있다.

이 이야기에서 아기장수는 바위굴에 숨어서 많은 군사를 조련한다. 그러나 조련을 다 마치기 전에 관군에게 발견되어 죽임을 당한다. 아기장수의 부모가 그의 행방을 조금만 더 늦게 말했더라면, 좀 더 시간을 끌었더라면, 아기장수가 비참한 최후를 맞지 않았을 것 아닌가! 백성이 지니고 있는 능력의 한계 때문에 생긴 일로 비장미

(悲壯美)를 느끼게 한다.

두 이야기의 비교

「아기 예수 살해 기도」는 헤롯왕이 아기 예수가 자라 왕권에 도전할지도 모른다는 불안에서 아기 예수를 죽이려고 한 것이다. 「아기장수 전설」은 지배계층이 '아기장수는 역적이 될 것이니 죽여야 한다'고 하는 데서 생긴 비극이다. 두 이야기는 지배계층이 기득권을 지키려는 욕심이 바탕에 깔려 있다는 점에서 일치한다.

아기 예수의 살해 기도는, 요셉이 이집트로 피하라는 하나님의 명령을 따름으로써 무산되었다. 그러나 아기 예수의 피신은 베들레헴과 그 가까운 지역에 사는, 두 살짜리로부터 그 아래의 사내아이를 모조리 죽이는 비참한 결과를 가져왔다. 죄 없는 어린 순교자를 많이 만들어냈다. 하나님의 보호를 받은 예수는 그를 죽이려는 헤롯왕이 죽을 때까지 이집트에서 지내다가 유대로 돌아와 나사렛에서 30년을 살면서 인류 구원의 대업을 준비한다.

「아기 예수 살해 기도」 이야기가 성경에 기록됨으로써 지니게 된 의미는 무엇인가? 아기 예수의 탄생은 이를 기뻐하고 환영하는 사람이 있는가 하면, 싫어하여 죽이려고 하는 사람도 있었다. 그러나 하나님은 아기 예수를 철저히 보호하여 무난히 위기를 넘기게 한다. 이로써 하나님의 사랑과 은총이 매우 세심하고, 사려 깊음을 알 수 있다. 그리고 아기 예수의 위기 극복 과정을 통하여 예수는 하나님이 지극히 사랑하시는 분이며, 위대한 분임을 깨닫게 한다.

「아기장수 이야기」에서 아기장수는 지배계층이 기득권을 지키려고 만든 법과 질서의 벽을 넘지 못하고, 부모 또는 관군의 손에 죽임을 당한다. 이로써 새로운 질서를 구축해 보려던 민중의 꿈과 기대는 안개가 걷히듯 흩어지고 말았다. 여기에는 사회 변혁은 힘들고 불가능한 일이라는 인식이 바탕에 깔려 있다. 그러나 이 이야기가 오랜 옛날부터 꾸준히 전파·전승되어 오는 것은 민중들의 마음속에 아기장수를 수용하지 못하고 죽게 한 일에 대한 아쉬움과 함께 영웅의 출현을 바라는 마음이 있기 때문이라 하겠다.

참고로 「아기 예수 살해 기도」와 비슷한 '아브라함의 탄생 동굴' 이야기를 소개한다. 옛날에 이곳을 다스리던 아시리아의 님로트 왕은 한 신인이 나타나 '곧 태어날 아이가 나라를 망하게 할 것'이라고 하는 꿈을 꾸었다. 꿈에서 깨어난 왕은 그해에 태어나는 남자아이를 모두 죽이라고 명하였다. 이 명령이 내려진 직후에 임신한 여인 한 사람이 이 동굴로 와서 남자아이를 낳았다. 그녀는 이곳에 숨어 지내면서 아이가 일곱 살 될 때까지 기른 뒤에 아이의 아버지가 있는 집으로 돌아갔다. 이 아이가 뒷날에 믿음의 조상이 된 아브라함이라고 한다.

아브라함이 탄생하여 자랐다는 동굴은 지금 터키 산르우르파의 성채 바로 아래의 바위산에 있다. 이 동굴은 그 위에 건물을 지어 보호하고 있다. 그러나 출입문을 통해 안으로 들어가 살펴볼 수 있다. 출입문은 남자가 들어가는 문과 여자가 들어가는 문이 다르나, 안에 들어가면 합해진다. 이곳을 찾는 무슬림은 수돗가에서 손과 발을 깨끗이 씻은 뒤에 동굴 안을 들여다본다. 지면 아래에 자리 잡은 동굴은 시멘트로 벽을 싸서 보호하고, 유리를 통해 그 안을 들여

다볼 수 있게 해 놓았다. 동굴 안에서는 물 떨어지는 소리가 들렸다. 이곳을 찾는 사람들은 이 물을 성수(聖水)로 여긴다고 한다.

　이곳은 무슬림들이 매우 신성하게 여기는 곳이다. 무슬림들은 아브라함 탄생 동굴 옆에 메블리드 할릴 자미(Mevlidi Halil Cami)를 짓고, 이곳을 성지로 만들었다. 아브라함 탄생 동굴에서 조금 걸어가면, '성스러운 물고기 연못'과 '젤리하의 연못'이 있다. 님로트 왕은 우상을 숭배하지 말고 유일신을 믿으라고 전도하던 아브라함을 십자가에 매달고, 그 아래에 장작불을 피워 죽이려고 하였다. 그때에 하늘에서 벼락과 함께 비가 쏟아져 아브라함을 살리고, 그 자리에 연못이 생겼다. '성스러운 물고기 연못'은 아브라함이 화형을 당해 죽을 뻔한 자리에 생긴 연못이다. '젤리하의 연못'은 님로트 왕의 공주가 아브라함이 화형당하는 것을 보고, 슬픔을 이기지 못하여 투신하였다는 연못이다. 이 지역을 묶어 성역화하였으므로, 순례객이 끊이지 않는다. 필자가 그곳을 방문하였을 때에도 많은 무슬림이 찾아와 참배하였다.

　아브라함은 기독교, 유대교, 그리고 이슬람교에서 믿음의 조상 또는 성인(聖人)으로 받들어 모시는 인물이다. 성경이나 코란의 어디에도 아브라함의 탄생에 관련된 이야기는 없다. 그러나 이슬람교에서는 아브라함의 탄생과 관련된 이 이야기를 진실되고 신성하다고 여긴다. 그래서 이곳을 성역화하여 성지로 만들었다. 이것은 무슬림들에게 그들이 믿는 알라가 아브라함을 지극히 사랑하고 보호하여 길러낸 성인임을 강조하는 기능을 하고 있다.

๑ 3 ๙

부자와 거지 나사로 – 저승재물 차용 이야기

'사람은 죽은 뒤에 어떻게 되는가?' 하는 질문은 옛사람은 물론 현대인도 관심을 갖는 문제이다. 그래서 각 종교에서는 사후의 세계에 관해 각각의 견해를 밝혔다. 한국의 설화와 민속에서도 이에 관한 견해가 나타난다.

사람은, 육신과 영혼이 결합한 상태가 삶이고, 육신에서 영혼이 떠난 상태가 죽음이다. 사람이 죽으면, 육신은 장례 절차를 밟아 땅에 묻히고, 영혼은 저세상 즉 내세로 간다. 내세는 착하게 산 사람이 가는 낙원과 악하게 산 사람이 가는 지옥이 있다.

이승에서 사는 동안 선행을 하면, 그 결과가 저승에 쌓인다. 저승의 장부에 기록되고, 저승곳간에 재물이 쌓이기도 한다. 이와 관련된 생각은 옛이야기를 통해 오래전부터 전파·전승되어 왔다.

성경에서 사후의 일을 다룬 이야기 중에는 「누가복음」에 나오는 「부자와 거지 나사로」 이야기가 있다. 이에 상응하는 한국 이야기로는 「저승재물 차용 이야기」가 있다.

부자와 거지 나사로

「누가복음」에는 호사스러운 생활을 하면서 자기 집 앞의 거지조차 챙기지 않던 부자가 죽어서 고통을 당하는 이야기가 있다. 이 이야기에는 이승에서의 삶이 내세의 삶과 연관되어 있다는 것을 보여준다.

어떤 부자가 있었는데, 그는 자색 옷과 고운 베옷을 입고, 날마다 즐겁고 호화롭게 살았다. 그런데 그 집 대문 앞에는 나사로라 하는 거지 하나가 헌데 투성이의 몸으로 누워서, 그 부자의 상에서 떨어지는 부스러기로 배를 채우려고 하였다. 개들까지도 와서 그의 헌데를 핥았다.

그러다가 그 거지는 죽어서 천사들에게 이끌리어 가서 아브라함의 품에 안기었고, 그 부자도 죽어서 묻히었다. 부자가 지옥에서 고통을 당하다가 눈을 들어서 보니, 멀리 아브라함이 보이고, 그의 품에 나사로가 있었다.

그래서 그가 소리를 질러 말하기를

"아브라함 조상님, 나를 불쌍히 여겨 주십시오. 나사로를 보내서, 그 손가락 끝에 물을 찍어서 내 혀를 시원하게 하도록 하여 주십시오. 나는 이 불 속에서 몹시 고통을 당하고 있습니다."

하였다. 그러나 아브라함이 말하였다.

"얘야, 되돌아보아라. 네가 살아 있을 동안에 너는 온갖 호사를 다 누렸지만, 나사로는 온갖 괴로움을 다 겪었다. 그래서 그는 지금 여기서 위로를 받고, 너는 고통을 받는다. 그뿐만 아니라, 우리와 너의 사이에는 큰 구렁텅이가 가로 놓여 있어서, 여기에서 너희에게로 건너가고자 해도 갈 수 없고, 거기에서 우리에게로 건너올 수도 없다."

부자가 말하였다.

"조상님, 소원입니다. 그를 내 아버지 집으로 보내 주십시오. 나는 형제가 다섯이나 있습니다. 제발 나사로가 가서 그들에게 경고하여 그들만은 고통 받는 이곳에 오지 않게 하여 주십시오."

그러나 아브라함이 말하였다.

"그들에게는 모세와 예언자들이 있으니, 그들의 말을 들어야 한다."

부자는 대답하였다.

"아닙니다. 아브라함 조상님, 죽은 사람들 가운데서 누가 살아나서 그들에게로 가야만, 그들이 회개할 수 있을 것입니다."

아브라함이 그에게 대답하였다.

"그들이 모세와 예언자들의 말을 듣지 않는다면, 죽은 사람들 가운데서 누가 살아난다고 해도, 그들은 믿지 않을 것이다."

〈『새번역 성경』「누가복음」 16:19~31〉

위 이야기를 보면, 사람에게는 육신과 영혼이 있다. 사람이 죽는다는 것은 육신의 죽음을 뜻한다. 육신은 죽으면 땅에 묻히고, 영혼은 저세상 즉 내세(來世)로 간다.

이 세상에서 호화롭게 살면서 자기 집 앞의 거지를 모른 체한 부자는 죽은 뒤에 지옥으로 가서 불 속에서 고통스럽게 지낸다. 그런데 거지로 고통을 받으며 살던 나사로는 조상 아브라함의 품에 안겨 편안히 지낸다. 나사로가 있는 곳은 천당(낙원)이고, 부자가 있는 곳은 지옥이다.

부자는 조상 아브라함에게 나사로를 보내서, 그 손가락 끝에 물을 찍어서 자기 혀를 시원하게 하도록 하여 달라고 청한다. 그러나 아브라함은 천당과 지옥 사이에는 큰 구렁텅이가 있어서 왕래할 수 없다며 거절한다.

부자는 다시 나사로를 이 세상으로 보내어 잘못을 저지르고 있는 가족들을 일깨우게 해 달라고 청한다. 그러나 아브라함은 모세를 비롯한 선지자의 말을 듣고 깨우치지 못하는 사람은 죽은 사람이 다시 살아나 말해도 받아들이지 않을 것이라고 한다.

저승재물 차용 이야기

한국에는 '죽어서 저승에 간 사람이 남의 저승곳간에 있는 재물을 꾸어서 인정(人情, 벼슬아치들에게 몰래 주던 선물)을 쓰고 이승으로 돌아와 그 재물을 갚았다'는 내용의 이야기가 전해 온다. 이를 학계에서는 '저승재물 차용 설화'라고 한다. 이 이야기는 제6차 교육과정기에 초등학교 6학년 2학기 국어교과서에 「저승에 있는 곳간」이란 제목으로 수록되어 널리 알려졌다. 이 설화와 관련이 깊은 문학작품으로는 「연미사 전설」과 무가 「세민황제본풀이」, 고소설 「당태종전」이 있다.

덕진교 전설

신라 시대에 덕진이라는 처녀가 덕진천 앞 주막에서 일하였다. 그녀는 자기 집에 오는 손님을 친절하게 대할 뿐만 아니라, 돈이 떨어진 사람에게는 돈을 받지 않고 재워 주고 먹여 주었으며, 노자를 보태주기도 하였다. 그러면서 그 앞의 덕진천에 다리를 놓아 여러 사람이 편히 건너다닐 수 있게 하겠다는 생각으로 한 푼 두 푼 저축하였다.

그 무렵에 젊고 교만하기 짝이 없는 영암 군수가 갑자기 죽어 저승에 갔다. 그는 염라대왕에게 젊은 나이에 죽은 것이 억울하니, 세상에 나가 일할 기회를 달라고 사정하였다. 염라대왕은 그의 수한이 남았으므로, 그의 요청을 들어주겠다고 하였다.

그가 이승으로 돌아오려고 하니, 나오는 길을 알 수 없었다. 그때 그를 잡아간 저승사자가 와서 수고비를 내면 이승으로 가는 길을 인도해 주겠다고 하였다. 그가 갑자기 오느라 돈을 가져오지 못하였다고 하자, 저승사자는 저승창고에 있는 재물을 꾸어서 주고, 이승에 가서 갚으면 된다고 하였다. 그가 저승사자를 따라 저승창고에 가보니, 그의 창고는 텅 비어 있고, 그 옆의 창고에는 재물이 차고 넘쳤다. 그가 이게 어찌된 일인가를 물으니, 저승사자가 그에게 말했다.

"이승에서 덕을 베풀면 그만큼 저승창고에 재물이 쌓인다. 그러므로 이승에서 얼마나 덕을 베풀었는가는 저승창고의 재물을 보면 알 수 있다. 너는 이승에서 착한 일을 한 적이 없으므로, 여기에 재물이 없다. 그 옆에 있는 것은 너의 고을에 사는 덕진이라는 처녀의 창고이다. 그녀는 너보다 가난하고 어렵게 살지만, 착한 일을 많이 하였으므로 창고에 재물이 가득 차 있다."

그는 덕진의 창고에서 쌀 300석을 꾸어 저승사자에게 수고비로 주고, 이승으로 돌아왔다.

다시 살아난 그는 덕진을 찾아가 저승에서 꾼 재물을 갚겠다고 하였다. 덕진은 꾸어준 적이 없는 재물을 받을 수 없다고 사양하였다. 그러나 원님이 이 재물을 받지 않으면, 자기는 죽게 된다며 받으라고 하였다. 덕진은 할 수 없이 원님이 주는 재물을 받았다.

덕진은 그 돈을 남을 위해 쓰기로 하고, 소원대로 덕진천에 다리를 놓았다. 사람들은 덕진의 착한 마음을 기리기 위해 다리 이름을 '덕진다리[德津橋]'라고 하였다.

<최운식, 『다시 떠나는 이야기 여행』, 종문화사, 2007, 271~275쪽.>

연미사 전설

옛날에 지금의 연미사 앞에 있는 주막에서 '연이'라는 처녀가 일을 하였다. 그녀는 손님에게 매우 친절할 뿐만 아니라, 불심이 두터웠다. 연이의 예쁜 모습과 착한 마음을 아는 사람들은 모두 연이를 칭찬하였고, 총각들은 연이를 사모하였다.

연미사에서 조금 떨어진 서후면 이송천 마을에 사는 부자의 아들이 연이를 깊이 사모하였다. 그는 연이를 사모하는 마음이 지나쳐서 상사병으로 앓다가 죽었다. 그가 죽어 그의 영혼이 염라국에 가서 열두 대왕을 모두 만나 문초를 받고, 염라대왕 앞에 갔다. 염라대왕은 문서를 살펴본 뒤에 그를 보고 말했다.

"너는 아직 올 때가 안 되었으니, 다시 집으로 가거라."

그가 좋아하며 저승 문을 나서려고 하니, 문지기가 앞을 가로막으며 말했다.

"위에서 가라고 허락은 하였지만, 인정을 쓰지 않으면 못 보낸다."

"내가 지금 가진 것이 아무것도 없는데, 무엇으로 인정을 쓰란 말인가요?"

"너의 창고가 있을 것이다. 네가 남을 많이 도와주었으면, 네 창고에 재물이 쌓여 있을 것이니, 네 창고의 재물을 가져오너라."

그가 염라국 사자를 따라 자기의 저승창고에 가보니, 짚 두 단밖에 없었다. 그가 이승에서 남을 도와준 것이 그것뿐이었다. 그는 육신을 땅속에 파묻기 전에 빨리 돌아가야 할 텐데, 저승사자가 보내 주지 않으니, 큰일이었다. 그래서 어쩔 줄을 모르고 있을 때, 저승사자가 말했다.

"너의 이웃 동네에 연이라는 처자가 있는데, 그 처자의 창고에 가서 빌려라. 이승에 나가서 갚으면 된다."

그가 연이의 창고에 가보니, 쌀을 비롯하여 여러 가지 재물이 그득하였다. 그는 쌀 200가마를 빌려서 마음껏 인정을 쓰고 돌아왔다.

그가 집에 와 보니, 자기의 육신은 아직 땅에 묻지 않고 그대로 있는데, 가족이 모두 울고불고하였다. 그의 영혼이 다시 육신으로 돌아오니, 그는 잠자다 일어나는 것처럼 일어났다.

그는 연이를 찾아가서 자초지종(自初至終)을 이야기하고, 저승에서 꾼 재물을 갚겠다고 하였다. 연이는 빌려준 적이 없는 돈을 받을 수 없다고 거절하였지만, 그는 자꾸 받으라고 하였다. 불심이 깊은 연이는 그 돈으로 미륵님이 비를 맞지 않도록 절을 짓자고 하였다.

그는 연이와 함께 재목을 구하여 미륵님 둘레에 기둥을 세우고 지붕을 올린 다음, 기와를 덮었다. 그런데 올라가면서 내려올 궁리를 하지 않고 작업을 하였기 때문에 내려올 수가 없었다. 생각다 못해 함께 지붕에서 뛰어내렸다. 그런데 두 사람은 땅으로 떨어지지 않고, 제비가 되어 공중으로 날아갔다. 그 절을 '연미사(鷰尾寺)'라고 하고, 연이가 일하던 주막을 '연미원(燕尾院)'이라고 하였다.

그때 석불 위에 덮었던 연미사는 없어지고, 연미사 지붕에 얹었던 기왓장만이 둘레에 흩어져 있다. 지금 석불 옆에 있는 연미사는 그 뒤에 지은 것이다. 〈최운식, 『다시 떠나는 이야기 여행』, 종문화사, 2007, 161~164쪽.〉

「덕진교 전설」은 전라남도 영암군 덕진면과 영암읍 사이를 흐르는 덕진천에 놓은 옛 덕진교에 얽힌 전설이다. 옛 덕진교는 지금의 덕진교 위쪽에 돌받침만 남아 있다. 지금은 새로 놓은 콘크리트 다리로 통행하고 있다.

영암 군수가 갑자기 죽어 저승에 갔다. 그는 염라대왕에게 젊은 나이에 죽은 것이 억울하니, 세상에 나가 일할 기회를 달라고 사정한다. 염라대왕은 그의 수한이 남았으므로, 이를 허락한다. 그가 이승으로 돌아오는 길을 몰라 쩔쩔매고 있을 때 저승사자가 수고비를 주면 길을 가르쳐주겠다고 한다. 그가 가진 것이 없다고 하자, 저승 곳간의 재물을 빌려서 쓸 수 있다고 한다. 그러나 그의 저승곳간에 는 아무것도 없었다. 이승에서 선행을 하면, 그에 상당하는 재물이 저승곳간에 쌓이는데, 그는 이승에서 선행을 한 일이 없어 저승곳 간이 텅 비어 있었다.

그는 같은 고을에 사는 처녀 덕진의 곳간에서 재물을 빌려 인정을 쓰고 돌아왔다. 다시 살아난 그가 맨 먼저 할 일은 저승에서 꾼 재물 을 갚는 일이었으므로, 덕진을 찾아가 저승에서 꾼 재물을 갚는다. 덕진은 그 재물을 덕진천에 다리를 놓는 일에 썼다. 그래서 많은 사 람들이 편하게 덕진천을 건너다닐 수 있게 하였다.

덕진에서 영암으로 가려면 지금은 새로 놓은 덕진교를 건너야 한 다. 새로 놓은 다리를 건너기 전 20m쯤 위쪽에 옛 다리의 흔적이 있고, 그 옆에는 덕진교를 놓는 데에 공이 큰 덕진 여사의 공덕을 기리는 비석이 있다. 비각 안에 있는 비석에는 '대석교 창주 덕진지 비(大石橋創主德津之碑)'라고 쓰여 있다. 이 지역에서는 매년 단옷날 에 덕진제(德津祭)를 올린다. 이것은 덕진 여사의 덕을 기리는 마음 이 오늘까지도 이어지고 있음을 말해 준다.

「연미사 전설」은 경북 안동시 이천동 길옆에 있는 연미사와 그 옆에 있는, 높이 12.5m·둘레 7m쯤 되는 석불에 얽힌 전설이다.

이 전설에서 부잣집 아들은 예쁘고 마음씨 착한 연이를 연모하다 가 상사병으로 죽어 저승에 갔다. 염라대왕은 그의 수한이 다하지 않았으므로, 이승으로 돌려보낸다. 그때 저승사자가 그에게 인정을 쓰고 가라고 한다. 그가 저승사자를 따라 자기의 저승곳간에 가보 니, 짚 두 단밖에 없었다. 그게 그가 이승에서 한 선행의 전부였다.

그는 연이의 저승곳간에서 재물을 꾸어서 인정을 쓰고 돌아온다.

다시 살아난 그는 연이에게 저승에서 꾼 재물을 갚는다. 불심이 도타운 연이는 뜻하지 않은 재물이 생겼으므로, 그 돈으로 석불이 비를 맞지 않도록 보호할 건물을 짓기로 마음먹는다. 그래서 그와 함께 높은 건물을 지은 뒤에 뛰어내리자, 제비가 되어 멀리 날아간다. 두 사람의 불심에 감동한 부처님의 조화였을 것이다.

「덕진교 전설」과 「연미사 전설」에 나타난 한국인의 의식을 정리해 본다. 사람은 죽으면 저승으로 간다. 저승에 가면 수명부와 대조하여 수한이 남은 사람은 이승으로 돌려보내서 남은 수한을 살게 한 뒤에 데려간다. 이승에서 사는 동안 선행을 하면, 그 결과가 저승곳간에 쌓인다. 그러므로 저승곳간에 쌓인 재물을 보면, 이승에서의 삶을 알 수 있다. 이 유형에 속하는 민담으로는 「저승에서도 남을 도운 거두리」, 「저승에 갔다 와서 마음을 고친 구두쇠」, 「저승 간 구두쇠」 등이 있다.

두 이야기의 비교

「부자와 거지 나사로」와 「저승재물 차용 설화」가 지니고 있는 공통점과 차이점, 그리고 그 안에 내재되어 있는 의미를 보면 다음과 같다.

첫째, 두 이야기에는 영육분리(靈肉分離)의 이원적 사고가 바탕에 깔려 있다. 인간에게는 육신과 영혼이 있다. 육신은 공간과 시간을 차지하고 있어 눈으로 볼 수 있고, 유한(有限)한 존재이다. 이에 비해 영혼은 공간과 시간을 갖지 않아 눈으로 볼 수 없지만, 죽지 않는 영원한 존재이다.

둘째, 사람은 육신과 영혼이 결합되어 있으면 살아 있는 것이고, 육신에서 영혼이 떠나면 죽는다. 사람이 죽으면 육신은 땅에 묻히고, 육신을 떠난 영혼은 '저세상(저승)' 즉, '내세'로 간다. 그곳은 '좋은 곳(낙원, 극락, 천당)'과 '나쁜 곳(지옥)'으로 나뉘어져 있다. 죽은 뒤에 어느 곳으로 가느냐는 이 세상에서 어떤 삶을 살았는가에 따라 결정된다.

셋째, 「부자와 거지 나사로」에서 나사로는 '천사'의 안내로 조상의 품에 안겨 평안을 누린다. 나사로의 영혼은 이승에서 온갖 고난을 당하면서도 착하게 살았다는 것이 인정되어 천당으로 갔다. 부자는 호사스러운 생활을 하면서도 자기 집 대문간에 있는 나사로를 보살피지 않은 이기적인 삶을 살았기 때문에 지옥으로 갔다. 「저승재물 차용 설화」에서 원님 또는 총각의 영혼은 '저승사자'의 안내로 저승에 간다. 저승에 간 영혼은 수명부에 적힌 수한(壽限)이 맞는가를 확인 받는다. 다른 이야기에서는 수명부와 대조·확인하는 일을 하는 것은 최판관(죽은 사람에 대하여 살았을 때의 선악을 판단한다고 하는 저승의 벼슬아치)이라고 한다. 수한이 다하지 않은 사람은 다시 이승으로 돌려보내고, 수한이 다한 사람은 이승에서의 선행과 악행에 따라 낙원과 지옥으로 각각 보낸다고 한다.

넷째, 「부자와 거지 나사로」에서는 죽어서 좋은 곳에 가려면 선하게 살아야 한다고 한다. 선하게 사는 것은 모세의 계명을 지키고, 선지자의 가르침을 실천해야 한다. 이것은 기독교적인 신앙을 강조하는 것이다. 「저승재물 차용 설화」에서는 선행을 하면 저승곳간에 재물이 쌓인다고 하여 선행을 강조할 뿐 종교적인 신앙을 강조하지 않는다. 이것은 한국 설화가 종교성을 띠지 않고, 흥미와 교훈에 중점을 두어 민간에 전파·전승되었기 때문이라 하겠다.

다섯째 천당과 지옥에 관한 설명을 살펴본다. 「부자와 거지 나사로」에서 나사로가 간 곳은 '천사들에게 이끌리어 가서 아브라함의 품에 안겨 있는 평안한 곳'이다. 부자가 간 곳은 '불 속에서 몹시 고통을 당하는 곳'이다. '나사로의 손가락 끝에 물을 찍어서 내 혀를 시원하게 하도록 해 달라'고 간청할 정도로 목이 타는 상황이다. 한국 설화에는 죽어서 가는 곳은 저승이라고 한다. 저승에 간 사람의 영혼은 저승왕의 판결에 따라 악한 사람은 지옥, 착한 사람은 선계(仙界) 혹은 극락으로 간다고 한다. 민담 「세 학우」에 나타나는 선계는 '동창을 열면 눈이 녹고 논밭을 가는 풍경이 보이고, 남창을 열면 곡식이 자라고, 서창을 열면 나락이 누렇게 익으며, 북창을 열면 눈이 오고 있는' 곳이다. 무가를 보면 지옥은 불이 활활 타는 곳, 뱀이 들끓는 곳으로 표현되기도 한다.

이처럼 두 이야기는 공통점과 차이점을 지니고 있으나, 우리들에게 일깨워 주려는 의미는 동일하다. 육신을 벗어난 영혼이 가는 사후의 세계는 좋은 곳(천당, 천국, 낙원)과 나쁜 곳(지옥)이 있다. 이 세상에서 착하게 산 사람은 좋은 곳으로 가고, 나쁜 일을 많이 한 사람은 나쁜 곳으로 간다. 죽은 뒤에 어디로 갈 것인가는 이 세상에서 어떻게 살았는가에 따라 결정된다. 이 세상에서 어떤 삶을 살 것인가는 각자의 의지에 따른 선택의 문제이다. 하나님께서 주신 자기 결정의 의지를 바르게 행사해야겠다.

❧ 4 ❧
회심한 삭개오 – 자린고비

재물은 사람이 살아가는 데에 없어서는 안 되는 소중한 것이다. 그래서 사람들은 재물을 모으기 위해서 온갖 노력을 기울인다. 재물을 모으다 보면, 정당한 방법으로 재물을 취할 때도 있지만, 수단과 방법이 옳지 않을 수도 있을 것이다. 정당한 방법으로 재물을 모은 사람은 여러 사람의 칭송을 받지만, 그렇지 않은 사람은 비판과 질시를 받는다.

재물을 모아 부자가 된 사람은 이를 지키기 위해 온갖 노력을 기울인다. 그러다 보면, 다른 사람에게 몹쓸 짓을 하여 불평과 불만을 사는 일도 자행한다. 재물을 지키는 데에 몰두하다 보면, 쌓아놓은 재물을 어떻게 쓸 것인가에 관해서는 마음을 쓰지 못하는 경우도 있을 것이다.

재물은 많으면 좋겠지만, 다른 사람과 나눌 때 더욱 값진 것이다. 세상의 이치를 깊이 생각하고 깨달은 사람은 재물의 효용과 가치를 인정하고, 모은 재물을 좋은 일에 쓰도록 권유하고, 이를 실천하기에 힘쓴다.

성경에는 세관장이며 부자인 삭개오가 예수를 만난 뒤에 마음을 고쳐먹고, 재산의 절반을 가난한 사람들에게 주겠다고 한다. 또 누구에게서 강제로 빼앗은 것이 있으면 네 배로 갚겠다고 한다. 이러한 삭개오의 회심(回心)과 대응되는 한국의 이야기에는 「자린고비 이야기」가 있다.

삭개오의 회심

세관장인 삭개오는 기독교인들에게 매우 친숙하게 느껴지는 인물이다. 그가 예수를 만나기 위해 한 행동이나 만난 뒤에 회심하여 선행을 결심하는 이야기는 매우 감동적이다.

예수께서 여리고에 들어가 지나가고 계셨다. 삭개오라고 하는 사람이 거기에 있었다. 그는 세관장이고 부자였다. 삭개오는 예수가 어떤 사람인지 보려고 애썼으나, 무리에게 가려서, 예수를 볼 수 없었다. 그가 키가 작기 때문이었다. 그래서 예수를 보려고 앞서 달려가서, 뽕나무에 올라갔다. 예수께서 거기를 지나가실 것이기 때문이다.

예수께서 그곳에 이르러서 쳐다보시고 그에게 말씀하셨다.

"삭개오야, 어서 내려오너라. 오늘은 내가 네 집에서 묵어야 하겠다."

그러자 삭개오는 얼른 내려와서, 기뻐하면서 예수를 모셔 들였다. 그런데 사람들이 이것을 보고서, 모두 수군거리며 말하였다.

"그가 죄인의 집에 묵으려고 들어갔다."

삭개오가 일어서서 주님께 말하였다.

"주님, 보십시오. 내 소유의 절반을 가난한 사람들에게 주겠습니다. 또 내가 누구에게서 강제로 빼앗은 것이 있으면, 네 배로 갚아 주겠습니다."

예수께서 그에게 말씀하셨다.

"오늘 구원이 이 집에 이르렀다. 이 사람도 아브라함의 자손이다.
인자는 잃은 것을 찾아 구원하러 왔다."

〈『새번역 성경』「누가복음서」19:1∼10〉

이스라엘이 로마의 지배를 받고 있던 당시의 세금제도는, 먼저
로마 관리와 세관장이 어느 한 지역이나 도시의 세금을 얼마로 정한
다. 그런 뒤에 세관장과 세리는 그 금액을 거두어 로마 정부에 바치
고, 그 나머지 거둔 것은 자기들이 차지하였다고 한다. 그러다 보
니, 세관장이나 세리는 자기 몫을 챙기기 위해 더 많은 세금을 거두
려고 온갖 수단과 방법을 동원하였다. 그래서 주민들은 세관장이나
세리를 원망하고, 질시하였다.

여리고성에 사는 삭개오는 세관장으로 로마의 권력을 배경으로
한 권세도 있고, 돈도 많은 부자였다. 그러나 동족을 착취하는 사람
으로, 유대인들의 미움과 원망의 대상이었을 것이다. 그래서 그의
삶은 기쁘고 즐겁지 않았으며, 만족스럽지 못하였을 것이다.

그러한 때에 삭개오는 예수라는 갈릴리 목수의 아들, 젊은 예언
자가 여리고를 지나간다는 소문을 들었다. 그는 젊은 예언자 예수
를 꼭 한 번 만나보고 싶었다. 그런데 예수가 자기 동네로 지나간다
고 한다. 이번에 기회를 놓치면 영원히 못 만날 수도 있을 것이다.
그래서 그는 예수를 만나러 갔다. 그러나 그는 키가 작았기 때문에
예수의 일행이 지나가는 모습을 볼 수가 없었다. 그는 앞질러가서
예수가 지나갈 길옆에 있는 뽕나무에 올라갔다. 어른이고, 세관장

이라는 체면과 체통을 버린 것이다. 이것은 삭개오가 예수를 만나고 싶은 마음이 매우 크고 절실하였음을 말해 준다.

그가 뽕나무에 올라가 예수 일행을 내려다보고 있을 때, 예수께서 그의 이름을 부르며, 내려오라고 하였다. 그리고 그의 집에 머물겠다고 하였다. 세상에 이름을 떨치는 예언자 예수가 자기 이름을 불러주고, 죄인의 집이라고 손가락질 받는 자기 집에 머물겠다고 하는 말에, 그의 마음에는 기쁨과 감사가 넘쳤다. 그는 예수를 집으로 모시자 삶의 의미와 가치에 관해 느끼고 있던 회의의 그림자가 걷혔다. 그래서 그는 자기가 평생 모은 재물의 절반을 가난한 사람에게 나눠주고, 누구에게서 강제로 빼앗은 것이 있으면, 모세의 율법에 따라 4배로 갚겠다고 한다. 예수를 만난 그는 회심하여 삶의 자세를 완전히 바꾸었다.

자린고비 이야기

재물을 모으는 데에는 철저하고, 쓰는 데에는 몹시 인색한 사람을 '구두쇠'라고 한다. 한국에는 구두쇠에 관한 이야기가 많이 있는데, 가장 흥미로운 것은 구두쇠의 대명사처럼 불리는 '자린고비'에 관한 이야기이다. 자린고비는 지방 또는 화자(話者)에 따라 '자리꼽재기', '자리껍데기', '진지꼽재기', '자린꼼쟁이' 등으로 다르게 불리기도 한다.

「자린고비 설화」는 전국에 40여 편이 전해 온다. 그중에는 근검ㆍ절약을 강조하는 이야기, 근검ㆍ절약을 비교하는 이야기, 회심하여 선행하는 이야기가 있다.

'자린고비'란 말은 충주 지방에 살던 부자 이씨가 제사를 지낼 때 종이를 아끼려고 지방(紙榜)을 새로 쓰지 않고, 기름에 절은 지방을 해마다 사용한 데서 생겼다고 한다. '절은 지방'은 사용한 지방을 태워버리지 않고 해마다 쓰는 바람에 기름이 들러붙어 더러워진 지방이다. '고비(考妣)'는 죽은 아비 '고(考)', 죽은 어미 '비(妣)'로, 돌아가신 부모의 제사 때 지방에 쓰는 말이다. 처음에는 지방에 쓸 종이를 아까워하는 '매우 인색한 사람'이라 하여 '충주 절은 고비'라고 하였다. 여기의 '절은'이 '저른', 또는 '자른'으로 되었다가 '자린고비'가 되었다고 한다. 〈김민수 편, 우리말 어원사전(태학사, 1997), 1025쪽 참조〉

　「자린고비 설화」에서 자린고비의 모습은 다양하게 나타난다. 여러 이야기에 각각 다르게 나타나는 자린고비의 면모를 간단히 정리해 보면 다음과 같다.

* 자린고비는 부모님 제사에 쓴 지방을 기름에 절여 두고, 해마다 되풀이해서 사용했다.
* 어떤 사람이 부자 되는 비결을 물으니, 자린고비는 그 사람에게 소나무 위로 올라가 한 손을 놓으라고 하였다. 그가 또 다른 한 손을 놓으라고 하자, 그 사람이 한 손마저 놓으면 죽는다고 하니, 그는 '돈이 생기면 그렇게 꼭 쥐라'고 하였다.
* 자린고비가 마당을 쓸고 있을 때 생선장수가 왔다. 그는 생선을 살 것처럼 하면서 실컷 만진 뒤에 집으로 들어가서 가마솥에다 물을 가득 붓고, 손을 씻은 뒤에 끓여서 먹었다.
* 자린고비는 말린 조기 한 마리를 천장에 매달아 놓고, 밥 한 숟갈 떠먹고 한 번만 보라고 하였다. 아이들이 여러 번 쳐다보면

'밥도둑'이라고 하면서, 많이 보지 말라고 꾸중하였다.

* 자린고비는 장독에 앉아 장을 빨아먹고 있는 똥파리를 잡으려
다가 달아나는 것을 보고, '내 된장 내놓아라' 하고 소리치며 그
파리를 잡으려고 뒤쫓아 갔다.

* 자린고비는 부자였으나 늘 죽을 쑤어서 간장을 찍어 먹었다. 그
는 아무리 귀한 손님이 와도 상에 죽 한 그릇과 간장 한 종발을
놓아 대접하였다.

* 자린고비는 종이를 아끼느라고 선물을 싸 가지고 갔던 종이나
자기가 보낸 편지를 되돌려 달라고 하였다. 상대방이 그 종이로
문을 발랐을 경우에는 그 종이를 찢어왔다.

* 자린고비는 며느리에게 손님상에 놓을 무장아찌를 아주 작게
썰거나, 통째로 놓아서 먹을 수 없게 하라고 하였다.

* 자린고비는 어린 아들에게 이웃집에 가서 장도리를 빌려 오라
고 하였다. 그 집에서는 장도리가 닳는다며 거절하였다. 아들이
집에 와서 그 말을 하니, 집에 있는 장도리를 가져오라고 하였
다. 아들이 장도리가 집에 있는데 왜 빌려오라고 했느냐고 물으
니, 그는 '내 장도리가 닳지 않게 아끼려고 그랬다'고 하였다.

* 자린고비는 부채가 망가지지 않도록 부채를 손에 들고 고개를
이리저리 돌렸다.

* 짚신 닳는 것이 아까워서 벗어들고 가다가 사람을 만나면 얼른
신고, 사람이 지나가면 다시 벗어 들고 걸었다.

〈최운식, 「자린고비 설화의 전승 양상과 의미」, 『청람어문교육』 36,
청람어문교육학회, 2007, 449~483쪽 참조〉

위에 적은 것을 보면, 근검·절약에 도움이 되는 행동도 있지만, 사리에 맞지 않아 실속이 없는 행동도 있다. 어떤 행동은 정도에 지나쳐서 인색하기 짝이 없고, 인정머리 없는 사람, 예의와 염치도 모르는 사람으로 보이기까지 한다.

그러나 자린고비가 이런 행동을 하였다고 하는 것은 그가 일상생활에서 먹는 것, 생활용품, 돈 등을 얼마나 소중하게 여기고 아꼈는가를 말해 준다. 이러한 자린고비의 면모는 근검·절약의 실천을 강조하는 의미를 지니고 있다.

자린고비는 타고난 부자가 아니었다. 몹시 가난했던 그는, 가난을 극복하기 위해 힘든 일, 궂은일을 가리지 않고 닥치는 대로 하면서 근검·절약을 생활의 신조로 살아왔다. 그는 부자가 된 뒤에도 그 신조를 바꾸지 않았다.

자린고비가 회심하여 가난한 사람을 돕고, 공익사업에 돈을 쓰게 된 계기는 몇 가지로 이야기된다.

자린고비의 선심

암행어사 박문수가 그에 대한 나쁜 소문의 진위를 알아보려고 그의 집을 찾아갔다. 주인 밥상에는 좋은 음식을 차렸으나, 박 어사의 밥상에는 밥 한 그릇과 국 한 그릇, 간장 한 종지를 놓았다. 주인은 두툼하고 푹신한 이불을 덮으면서, 박 어사에게는 개떡 조각 같은 것을 주었다.

밤중에 하인이 와서 족제비가 닭을 물어갔다고 하니, 자린고비는 알았다고 하면서 누워 있었다. 얼마 후 자린고비는 신음 소리를 내면서 일어나 박 어사를 깨우더니, 지난 일을 이야기하였다. 그는 가난하여 이리저리 떠돌면서 살았는데, 길에서 달걀 하나를 주워서 아는 집에 맡겨 놓았더니 암평아리가 태어났다. 그 병아리가 자라 어미 닭이 되어 낳은 알을 깨면 모두 모두 암놈이고, 또 낳으면 낳는 족족 암놈이어서 재산이 기하급수로 늘었다. 그 후로 하는 일마다 잘 되어 부자가 되었다. 그런데 그날 족제비가 닭을 물어간 것을 보고 재산이 나갈 징조라고 하였다.

자린고비는 이제 재물을 좋은 일에 쓸 때가 되었다고 하면서, 박 어사에게 재물을 어떻게 쓰면 좋겠느냐고 물었다.

박 어사의 말을 들은 자린고비는 재물을 풀어 없는 사람을 도와주고, 다리를 놓았다. 그리고 둑을 쌓아 간척지를 만들어 땅이 없는 사람에게 무상으로 나누어 주었다. 그는 자식들에게 유산을 물려주지 않고, "네 복은 네가 타서 살라."라고 하였다.

〈이훈종, 『한국의 전래소화』, 동아일보사, 1969, 84~86쪽.〉

음성 자린고비

음성의 자린고비는 절약하여 재산을 많이 모았으나 쌀을 아끼기 위해 매일 죽을 쑤어 먹었다. 그는 조기 한 마리가 생기면 천장에다 매달고, 그거 한 번 쳐다보고 밥 한 번 떠먹고, 죽 한 번 떠먹으며 살았다.

그가 환갑이 다 되었을 때, 암행어사가 거지 차림으로 그 집을 찾아갔다. 어사는 주인과 겸상으로 주인과 똑같이 죽 한 그릇을 대접받았다.

그의 동생이 그 집에 와서 새끼 몇 발을 끊어 가지고 가니, 왜 스스로 새끼를 꼬아서 쓰지 않고 남의 새끼를 끊어 가느냐고 호통을 하였다. 어사가 며칠을 묵고 있었는데, 늘 죽 한 그릇을 주었다. 주인은 어사에게 자기의 환갑날 큰 잔치를 할 터이니, 그날 술과 고기를 마음껏 먹으라고 하였다.

주인은 환갑잔치를 크게 벌이고, 술과 고기를 마음껏 먹게 하였다.

주인은 돈이나 곡식을 꾸어달라고 하던 사람에게 원하는 것을 나눠 주었다. 그는 전라도와 경상도에 흉년이 들어 굶어 죽는 사람이 많다는 말을 듣고, 자기의 재물을 그 사람들에게 나눠 주었다.

〈박종익, 『한국 구전설화집 15』, 민속원, 2005, 247~249쪽.〉

「자린고비의 선심」에서 암행어사는 자린고비에 대한 좋지 않은 소문을 듣고, 이를 확인하러 간다. 암행어사는 자린고비의 행동이 정도에 지나쳐 용납할 수 없거나 법에 저촉될 때에는 벌을 내릴 수 있는 사람이다. 그런 줄을 모르는 자린고비는 암행어사를 푸대접한다. 그러나 밤에 족제비가 닭을 물어가는 것을 보고, 자기의 재물을 풀 때가 온 것을 직감한다.

자린고비는 길에서 주운 달걀 하나를 밑천으로 하여 재산을 불리는 동안 닭 한 마리 잃은 적이 없었다. 그는 그것을 하늘이 자기를 돕기 때문이라고 생각하였고, 그 생각은 거의 들어맞았다. 그러나 족제비가 닭을 물어간 것을 계기로, 자기의 운이 바뀔 것을 직감하고, 회심한다. 이것은 자린고비가 무지막지한 구두쇠가 아니라 생각이 깊은 사람, 재물을 모을 때와 쓸 때를 분간할 줄 아는 사람임을 말해 준다. 그래서 그는 지금까지의 생활 태도를 바꾸어 불쌍한 사람을 돕고, 재물을 풀어 다리를 놓았으며, 둑을 쌓아 간척지를 만들어 사람들에게 나눠 준다. 그는 많은 재물을 남을 돕는 일이나 공익 사업에 쓰고, 자식들에게 유산을 남겨주지 않았다.

「음성 자린고비」에서 자린고비는 회갑이 되자 잔치를 크게 열어 여러 사람을 대접하고, 그 뒤로는 가난한 사람을 돕는 일에 재물을 아끼지 않는다. 이것은 자린고비가 재물을 모으기 위해 근검·절약하기로 작정한 때가 회갑 때까지였음을 말해 준다.

회갑은 육십갑자의 '갑(甲)'으로 되돌아온다는 뜻으로, 예순한 살을 이르는 말이다. 우리나라 사람은 환갑을 인생의 전환점으로 생각하고, 크게 경하해야 할 것으로 여겼다. 그래서 큰 잔치를 베풀어 경하를 받는다. 음성의 자린고비는 회갑을 전환점으로 하여 크게 달라졌다.

충주 자리꼽재기

청주에 사는 노인 몇 사람이 충주 자리꼽재기를 놀려먹으려고 그의 집으로 찾아갔다.

노인들은 그를 만나자마자 일제히 슬피 울었다. 그가 놀라서 왜 우느냐고 물으니, 눈물을 그치고 말하였다.

"우리가 오는 길에 상여를 보았소. 그 상여 생각을 하니, 눈물이 나네요. 우리도 그렇게 될 것 아니겠소?"

"그렇겠지요."

"공수래공수거(空手來空手去)라 하지 않소. 우리도 죽으면 산속에 묻혀 혼자 지낼 일을 생각하니, 슬퍼서 웁니다."

자리꼽재기가 가만히 생각하니, 그 말이 맞거든. 자기가 재산을 많이 모아놓았으나, 죽으면 헛일이거든. 얼른 하인을 부르더니, 큰 소리로 말하였다.

"돼지 한 마리, 저쪽의 큰 놈을 잡아라."

그는 좋은 술과 안주를 내어 후히 대접하였다.

그들이 가려고 하니, 더 묵어가라고 붙잡았다. 그들이 며칠을 묵은 뒤에 떠나려 하니까, 노잣돈까지 후히 주었다.

〈최운식, 『한국의 민담 1』, 시인사, 1999, 269~271쪽.〉

공수래공수거

임금의 친척 중에 나이 많은 노인이 살았다. 그는 부자이나 인색하기 짝이 없어 남에게 나누어주기를 싫어하였다. 그래서 아들들에게도 재산을 나눠주지 않고 있었다.

어느 날, 그가 '오물음'이라는 이야기꾼을 불러서 이야기를 하라고 하니, 오물음은 한 꾀를 내어 이야기를 꾸며서 말하였다.

장안 갑부 중에 이 동지란 분이 있습니다. 이 분은 가난하여 많은 고생을 하다가 자수성가(自手成家)하여 부자가 된 사람입니다. 그는 성질이 인색하고 괴팍해서 비록 자식이나 형제에게도 닳아빠진 부채 한 개 주는 법이 없었답니다. 그러한 그가 죽음에 임박해서 곰곰 생각해 보니, 자기 인생은 재물의 노예가 되어 산 것 같아 허망하기 짝이 없었습니다. 그래서 여러 아들들을 불러 놓고 이렇게 유언하였답니다.

"내가 일평생 고생하여 재물을 모아 부자가 되었다. 그런데 지금 황천길을 떠나는 마당에 돈 한 푼, 물건 한 가지 가지고 갈 수가 없구나. 지난 날 재물에 인색하였던 일이 후회막급(後悔莫及)이다. 내 죽어 염(殮)하여 입관할 제 두 손에 악수(幄手, 소렴할 때 시체의 손을 싸는 헝겊)를 끼우지 말고, 관 양편에 구멍을 뚫어 내 좌우 손을 그 구멍 밖으로 내어놓아라. 그래서 길거리 행인들로 하여금 내가 재물을 산 같이 두고 빈손으로 돌아감을 보도록 하여라."

이동지가 죽은 뒤에 자제들이 감히 유언을 어기지 못하고, 그대로 시행하였답니다. 소인이 오다가 장례 행렬을 만났는데, 두 손이 관 밖으로 나왔기에 괴이히 여겨 물어 보았더니, 바로 이 동지의 유언대로 한 것이라 하였습니다.

종실 노인이 듣고 보니, 은연 중 자기를 두고 한 이야기로, 자기를 조롱하는 것 같아 괘씸하기도 하였다. 그러나 생각해 보면, 이치에 맞는 말이었다. 그는 그 자리에서 크게 깨달은 바 있어 오물음에게 수고비를 후하게 주어 보냈다.

　이튿날 아침, 그는 여러 자식들에게 재산을 나누어주고, 일가친척과 친구들에게도 많은 재물을 나누어주었다. 그리고 산정에 들어앉아 거문고와 술을 즐기며 종신토록 돈 이야기를 입에 올리지 않았다고 한다.　〈최웅, 『주해 청구야담 1』, 국학자료원, 1996, 203~205쪽.〉

　「충주 자리꼽재기」는 필자가 채록한 민담이다. 이 이야기에 나오는 청주 노인들은 지혜를 발휘하여 충주 자리꼽재기를 회심하게 한다.

　「공수래공수거」는 조선 후기에 쓴 야담집 『해동야서(海東野書)』와 『청구야담(靑邱野談)』에 실려 있는 이야기이다. 이 이야기에 나오는 '오물음'은 이야기를 잘 하기로 소문이 나서 이집 저집 불려 다니며 이야기를 해 주고, 수고비를 받던 직업적인 '이야기꾼'이다. 종실 노인의 부름을 받은 그는, 당시에 전해 오던 구두쇠 이야기를 상황에 맞게 구연(口演, 동화·야담·만담 따위를 여러 사람 앞에서 말로써 재미있게 이야기함)하여 인색한 종친 노인을 회심하게 한다.

　위의 두 이야기에서는 청주 노인들과 오물음의 깊은 뜻과 재치가 돋보인다. 평생 살아온 생활 태도나 신조는 쉽게 바꿀 수 있는 게 아니다. 그런데 충주 자리꼽재기나 종실 노인은 이야기를 듣고, 지금까지 살아온 구두쇠의 생활 태도를 바꾸었으니, 참으로 현명하고, 생각이 깊은 사람이다.

　자린고비가 회심한 뒤에 한 행동은 이야기에 따라 다르다. 이를 종합하여 정리해 보면, 첫째 마을 사람들에게 잔치를 베풀어 크게 대접하였다. 둘째, 과객을 잘 대접하였다. 셋째, 자기에게 진 빚을

탕감해 주었다. 넷째, 흉년을 당한 사람들에게 곡식을 나누어 주어, 그들이 다시 힘을 얻어 잘 살 수 있게 해 주었다. 다섯째, 재물을 풀어 다리를 놓고, 둑을 막아 간척지를 만들어 사람들에게 나누어 주었으며, 모은 재산을 학교 재단에 기부하였다.

두 이야기의 비교

「삭개오의 회심」과 「자린고비 이야기」는 인색하기로 소문난 부자가 어떠한 계기에 회심하여 가난한 사람을 도우며 선행을 한다는 점에서 일치한다.

「삭개오의 회심」은 성경에 기록되어서 두 가지 기능을 하고 있다. 그는 예수를 만나고, 예수의 인정을 받음으로써 새로운 삶이 시작되었다. 그는 유대인이면서 로마 세력에 부역하는 반민족적 인물, 세리로서 동족의 고혈을 쥐어짜는 부정적인 인물이었다. 이런 그가 예수를 만남으로써 선행을 하는 긍정적인 인물로 바뀌었다. 이 이야기는 기독교인들에게 삭개오의 삶을 본받으라고 하는 가르침을 주고 있다.

삭개오가 예수를 만난 것은 예수의 부름에 의한 것이다. 예수는 사람들로부터 죄인이라고 손가락질을 받는 삭개오를 불러 만남으로써 새로운 삶을 열어가게 하였다. 이것은 예수가 죄인을 불러 구원하시는 주체임을 알려 주는 중대한 일이다. 이것은 「삭개오의 회심」 이야기가 지니고 있는 깊은 의미이기도 하다.

「자린고비 이야기」는 두 가지 교훈적 의미를 지니고 있다. 첫째, 근검·절약을 생활화하며, 부지런하고 적극적인 생활 태도를 지닌 사람이 되라. 둘째, 사려 깊은 언행을 하며 남을 배려하고 베풀 줄 아는 사람이 되라. 이것은 이야기를 구연하고 듣는 과정에서 즐거움과 함께 은연중에 강조하는 것이어서 교육적 효과가 크다. 이처럼 이 이야기는 민간의 교육용 교재의 기능을 해 왔다.

⬙ 5 ⬙
귀신을 쫓은 예수 – 처용

　귀신(鬼神)은 『표준국어대사전』에 따르면, '사람이 죽은 뒤에 남는다는 넋' 또는 '사람에게 화(禍)와 복(福)을 내려 준다는 신령(神靈)'을 가리키는 말이다.

　귀신은 '귀(鬼)'와 '신(神)'이 합쳐져서 생긴 말이다. '귀'는 음(陰)의 정기를 가지고 있는 영(靈)이요, '신'은 양(陽)의 정기를 가지고 있는 영이다. 우리가 귀신이라는 말을 대할 때에는 '신이(神異)한 존재 – 괴이(怪異)한 존재', '떠받들어야 할 대상 – 물리쳐야 할 대상' '이로움을 주는 존재 – 해로움을 끼치는 존재', '인격을 지닌 존재 – 인격이 없는 존재' 등의 두 가지 마음이 환기(喚起)된다. 앞의 것은 신을 대하는 마음이요, 뒤의 것은 귀를 대하는 마음이다. 귀는 마귀(魔鬼), 악귀(惡鬼), 요괴(妖怪), 요귀(妖鬼)라고도 한다.

　우리는 아주 오랜 옛날부터 귀신과 관련을 맺으며 살아왔다. 그래서 오래전부터 '귀신이 곡할 노릇이다', '귀신도 속이겠다', '귀신같이 잘 한다', '귀신 씻나락 까먹는 소리', '귀신은 경문에 막히고 사람은 경우에 막힌다', '귀신 듣는 데서는 떡 소리도 못 한다', '귀신도 모르는 제사' 등과 같이 귀신과 관련된 속담이나 관용어를 많이 써 왔다.

옛사람들은 질병의 원인을 여러 가지로 보았다. 그중에는 신의 저주나 귀신에 의한 것이라는 생각도 있었다. 그런 경우에는 잘못을 고백하고 마음을 고쳐 신의 노여움을 풀거나, 절대적인 신의 힘으로 귀신을 쫓아내야 한다.

예수께서 귀신을 쫓으심

성경에는 예수께서 귀신을 쫓은 이야기가 여러 곳에 기록되어 있다. 그중 몇 곳만 뽑아 적어 보면 다음과 같다.

A. 귀신 들린 아이를 고치심

무리 가운데 한 사람이 예수께 대답하였다.

"선생님, 내 아들을 선생님께 데려왔습니다. 그 아이는 말을 못하게 하는 귀신이 들려 있습니다. 어디서나 귀신이 아이를 사로잡으면, 아이를 거꾸러뜨립니다. 그러면 아이는 거품을 흘리며, 이를 갈며, 몸이 뻣뻣해집니다. 그래서 선생님의 제자들에게 그 귀신을 쫓아내 달라고 했으나, 그들은 쫓아내지 못하였습니다."

예수께서 그들에게 말씀하셨다.

"아, 믿음이 없는 세대여, 내가 언제까지 너희와 함께 있어야 하겠느냐? 내가 언제까지 참아야 하겠느냐? 아이를 내게 데려오너라."

그래서 그들이 아이를 예수께 데려왔다. 귀신이 예수를 보자, 아이에게 즉시 심한 경련을 일으켰다. 아이는 땅에 넘어져서, 거품을 흘리면서 뒹굴었다.

예수께서 그 아버지에게 물으셨다.

"아이가 이렇게 된 지 얼마나 되었느냐?"

그가 대답하였다.

"어릴 때부터입니다. 귀신이 그 아이를 죽이려고, 여러 번, 불 속에도 던지고, 물속에도 던졌습니다. 하실 수 있으면, 우리를 불쌍히 여기시고, 도와주십시오."

예수께서 그에게 말씀하셨다.

"'할 수 있으면'이 무슨 말이냐? 믿는 사람에게는 모든 일이 가능하다."

그 아이 아버지는 큰소리로 외쳐 말했다.

"내가 믿습니다. 믿음 없는 나를 도와주십시오."

예수께서 무리가 어울려 달려오는 것을 보시고, 악한 귀신을 꾸짖어 말씀하셨다.

"벙어리와 귀머거리가 되게 하는 귀신아, 내가 너에게 명한다. 그 아이에게서 나가라. 그리고 다시는 그에게 들어가지 말아라."

그러자 귀신은 소리를 지르고서, 아이에게 심한 경련을 일으켜 놓고 나갔다. 아이는 죽은 것과 같이 되었다. 그래서 사람들은 모두 말하기를 "아이가 죽었다" 하였다. 그런데 예수께서 아이의 손을 잡아서 일으키시니, 아이가 일어섰다. 〈『새번역 성경』「마가복음서」9:17~27〉

B. 악한 귀신이 들린 사람을 고치심

그들이 가버나움으로 들어갔다. 예수께서 안식일에 곧바로 회당에 들어가서 가르치셨는데, 사람들은 그의 가르침에 놀랐다. 예수께서 율법학자들과는 달리 권위 있게 가르치셨기 때문이다.

그때에 회당에 악한 귀신 들린 사람이 하나 있었는데, 그가 큰 소리로 이렇게 말하였다.

"나사렛 사람 예수님, 왜 우리를 간섭하려 하십니까? 우리를 없애려고 오셨습니까? 나는 당신이 누구인지 압니다. 하나님께서 보내신 거룩한 분입니다."

예수께서 그를 꾸짖어 말씀하셨다.

"입을 다물고 이 사람에게서 나가거라."

그러자 악한 귀신은 그에게 경련을 일으켜 놓고서 큰 소리를 지르며 떠나갔다.

사람들이 모두 놀라서

"이게 어찌된 일이냐? 권위 있는 새로운 가르침이다! 그가 악한 귀신들에게 명하시니, 그들도 복종하는구나!"

하면서 서로 물었다. 〈『새번역 성경』「마가복음서」 1:23~27〉

C. 귀신 들린 사람을 고치심

그들은 바다 건너편 거라사 사람들의 지역으로 갔다. 예수께서 배에서 내리시니, 곧 악한 귀신 들린 사람 하나가 무덤 사이에서 나와, 예수와 만났다. 그는 무덤 사이에서 사는데, 이제는 아무도 그를 쇠사슬로도 묶어 둘 수 없었다. 여러 번 쇠고랑과 쇠사슬로 묶어 두었으나, 그는 쇠사슬도 끊고 쇠고랑도 부수었다. 아무도 그를 휘어잡을 수 없었다.

그는 밤낮 무덤 사이나 산속에서 살면서, 소리를 질러 대고, 돌로 제 몸에 상처를 내곤 하였다. 그가 멀리서 예수를 보고, 달려와 엎드려서 큰소리로 외쳤다.

"더 없이 높으신 하나님의 아들 예수님, 나와 무슨 상관이 있습니까? 하나님을 두고 애원합니다. 제발 나를 괴롭히지 마십시오."

그것은 예수께서 이미 그에게

"악한 귀신아, 그 사람에게서 나가라"

하고 명하셨기 때문이다.

예수께서 그에게 물으셨다.

"네 이름이 무엇이냐?"

그가 대답하였다.

"군대입니다. 우리의 수가 많기 때문에 붙여진 이름입니다."

그리고는, 자기들을 그 지역에서 내쫓지 말아 달라고 예수께 간청하였다.

마침 그곳 산기슭에 놓아기르는 큰 돼지 떼가 있었다. 귀신들이 예수께 간청하였다.

"우리를 돼지들에게로 보내서서, 그것들 속으로 들어가게 해 주십시오.

예수께서 허락하시니, 악한 귀신들이 나와서 돼지들 속으로 들어갔다. 거의 이천 마리나 되는 돼지 떼가 바다 쪽으로 비탈을 내리달아, 바다에 빠져 죽었다. 〈『새번역 성경』「마가복음서」 5:1~13〉

D. 가나안 여자의 믿음

예수께서 거기에서 떠나서, 두로와 시돈 지방으로 가셨다. 마침 가나안 여자 한 사람이 그 지방에서 나와서 외쳐 말했다.

"다윗의 자손이신 주님, 나를 불쌍히 여겨 주십시오. 내 딸이, 귀신이 들려 괴로워하고 있습니다.

그러나 예수께서는 한마디도 대답하지 않으셨다. 그때에 제자들이 다가와서, 예수께 간청하였다.

"저 여자가 우리 뒤에서 외치고 있으니, 그를 안심시켜서 떠나보내 주십시오."

예수께서 대답하셨다.

"나는 오직 이스라엘의 길을 잃은 양들에게 보내심을 받았을 따름이다.”

그러나 그 여자는 나아와서 예수께 무릎을 꿇고 간청하였다.

“주님, 나를 도와주십시오.”

예수께서 대답하셨다.

“자녀들의 빵을 집어서 개에게 던져 주는 것은 옳지 않다.”

그 여자가 말하였다.

“주님, 그렇습니다. 그러나 개들도 주인의 상에서 떨어지는 부스러기는 얻어먹습니다.”

그제서야 예수께서 그 여자에게 말씀하셨다.

“여자여, 참으로 네 믿음이 크다. 네 소원대로 되어라.”

바로 그 시각에 그 여자의 딸이 나았다.

〈『새번역 성경』「마태복음서」15:21~28〉

A에서 예수는 어린아이에게 붙어 있는, 말 못하게 하는 귀신을 쫓아낸다. 그 귀신은 때때로 아이를 거꾸러뜨려 거품을 흘리며 이를 갈게 하고, 몸을 뻣뻣하게 하였다. 아이를 여러 번 불속에도 던지고, 물속에도 던져 죽이려고 하기도 하였다 그런 악한 귀신이지만, 예수께서 “벙어리와 귀머거리가 되게 하는 귀신아, 내가 너에게 명한다. 그 아이에게서 나가라. 그리고 다시는 그에게 들어가지 말아라.” 하고 명령하시니, 그에게서 떠나간다. 그 귀신은 제자들의 말은 듣지 않았으나, 예수의 명령은 거역하지 못하고 따른다.

B에서 예수님이 쫓아낸 귀신은, 예수가 하나님이 보내신, 거룩한 분임을 아는 귀신이다. 그 귀신은 “입을 다물고 이 사람에게서 나가거라.” 하는 예수의 명령이 떨어지자 그에게 경련을 일으켜 놓고서, 큰 소리를 지르며 떠나갔다. 이 일을 본 많은 사람들이 예수의 권위

와 능력에 감탄한다.

C에서는 스스로 '군대'라고 할 정도로 많은 귀신이 한 사람에게 들려 있었다. 그래서 그 사람은 쇠사슬도 끊고, 쇠고랑도 부수어서 아무도 그를 휘어잡을 수 없었다. 그 귀신은 예수님의 권능으로 쫓겨날 것을 알고, 돼지 떼에게 들어가게 해 달라고 간청한다. 예수의 허락을 받은 귀신들은 돼지 떼로 들어갔다가 절벽에서 굴러 바다로 떨어진다.

D에서 예수는 가나안 여인의 딸에게 들린 귀신을 쫓아 준다. 예수께서는 '나는 오직 이스라엘의 길을 잃은 양들에게 보내심을 받았을 따름'이라고 하면서, '자녀들의 빵을 집어서 개에게 던져 주는 것은 옳지 않다.'고 한다. 이것은 이방 여인에게 은총을 베풀 수 없다는 뜻을 내포한 말이다. 이에 여인은 "개들도 주인의 상에서 떨어지는 부스러기는 얻어먹습니다."라고 하면서 은총을 베풀어 달라고 간청한다. 이에 예수께서는 여인의 믿음이 매우 크다고 감탄하시며 귀신을 쫓아낸다. 이것은 이스라엘 사람이든, 이방이든 가리지 않고 믿음이 있는 자에게 자비를 베푸신다는 말이다.

예수께서 쫓아내신 귀신은 그 사람을 몹시 괴롭게 하여 소리를 지르게 한다. 입에 거품을 물게 하고, 경련을 일으키게 하며, 제 몸에 상처를 내게 만든다. 또 말도 못하게 하고, 듣지도 못하게 한다. 이러한 것들은 신경정신 계통의 장애에 의해 비정상적이고 괴이한 행동을 하는 증상, 즉 정신이상자들이 보이는 증상이다. 예수께서는 이런 사람들에게 들려 있는 귀신들을 내쫓았다. 귀신이 그 사람에게서 떠나면, 그 사람은 고통이 사라지고, 정상적인 사람이 된다. 여기에는 정신이상을 일으키는 질병은 귀신의 장난 때문이란 의식이 바탕에 깔려 있다.

사람에게 달라붙어 괴롭히는 귀신은, 예수가 하나님의 아들로, 위대한 분임을 알아보는 비상한 존재이다. 귀신들은 예수를 보면, 지레 겁을 먹고, 머리를 조아리며 제발 놓아달라고 한다. 예수께서는 이러한 귀신들을 말씀으로 쫓으셨고, 귀신들렸던 사람은 치유의 기쁨을 누렸다.

한국인의 귀신관

민간에서는 흔히 죽은 사람의 영혼이 귀신이 된다고 한다. 죽은 사람의 영혼에는 선령(善靈)과 악령(惡靈)이 있다. 이 세상에서 행복한 삶을 살다가 편안히 죽은 사람의 영혼은 선령이 된다. 조상의 영혼은 대부분 선령으로, 저승에서 편히 지내다가 가끔 이승의 후손을 보살펴 준다. 그러나 불행하게 살다가 비명횡사(非命橫死, 뜻밖의 사고를 당하여 제명대로 살지 못하고 죽음)한 사람의 영혼은 수명대로 행복하게 살지 못한 원한 때문에 저승으로 가지 못하고, 악령이 되어 이승을 떠돌며 해악을 끼친다. 선령은 신으로 대접을 받지만, 악령은 귀신 또는 잡귀라 하여 쫓아내야 할 대상으로 여긴다.

악령 중에서 산 사람을 괴롭히고 해악을 끼치는 것은 총각이 죽어서 된 몽달귀신, 처녀가 죽어서 된 손말명, 객지에서 죽어서 된 객귀(客鬼)가 특히 두드러진다고 한다. 죽은 총각과 처녀를 혼인시키는 사혼(死婚)은 이들의 원한을 풀어주어 원귀 노릇을 하지 않게 하려는 의도를 담고 있다. 넋건지기굿(물에 빠져 죽은 영혼을 저승으로 보내주는 굿)은 물에 빠져 죽은 이의 넋을 물속에서 건져 내어 그 한을 풀어 주고, 영혼을 씻겨 주려는 뜻에서 하는 굿이다.

귀신이라고 하면, 주로 사령(死靈)을 뜻한다. 그러나 더 넓게는 하늘·땅·산·물·바위 등의 자연이나, 호랑이·소·개·여우·닭 등의 동물 또는 둥구나무[古木] 등의 식물의 영, 그리고 어떤 사물이나 질병조차도 상황에 따라서는 귀신이 될 수 있다고 한다.

사람에게 해악을 끼치는 귀신을 막거나 내보내기 위해 민간에서 쓰는 방책에는 세 가지가 있다. 첫째, 귀신이 두려워하고 싫어하는 사물을 이용하여 막는 방법이다. 이것은 귀신이 무서워하고 꺼리는 붉은색을 이용하는 방법이 주류를 이룬다. 팥죽이나 황토를 대문 앞에 뿌리기, 가시가 많은 엄나무를 대문이나 방문 위에 묶어 두기, 부적 지니기 등이 좋은 예이다.

둘째, 귀신을 위협하여 쫓아내는 방법이다. 무속에서는 무당이 신을 청하여 그 신으로 하여금 귀신을 쫓게 한다. 정신이상인 사람을 동쪽으로 뻗은 복숭아나무가지로 때리는 것이나 경을 읽어 귀신을 쫓는 것도 이런 축귀법의 하나이다.

셋째, 귀신을 환대하고 공경하며 잘 달래서 떠나게 하는 방법이다. 굿을 할 때 귀신에게 여러 가지 음식을 차려 주면서 먹고 떠나라고 하는 의식이 이에 속한다. 천연두를 '마마' 또는 '손님마마'라고 높여 부르고, 음식을 차려놓고 절하며 기도하고, 선물을 드리며 성대한 잔치를 열고 배웅하는 것도 이에 속한다. 이것은 천연두를 옮기는 역신(疫神)을 달래어 떠나게 하려는 뜻에서 행하는 것이다.

역신을 쫓은 처용

『삼국유사』에는 천연두를 옮기는 역신을 쫓는 처용 이야기가 실려 있다.

　　신라 제49대 헌강대왕이 개운포(開雲浦, 지금의 울주)에 놀러왔다가 돌아가려고 물가에서 쉬고 있었는데, 문득 구름과 안개가 자욱해져 길을 잃게 되었다. 왕이 괴이하게 여겨 좌우 신하들에게 물으니, 일관(日官, 삼국시대 천문관측과 점성을 담당하던 관원)이 아뢰었다.

　　"이것은 동해 용왕의 조화이오니 마땅히 좋은 일을 하여 풀어 주어야 할 것입니다."

이에 왕은 일 맡은 관리에게 명하여, 용을 위하여 근처에 절을 짓도록 했다. 왕이 명령을 내리자 구름과 안개는 걷혔다. 이로 말미암아 그곳을 개운포라고 이름했다.

　　동해용왕은 기뻐하며 아들 일곱을 데리고 왕 앞에 나타나 왕의 덕을 찬양하며 춤을 추고, 음악을 연주하였다. 그중에서 일곱째 아들이 왕을 따라 서라벌로 들어가 왕의 정사를 도왔는데, 그의 이름을 처용(處容)이라 했다.

　　왕은 아름다운 여자를 그의 아내로 삼게 하여 그를 치하했으며, 또한 급간(級干)이란 벼슬을 주었다. 그런데 처용의 아내가 무척 아름다웠으므로, 역신(疫神)이 그 여자를 흠모하여 밤이면 사람으로 변하여 그 집에 가서 몰래 그 여자와 동침했다.

　　어느 날, 처용이 밖에서 돌아와 보니, 아내가 다른 남자와 잠자리를 같이 하고 있었다. 이것을 보고는 노래를 부르며 춤을 추면서 물러 나왔다. 그 노래는 이렇다.

　　동경(東京) 밝은 달에 밤들이 노닐다가
　　들어와 자리를 보니 다리가 넷일러라.
　　둘은 내해인데 둘은 뉘해인고.
　　본디 내해지만, 앗겼으니 어이하리.

이때 역신은 본디의 모습을 나타내며 처용 앞에 꿇어앉아 말했다. "제가 공의 아내를 사모하여 이렇게 잘못을 저질렀으나, 공은 노여움을 나타내지 않으니 감동하여 칭송하는 바입니다. 맹세하노니, 이제부터는 공의 모습이 그려진 것만 보아도 그 안에 들어가지 않겠습니다."

이 일로 말미암아 나라 사람들은 처용의 형상을 문에 그려 붙여서 사귀(邪鬼)를 물리치고 경사로운 일을 맞아들이는 습속이 생겼다.

서울로 올라오자 왕은 이내 영취산(靈鷲山) 동쪽 기슭에 경치 좋은 곳을 골라 절을 세우고 망해사(望海寺)라 이름했다. 혹은 이 절을 신방사(新房寺)라고도 했다. 이것은 용을 위해서 세운 것이다.

〈『삼국유사』 제2권 「처용랑과 망해사」〉

이 이야기에서 동해용왕은 자기를 위해 절을 지어준다는 헌강왕의 말에 감사하여 아들을 보내 왕을 돕게 한다. 처용이 서라벌 밝은 달밤에 밤늦도록 놀다가 집에 들어와 보니, 역신이 아내와 동침하고 있었다. 이것을 본 처용은 노래를 부르고 춤을 추면서 밖으로 나왔다. 이에 감동한 역신은 잘못을 사과하고, 그곳을 떠난다.

처용은 아내가 외간남자와 동침하는 것을 보고, 노래를 부르고 춤을 추었다. 이런 태도를 어떻게 해석해야 할까? 처용은 어떤 인물인가에 관하여는 그동안 많은 논의가 있었다.

처용은 신통력이 있는 무당이었던 것 같다. 그는 용왕의 아들이라 하였으나, 이것은 실제로는 있을 수 없는 일이니, 용왕신이 내린 무당이 아니었을까 생각한다. 무당은 노래와 춤으로 굿을 하여 귀신을 쫓는 역할을 하는 사제자이다. 역신은 천연두를 포함한 전염병을 옮기는 신이다. 처용의 아내가 역신과 함께 있으니, 그녀는 역병에 걸린 게 틀림없다. 병을 낫게 하려면, 역신을 쫓아내야 한다. 처용은 위에서 말한 역신을 쫓아내는 방법 중 세 번째 방법을 적용한 것이다.

처용은 역신을 위협하여 쫓아내는 것이 아니라, 노래 부르며 춤을 추었다. 이를 본 역신은 그의 대범함에 놀라고, 감동하였다. 그래서 곧 떠나겠다고 하면서, 앞으로 처용이 있는 곳은 물론, 처용의 화상이 걸려 있는 집에도 들어가지 않겠다고 약속한다. 이 일로 말미암아 나라 사람들이 처용의 형상을 문에 그려 붙여서 사귀(邪鬼)를 물리치고 경사로운 일을 맞아들이는 습속이 생겼다고 한다. 그래서 처용은 역신을 쫓은 신이한 존재로 추앙받게 되었다.

두 이야기의 비교

성경과 『삼국유사』에 나오는 예수와 처용은 귀신을 쫓아 병을 낫게 하였다는 점에서 일치한다. 두 사람은 자기의 권능으로 귀신을 쫓아내어 치유한다. 두 이야기의 바탕에는 '질병은 귀신이 들려 생기는 것'이므로, 귀신을 쫓아내면 병이 낫는다고 하는 고대인의 질병관(疾病觀)이 깔려 있다.

두 이야기 중 '예수의 귀신 쫓기'는 성경에 기록됨으로써 예수의 권능과 신이성을 드러낸다. 그리고 병자 치유를 통한 인류 구원의 높은 뜻을 깨닫게 한다. 그래서 기독교인들로 하여금 예수에 대한 존경심과 신앙심을 갖게 한다.

예수의 권능으로 귀신을 쫓아낸 뒤에는 그 자리에 하나님과 주 예수를 믿는 마음으로 가득 채워 놓아야 한다. 우리의 마음에 있는 귀신을 쫓아내고서, 하나님을 믿는 마음으로 채워놓지 않으면, 더 큰 귀신이 들어와 상태가 더 나빠질 수도 있다.

　악한 귀신이 어떤 사람에게서 나왔을 때에, 그는 쉴 곳을 찾느라고 물 없는 곳을 헤맸으나 찾지 못하였다. 그래서 그는 말하기를 '내가 나온 집으로 되돌아가겠다' 하고, 돌아와서 보니, 그 집은 비어 있고, 말끔히 치워져서 잘 정돈되어 있었다. 그래서 그는 가서, 자기보다 더 악한 딴 귀신 일곱을 데리고 와서, 그 집에 들어가 거기에 자리를 잡고 살았다. 그래서 그 사람의 나중 형편이 처음보다 더 비참하게 되었다. 이 악한 세대도 그렇게 될 것이다.

〈『새번역 성경』「마태복음서」12:43∼45〉

우리의 마음에 탐욕, 음심, 고독감, 열등감, 저주, 불안, 갈등, 초조, 번민이 있으면, 귀신이 들어와 우리 마음을 차지하게 된다. 귀신에게 틈을 내어 주는 이러한 것들을 물리치고, 그 자리에 찬송과 기도, 감사하는 마음이 늘 함께하도록 해야 한다.

처용은 역신을 쫓는 권능을 가진 사제자로, 민중의 큰 지지와 호응을 받은 인물이었다. 그는 신라 시대부터 문에 그의 화상을 그려 역신을 막는 풍습을 낳게 하였다. 또 귀신을 쫓는 의식의 처용무(處容舞)를 형성시켜 국가무형문화재 제39호로 전승하게 하였다. 『삼국유사』의 처용에 관한 기록은, 처용이 우리 문화의 형성과 발전에 크게 기여한 인물임을 알게 해 준다.

ℰ 6 ℬ

성경의 부활 – 재생 이야기

'사람은 언젠가는 죽는다'는 것은 자연의 법칙이다. 누구도 이 법칙을 거스를 수 없다. 사람은 이 법칙에 순응하면서도 죽었다가 다시 살아나 생명을 연장하는 것에 대한 열망을 마음 깊은 곳에 간직하였다. 그 열망은 종교의 교리, 문학작품, 민속에 직·간접적으로 표현되어 있다.

성경에는 예수의 부활을 비롯한 몇 건의 부활 이야기가 실려 있다. 기독교인들은 이를 사실로 받아들이고, 의심 없이 믿는다. 그러나 이를 허황된 이야기라고 하면서 믿지 않는 사람도 있다.

한국인은 예로부터 죽은 사람도 다시 살아날 수 있다고 생각하고, 이를 관념화하였다. 추상적인 관념도 재미있는 이야기 속에 녹여 넣으면 쉽게 이해할 수 있다. 그래서 죽은 사람이 다시 살아나는 이야기를 만들어 전파·전승해 왔다.

죽었던 사람이 다시 살아나 생명을 연장하는 이야기를 '재생 설화(再生說話)'라고 한다. 재생 설화에는 재생의 양식을 비롯하여 재생에 관한 한국인의 의식이 잘 드러나 있다. 한국의 재생 설화에 대한 이해는 예수의 부활을 비롯한 성경의 부활 이야기를 이해하는 데에 도움이 될 것이다.

성경의 부활 이야기

성경에는 예수께서 죽은 사람을 살린 이야기를 비롯하여 엘리야·엘리사·베드로가 죽은 사람을 살린 이야기, 예수께서 십자가에 못 박혀 죽은 뒤에 사흘 만에 부활한 이야기가 실려 있다.

A. 엘리야가 사르밧 과부의 아들을 살림

이집 여주인의 아들이 병이 들었다. 그의 병은 매우 위중하여서, 끝내는 숨을 거두고 말았다. 그러나 그 여인은 엘리야에게 이렇게 말하였다.
"하나님의 사람이신 어른께서 저와 무슨 상관이 있다고, 이렇게 저에게 오셔서, 저의 죄를 기억나게 하시고, 제 아들을 죽게 하십니까?"
엘리야가 그 여인에게 아들을 달라고 하면서, 그 여인의 품에서 그 아이를 받아 안고, 자기가 머물고 있는 다락으로 올라갔다. 그리고 그를 자기의 침대 위에 뉘어 놓고 주님께 부르짖었다.
"주 나의 하나님, 어찌하여 내가 머물고 있는 이집의 과부에게 이렇게 재앙을 내리시어, 그 아들을 죽게 하십니까?"
그는 그 아이의 몸 위에 세 번이나 엎드려서, 몸과 몸을 맞춘 다음, 주님께 또 부르짖었다.
"주 나의 하나님, 제발 이 아이의 호흡이 되돌아오게 하여 주십시오."
주님께서 엘리야가 부르짖는 소리를 들으시고 그 아이의 호흡을 되돌아오게 하여 주셔서, 그 아이가 살아났다.

〈『새번역 성경』「열왕기상」17:17~22〉

B. 엘리사가 수넴 여인의 아들을 살림

엘리사가 집 안에 들어가서 보니, 그 아이는 죽어 있었고, 그 죽은 아이는 엘리사가 눕던 침대 위에 뉘어 있었다.

엘리사는 방 안으로 들어가서 문을 닫았다. 방 안에는 엘리사와 그 죽은 아이 둘뿐이었다. 엘리사는 주님께 기도를 드린 다음에, 침대 위로 올라가서, 그 아이 위에 몸을 포개어 엎드렸다. 자기 입을 그 아이의 입 위에 두고, 자기의 손을 그 아이의 손 위에 놓고, 그 아이 위에 엎드리니, 아, 아이의 몸이 따뜻해지기 시작하는 것이 아닌가!

엘리사가 잠시 내려앉았다가, 집 안 이곳저곳을 한 번 거닌 뒤에 다시 올라가서, 그 아이의 몸 위에 몸을 포개어 엎드리니, 마침내 그 아이가 일곱 번이나 재채기를 한 다음에 눈을 떴다.

엘리사가 게하시를 불러서, 수넴 여인을 불러오게 하였다. 게하시가 그 여인을 불렀다. 그 여인이 들어오니, 엘리사가 그 여인에게 아들을 데리고 가라고 하였다. 그 여인은 들어와서, 예언자의 발에 얼굴을 대고, 땅에 엎드려 큰 절을 하고, 아들을 데리고 나갔다.

〈『새번역 성경』「열왕기하」 4:32~37〉

C. 예수께서 과부의 아들을 살리심

예수께서 성문에 가까이 이르셨을 때에 사람들이 한 죽은 사람을 메고 나오고 있었다.

그 죽은 사람은 그의 어머니의 외아들이고, 그 여자는 과부였다. 그런데 그 성의 많은 사람이 그 여자와 함께 따라오고 있었다.

주님께서 그 여자를 보시고, 가엾게 여기셔서 말씀하셨다.

"울지 말아라."

그리고 앞으로 나아가서, 관에 손을 대시니, 메고 가는 사람들이 멈추어 섰다. 예수께서 말씀하셨다.

"젊은이야, 내가 네게 말한다. 일어나라."

그러자 죽은 사람이 일어나 앉아서, 말을 하기 시작하였다. 예수께서 그를 그 어머니에게 돌려 주셨다. 〈『새번역 성경』「누가복음서 7:12~15」〉

D. 예수께서 야이로의 딸을 살리심

예수께서 아직 말씀을 계속하시는데, 회당장의 집에서 사람이 와서 말하였다.

"따님이 죽었습니다. 선생님을 더 괴롭히지 마십시오."

예수께서 들으시고 나서, 회당장에게 말씀하셨다.

"두려워하지 말고, 믿기만 하여라. 딸이 나을 것이다."

그리고 그 집에 이르러서, 베드로와 요한과 야고보와 그 아이의 부모 밖에는, 아무도 함께 들어가는 것을 허락하지 않으셨다.

사람들은 모두 울며 그 아이에 대해 슬퍼하고 있었다. 예수께서 말씀하셨다.

"울지 말아라. 아이가 죽은 것이 아니라, 자고 있다."

그들은 아이가 죽었음을 알고 있으므로, 예수를 비웃었다.

예수께서 아이의 손을 잡으시고 말씀하셨다.

"아이야, 일어나라."

그러자 그 아이의 영이 돌아와서, 아이가 곧 일어났다. 예수께서는 먹을 것을 아이에게 주라고 지시하셨다.

〈『새번역 성경』「누가복음서」 8:49~55〉

E. 베드로가 도르가를 살림

그런데 욥바에 다비다라는 여제자가 있었다. 그 이름은 그리스 말로 번역하면 도르가인데, 이 여자는 착한 일과 구제 사업을 많이 하는 사람이었다. 그 무렵에 이 여자가 병이 들어서 죽었다. 그래서 사람들이 그의 시신을 씻겨서 다락방에 두었다.

룻다는 욥바에서 가까운 곳이다. 제자들이 베드로가 룻다에 있다는 말을 듣고, 두 사람을 그에게로 보내서, 지체하지 말고 와 달라고 간청하였다. 베드로가 그곳에 이르니, 사람들이 그를 다락방으로 데리고 올라갔다. 과부들이 모두 베드로 곁에 서서 울며, 도르가가 그들과 함께 지낼 때에 만들어 준 속옷과 겉옷을 다 내보여 주었다.

베드로는 모든 사람을 바깥으로 내보내고 나서, 무릎을 꿇고 기도를 하였다. 그리고 시신 쪽으로 몸을 돌려서,

"다비다여, 일어나시오!"

하고 말하였다. 그 여자는 눈을 떠서 베드로를 보고, 일어나서 앉았다.

베드로가 손을 내밀어서, 그 여자를 일으켜 세웠다. 그리고 성도들과 과부들을 불러서, 그 여자가 살아 있음을 보여 주었다.

〈『새번역 성경』「사도행전」9:36~41〉

F. 예수께서 부활하심

안식일이 지났을 때에, 막달라 마리아와 야고보의 어머니 마리아와 살로메는 가서 예수께 발라 드리려고 향료를 샀다. 그래서 이레의 첫날 새벽, 해가 막 돋은 때에, 무덤으로 갔다. 그들은

"누가 우리를 위하여 그 돌을 무덤 어귀에서 굴려내 주겠는가?"

하고 서로 말하였다. 그런데 눈을 들어서 보니, 그 돌덩이는 이미 굴려져 있었다. 그 돌은 엄청나게 컸다.

그 여자들은 무덤 안으로 들어가서, 웬 젊은 남자가 흰 옷을 입고 오른쪽에 앉아 있는 것을 보고 몹시 놀랐다. 그가 여자들에게 말하였다.

"놀라지 마시오. 그대들은 십자가에 못 박히신 나사렛 사람 예수를 찾고 있지만, 그는 살아나셨소. 그는 여기에 계시지 않소. 보시오, 그를 안장했던 곳이오. 그러니 그대들은 가서, 그의 제자들과 베드로

에게 말하기를 그는 그들보다 먼저 갈릴리로 가실 것이니, 그가 그들에게 말씀하신 대로, 그들은 거기에서 그를 볼 것이라고 하시오." 그들은 뛰쳐나와서, 무덤에서 도망하였다. 그들은 벌벌 떨며 넋을 잃었던 것이다. 그들은 무서워서, 아무에게도 아무 말도 못하였다.

예수께서 이레의 첫날 새벽에 살아나신 뒤에, 맨 처음으로 막달라 마리아에게 나타나셨다. 마리아는 예수께서 일곱 귀신을 쫓아내 주신 여자이다. 마리아는 예수와 함께 지내던 사람들이 슬퍼하며 울고 있는 곳으로 가서, 그들에게 이 소식을 전하였다. 그러나 그들은, 예수가 살아 계시다는 것과, 마리아가 예수를 목격했다는 말을 듣고서도, 믿지 않았다.

그 뒤에 그들 가운데 두 사람이 걸어서 시골로 내려가는데, 예수께서 다른 모습으로 그들에게 나타나셨다. 그들은 다른 제자들에게 되돌아가서 알렸으나, 제자들은 그들의 말을 믿지 않았다.

그 뒤에 열한 제자가 음식을 먹을 때에, 예수께서는 그들에게 나타나셔서, 그들이 믿음이 없고 마음이 무딘 것을 꾸짖으셨다. 그들이, 자기가 살아난 것을 본 사람들의 말을 믿지 않았기 때문이다. 또 예수께서 그들에게 말씀하셨다.

"너희는 온 세상에 나가서, 만민에게 복음을 전파하여라. 믿고 세례를 받는 사람은 구원을 얻을 것이요, 믿지 않는 사람은 정죄를 받을 것이다. 믿는 사람들에게는 이런 표징들이 따를 터인데, 곧 그들은 내 이름으로 귀신을 쫓아내며, 새 방언으로 말하며, 손으로 뱀을 집어 들며, 독약을 마실지라도 절대로 해를 입지 않으며, 아픈 사람들에게 손을 얹으면 나을 것이다."

주 예수께서 그들에게 말씀하신 뒤에, 하늘로 들려 올라가셔서, 하나님의 오른쪽에 앉으셨다.　　　　　『새번역 성경』「마가복음서」 16:1~19)

G. 부활한 예수께서 나타나심

그들이 이런 이야기를 하고 있을 때에, 예수께서 몸소 그들 가운데 들어서서 말씀하셨다.

"너희에게 평화가 있어라."

그들은 놀라고, 무서움에 사로잡혀서, 유령을 보고 있는 줄로 생각하였다. 예수께서는 그들에게 말씀하셨다.

"어찌하여 너희는 당황하느냐? 어찌하여 마음에 의심을 품느냐. 내 손과 발을 보아라. 바로 나다. 나를 만져 보아라. 유령은 살과 뼈가 없지만, 너희가 보다시피, 나는 살과 뼈가 있다."

이렇게 말씀하시고, 그는 손과 발을 그들에게 보이셨다.

그들은 너무 기뻐서, 아직도 믿지 못하고 놀라워하고 있는데, 예수께서 그들에게 말씀하셨다.

"여기에 먹을 것이 좀 있느냐?"

그래서 그들이 예수께 구운 물고기 한 토막을 드렸다. 예수께서 받아서 그들 앞에서 잡수셨다. 《『새번역 성경』 「누가복음서」 24:36~43)

위의 이야기 중 A와 B에서는 구약 시대에 영적 능력이 뛰어났던 엘리야와 엘리사가 죽은 아이의 몸에 자기 몸을 포개고, 하나님께 간절히 기도하여 죽은 아이를 살린다. E에서는 예수의 수제자 베드로가 무릎을 꿇고 기도한 뒤에 죽은 사람의 이름을 부르며 일어나라고 하여 살려낸다. 이처럼 엘리사와 엘리야, 베드로는 하나님께 간절히 기도하고, 그 기도의 응답으로 죽은 사람을 살려낸다.

그런데 C와 D를 보면, 예수께서 죽은 사람에게 '일어나라'고 명령을 하니, 죽은 사람이 잠에서 깨어 일어나는 것처럼 일어선다. 이것은 예수께서는 죽은 사람을 살리는 권능을 지니고 있음을 말해 주는 것이다.

죽은 사람이 살아나는 과정을 보면, D에서는 예수께서 아이의 손을 잡으시고 '아이야, 일어나라'고 하자 '그 아이의 영이 돌아와서, 아이가 곧 일어났다'고 하였다. 이것은 육신을 벗어난 아이의 영혼을 돌아오게 하여 살아나게 한 것이다. A에서는 "주님께서 엘리야가 부르짖는 소리를 들으시고, 그 아이의 호흡을 되돌아오게 하여 주셔서, 그 아이가 살아났다."라고 하였다. B에서는 "그 아이의 몸 위에 몸을 포개어 엎드리니, 마침내 그 아이가 일곱 번이나 재채기를 한 다음에 눈을 떴다."라고 하였다. 이처럼 A와 B는 멈췄던 호흡을 되돌아오게 하여 살려낸다. 호흡은 생명체가 살아가는 데 필요한 기운이란 말인데, 영혼으로 보아도 좋을 것 같다.

F와 G는 예수의 부활을 이야기한다. 예수의 부활을 맨 먼저 안 사람들은 예수의 시신에 향료를 바르려고 무덤에 갔던 여인들이다. 그들은 시신이 없어진 것을 보고 놀라고, 천사로부터 예수가 부활하여서 갈릴리로 갔다는 소식을 듣는다. 예수의 부활 소식을 들은 제자들은 이를 믿지 못한다. 예수는 죽은 지 사흘 만에 그 육신 그대로 부활하셔서 제자들에게 나타난다. 그러나 그들은 예수를 만나고서도 놀랍고 두려움에 사로잡혀서 유령을 보고 있는 것으로 생각한다. 예수께서는 자기의 몸을 보여주시고, 음식을 먹는다. 그제야 제자들은 예수의 부활을 사실로 받아들인다.

한국인의 영혼관

성경에 나오는 부활 이야기를 선뜻 이해하지 못하는 사람이 많이 있다. 이것은 우리가 눈앞에 보이는 사실만을 중요하게 여기며 살아왔기 때문이다. 부활을 이해하기 위해서는 한국인이 삶과 죽음을 어떻게 생각하였는가를 알아보고, 그로 미루어 생각하면 이해하기 쉬울 것이다.

설화나 민간신앙을 보면, 한국인은 예로부터 영육분리(靈肉分離)의 이원적 사고를 갖고 있었다. 이에 따르면, 사람은 육신과 영혼의 결합으로 존재한다. 육신과 영혼이 결합되어 있는 상태가 삶이고, 육신과 영혼이 분리된 상태가 죽음이다.

육신은 형상을 갖추고 있어 눈으로 볼 수 있으나, 영구적으로 존재할 수 없는 유한(有限)한 존재이다. 형상을 갖추고 있어서 눈으로 볼 수 있다는 것은 공간성에 의한 것이고, 유한하다는 것은 시간성에 의한 것이다. 따라서 육신은 공간과 시간의 제약을 받는 존재이다.

영혼은 본질적으로 형체가 없어 눈으로 볼 수 없지만, 오래도록 없어지지 않는 영원한 존재라고 믿는다. 형체가 없어 눈으로 볼 수 없는 것은 공간성에 의한 것이고, 영원한 존재라는 것은 시간성에 의한 것이다. 따라서 영혼은 공간과 시간의 제약을 받지 않는 무시간·무공간의 존재이다.

재생 이야기

재생 설화에는 여러 가지 재생의 양식이 나타난다. 재생 양식에는 죽은 사람이 다시 살아나는 부활(復活), 죽은 사람이 다른 사람이나 동·식물로 다시 태어나는 환생(還生), 신이나 신이한 존재로 변하는 환생(幻生)이 있다. 여기서는 부활에 관하여만 간단히 살펴보겠다.

죽었던 사람이 다시 살아나 생명을 연장하는 부활은 살아나는 계기에 따라 네 가지 양식으로 나타난다. 첫째, 죽은 사람이 꽃, 약수, 눈물, 나뭇가지, 구슬 등의 신령스런 물건을 매개로 하여 다시 살아난다. 이를 영물매개부활(靈物媒介復活)이라고 한다. 둘째, 육체를 떠났던 영혼이 다시 육체로 돌아옴으로써 죽었던 사람이 살아난다. 이를 환혼부활(還魂復活)이라고 한다. 셋째, 귀신의 작용으로 죽었던 사람이 그 귀신을 쫓아내니 다시 살아나는 축귀부활(逐鬼復活)이 있다. 넷째, 죽은 사람 또는 그 가족의 정성스런 행동에 감동한 하늘 (하느님)이 죽은 사람을 다시 살려주어 살아나는 감천부활(感天復活) 이 있다.

약수를 구해 부모를 살린 바리공주

옛날에 섬나라를 다스리는 어비대왕이란 임금이 있었다. 길대 부인을 왕비로 간택하고, 천하궁의 갈이 박사에게 가서 길흉을 물어보라 하였다. 갈이 박사는 '금년에 길례(吉禮, 혼인예식)를 하면 7공주를 얻을 것이요, 내년에 길례를 하면 나라를 잘 다스릴 대군을 얻을 것' 이라고 하였다. 왕은 급한 마음에 이 말을 무시하고, 그해 7월에 길례를 하였다.

얼마의 세월이 흐른 뒤에 왕비가 딸을 낳았다. 임금은 공주를 낳았으니, 세자인들 아니 낳겠느냐며 잘 기르라고 하였다. 얼마 뒤에 왕비가 또 딸을 낳았다. 이번에도 왕은 같은 말을 하고, 잘 기르라 하였다. 왕비가 딸 여섯을 낳은 뒤에 다시 잉태하였다. 왕은 기뻐하며 문복(問卜)하니, 이번에도 딸을 낳을 것이라 하였다.

왕비가 일곱째 딸을 낳자, 왕은 눈물을 흘리며 탄식한 뒤에 '바리공주'라 이름을 짓고, 옥함에 넣어 강에 버리게 하였다. 명을 받은 신하가 옥함을 강물에 던지니, 금거북이 나타나서 지고 갔다. 이때 제도(濟度, 미혹한 세계에서 생사만을 되풀이하는 중생을 건져 내어 생사 없는 열반의 언덕에 이르게 함)하려고 세상으로 나오던 석가세존이 일곱째 공주를 발견하고, 그때 마침 그곳을 지나던 비리공덕 할아비와 할미에게

"여기에 하늘이 아는 자손이 있으니, 데려다 기르라."

라고 했다.

비리공덕 할아비와 할미가 아기를 초가삼간으로 데리고 가서 길렀다. 아기가 점점 자라 일곱 살이 되니, 학문에도 능하고, 천문지리와 육도삼략(六韜三略, 중국의 오래된 병서)에 능통하게 되었다. 아기는 자라면서 자기 부모가 누구냐고 물었으나, 할아비와 할미는 적당히 둘러대곤 하였다.

한편, 대왕 내외는 한날한시에 병이 들었다. 약을 써도 효험이 없자 상궁을 불러 갈이 박사에게 가서 점을 쳐보라고 하였다. 갈이 박사는 점을 친 뒤에, 양전 마마가 한날한시에 죽을 것이라며 바리공주를 찾으라고 하였다. 왕이 이 말을 듣고 눈물을 흘리다가 잠이 들었다. 그때 꿈에 청의동자(靑衣童子)가 나타났다. 왕이 '병이 난 연유가 무엇이냐'고 물으니, 청의동자는 옥황상제가 점지한 바리공주를 버린 죄로 병이 난 것이라고 하였다. 왕이 다시 살 수 있겠느냐고 물으니, 동자는 용궁에 있는 약이나 삼신산 불사약, 또는 봉래 방장 무장승의 약수를 구해다가 먹으면 살 수 있을 것이라며, 바리공주를 찾으라고 하였다.

왕이 바리공주를 찾을 걱정을 하니, 한 신하가 자원하였다. 그 신하가 바리공주를 찾아가니, 바리공주는 표적을 가져왔느냐고 물었다. 그가 내놓은 아기의 배냇저고리에 적힌 대왕과 아기의 생년월일시를 보니, 옥함 속에 들어있던 것과 똑같았다. 공주가 다른 표적을 가져오라고 하자, 신하가 대왕의 무명지를 베어 흘린 피를 가지고 왔다. 거기에 공주의 무명지를 베어 피를 섞으니, 한데로 합쳤다. 그제야 바리공주는 대궐을 향해 떠났다.

바리공주가 대왕 내외를 만나 인사하니, 약을 구하러 가겠느냐고 물었다. 바리공주는 곱게 기른 여섯 형님네는 어찌 못 가느냐고 물으니, 모두 핑계를 대었다. 바리공주는 낳아주신 은혜가 크니, 가서 약을 구해오겠다며 길을 떠났다.

바리공주는 까치·석가세존의 도움을 받아, 산 넘고 물 건너 열두 지옥을 통과하여 무장승을 만났다. 공주가 지금까지의 일을 모두 이야기하니, 무장승은 여러 가지 요구를 하였다. 공주는 무장승의 요구대로 3년 동안 길 값으로 나무를 해 주고, 삼(蔘) 값으로 3년을 불을 때 주고, 물 값으로 3년을 물을 길어 주었다. 이렇게 9년을 산 뒤에 무장승과 결혼하여 아들 일곱을 낳아 주었다.

어느 날, 공주가 꿈을 꾸고, 빨리 돌아가야겠다고 하자, 무장승이 말했다.

"그대가 길어 쓰던 물이 약수이니 가져가고, 베던 풀은 개안초(開眼草)이니 가져가오. 숨을 살리고, 뼈를 살리고, 살을 살리는 삼색 꽃은 눈에 넣고, 개안초는 몸에 품고, 약수는 입에 넣으시오."

바리공주가 모든 것을 몸에 지닌 다음, 무장승·일곱 아들과 함께 길을 떠나서 오다 보니, 앞에서 상여 두 채가 나왔다. 누구의 상여인가 물으니, 한날한시에 승하하신 양전 마마의 상여라고 하였다. 바리공주는 상여를 세우고 관을 뜯은 다음, 양전 마마를 묶은 것을 풀어 양손을 편안하게 하였다. 그런 뒤에 양전마마의 입에 서천서역국에서 가져온 약수를 넣고, 개안초를 품에 넣었다. 그리고 뼈살이꽃, 살살이꽃, 피살이꽃을 눈에 넣으니, 양전마마가 숨을 길게 쉬고, 기지개를 켜면서 일어나 앉아 말했다.

"무슨 일로 여기에 다 모여 있느냐?"

"버렸던 공주가 약수를 구해 와서 양전마마를 살리셨나이다. 바삐 환궁하시지요."

대왕은 환궁하여 무장승과 일곱 아들, 비리공덕 할아비와 할미에게

고루 은덕을 베풀어 먹고 살게 해 주었다. 그리고 바리공주는 무당의 조상이 되었다.　　　〈최운식 외, 『한국의 신화』, 시인사, 1987, 220~235쪽.〉

이것은 무조신화(巫祖神話)로, 서울·경기 지역에서 죽은 사람을 저승으로 천도시키는 진오귀굿의 말미에 부르는 무가 「바리공주」의 요지이다. '바리공주'는 '버린 공주'가 변하여 된 말이다.

이 이야기에서 왕과 왕비는 옥황상제가 점지한 일곱째 딸을 버린 벌로 한날한시에 병이 들어 죽게 되었다. 왕은 자기가 버린 바리공주를 찾아 약을 구해다 달라고 부탁한다. 바리공주는 여섯 언니들과는 달리 약을 구하러 길을 떠난다. 그것은 길러주지는 않았지만, 낳아준 부모의 공에 감사하는 지극한 효성 때문이었다.

바리공주의 구약로정(救藥路程)은 멀고 힘들었지만, 부모를 살리겠다는 일념으로 이겨내고 약을 구해 온다. 바리공주는 고생하면서 구해 온 약수와 꽃으로 상여에 실려 나가던 아버지와 어머니를 살려낸다.

한날한시에 죽은 왕과 왕비가 다시 살아날 수 있었던 것은 바리공주가 구해온 약수, 개안초, 뼈살이꽃, 살살이꽃, 피살이꽃과 같은 영물의 영험 때문이었다. 그러나 그 바탕에는 자기를 버린 부모를 위해 약을 구해 온 바리공주의 효심과 희생에 감동한 신의 은총이 작용하였음을 알 수 있다. 이 이야기는 영물매개부활의 양식에 해당한다 하겠다.

저승에 갔다 온 사람

옛날에 '박경래'라는 사람이 병이 깊어 정신이 오락가락하는데, 밖에서 누가 큰 소리로 부르면서 빨리 나오라고 하였다. 그래서 나가 보니, 세 사람이 서 있다가 다짜고짜 가자고 하여 저승으로 데리고 갔다.

저승에 가니, 염라대왕 아래에 앉은 최판관이 치부책을 보면서 말했다.

"네가 '박영래'냐?"

"아니오. '박경래'입니다."

"뭐, '박경래'야? 이놈들, '박영래'를 잡아오라고 했더니, '박경래'를 잡아왔구나. 이 사람은 여덟 달 후에 올 사람이니 돌려보내라."

이 말을 들은 저승사자들이 미안하다고 하고, 빗자루 하나를 주면서 발자국을 쓸면서 가라고 하였다. 그가 빗자루를 받아 쓸면서 와 보니, 자식들이 울고불고 야단하다가, 그가 깨어나자 모두 기뻐하였다. 그로부터 그의 병은 차츰 좋아져서 여덟 달을 더 살았다.

그가 아들을 시켜 '박영래'라는 사람을 찾아보게 하였다. 멀지 않은 곳에 '박영래'라는 사람이 살았는데, 그가 다시 깨어나던 그 시각에 죽었다고 하였다.

〈최운식, 『한국의 민담 1』, 시인사, 1999, 68~70쪽.〉

염왕의 배려로 다시 살아난 선율

망덕사의 중 선율은 시주받은 돈으로 『육백반야경(六百般若經)』을 간행하고자 하였다. 그런데 일이 다 끝나기도 전에 갑자기 저승사자에게 붙들려 저승으로 갔다. 저승에 가니, 염왕이 선율에게 물었다.

"너는 인간 세상에 있을 때 무슨 일을 하였느냐?"

"저는 만년에 『대품반야경』을 만들려고 하다가 공사를 다 마치지 못하고 왔습니다."

이 말을 들은 염왕이 말했다.

"수명부에 의하면 너의 수명은 이미 끝났다. 그러나 가장 큰 소원을 마치지 못했다 하니, 다시 인간 세상으로 돌아가서 귀한 책을 끝내어 이루도록 하여라."

염왕은 그를 놓아 보냈다.

그는 돌아오는 도중에 한 여자를 만났다. 그 여자는 선율에게 자기의 부모를 만나, '몰래 차지한 금강사의 땅을 돌려주라'는 말을 전해 달라고 하였다. 또 자기가 감춰 두고 온 베와 참기름을 찾아 부처님께 바치고, 자기의 명복을 빌어 달라고 하였다. 선율은 그 여자의 집이 어디인가를 묻고 돌아왔다.

선율이 돌아와 보니, 죽은 지가 열흘이 지났으므로, 남산 동쪽에 장사지낸 뒤였다. 선율이 무덤 속에서 사흘을 외치니, 지나가던 목동이 이 소리를 듣고 절에 알렸다. 절의 중들이 와서 무덤을 파고 그를 꺼냈다. 선율이 그동안의 일을 자세히 이야기하고, 그 여자의 집을 찾아갔다. 그 여자는 죽은 지 열다섯 해나 지났는데, 베와 참기름은 그 자리에 그대로 있었다. 선율이 그 여자의 부탁대로 명복을 빌어 주었더니, 여자의 영혼이 찾아와서 말했다.

"저는 법사의 은혜를 입어 이미 고뇌를 벗어났습니다."

그때 사람들은 이 말을 듣고 놀라고 감동하지 않는 이가 없었다. 그래서 서로 도와 『반야경』을 완성시켰다. 그 책은 지금 동도(東都) 승사서고(僧司書庫) 안에 있다. 매년 봄과 가을에는 돌려가며 읽어 재앙을 물리친다.

『삼국유사』 권5 「선율환생」

「저승에 갔다 온 사람」에서 '박경래'는 저승사자에게 끌려 저승에 갔다. 그것은 수명이 다한 '박영래'와 '박경래'의 발음이 비슷하기 때문에 일어난 저승사자의 실수였다. 그는 저승사자들이 잘못하여 데려간 것이 밝혀져 다시 이승으로 돌아온다.

「염왕의 배려로 다시 살아난 선율」에서 선율은 수명이 다하여 저승에 잡혀갔다. 염라대왕은 그가 매우 귀한 일을 하다가 마치지 못한 것을 알고, 그 일을 마치고 오라고 돌려보낸다. 이승으로 돌아온 선율의 영혼은 무덤 안에 있는 그의 육신으로 들어간다. 그런데 무덤 밖으로 나올 수 없어서 사흘을 무덤 안에서 소리친 다음에야 그를 매장한 중들에게 알려져 무덤 밖으로 나온다. 그는 저승에서 만난 여인의 부탁을 들어주기도 한다. 이 이야기는 불교적으로 윤색되어 있으나, 한국인의 삶과 죽음에 대한 의식이 잘 반영되어 있다.

사람의 수명은 태어날 때 이미 정해져 수명부에 기록되어 있다. 염라대왕은 저승사자를 시켜 수명이 다한 사람의 영혼을 저승으로 데려간다. 저승에서 문서를 관리하는 최판관은 저승사자들이 데려온 사람을 문서와 대조하여 착오가 없는가를 확인한다.

저승에서는 수명부와 대조한 결과 수한(壽限)이 남은 사람을 잘못 데려왔거나 특별한 이유가 있을 때에는 그 사람의 영혼을 다시 이승으로 돌려보낸다. 육신을 떠났던 영혼이 돌아오면, 그 사람은 다시 살아난다. 위의 두 이야기는 환혼부활의 양식을 보여준다.

남이 장군의 결혼

조선 세조 때 병조판서를 지낸 남이(南怡)는 의산위 남휘의 아들이고, 태종의 외손이다. 그는 용맹이 매우 뛰어났다.

소년 시절의 어느 날이었다. 길에서 놀다가 보니, 한 여자아이가 청색 보자기가 덮인 작은 목판을 이고 갔다. 그런데 그 위에 분으로 화장을 한 여귀(女鬼)가 앉아 있었다. 그가 이상히 여겨 뒤를 따라가 보니, 그 아이는 어느 재상의 집으로 들어갔다. 얼마 지나지 않아 그 집에서 슬피 우는 소리가 났다. 그가 그 까닭을 물으니, 재상의 딸이 갑자기 세상을 떠났다고 하였다.

이 말을 들은 남이가 말했다.

"내가 들어가 보면, 낭자를 살릴 수 있을지도 모르겠습니다."

그 집에서는 처음에는 믿지 않다가 한참 지난 후에 들어오라고 하였다.

남이가 방문을 열고 들어가니, 낭자의 가슴을 누르고 있던 여귀가 남이를 보고 급히 달아났다. 잠시 후 낭자가 정신을 차리고 일어나 앉았다. 이를 본 그가 방을 나오니, 낭자는 다시 죽었다. 그가 다시 방으로 들어가니, 낭자가 다시 살아났다. 그가 그 집 사람에게 물었다.

"아까 가져온 목판에 무엇이 들어 있었습니까?"

"목판에 홍시를 담아 가져왔는데, 낭자가 먼저 먹고 갑자기 숨이 막혀 쓰러졌습니다."

이 말을 들은 남이는 주인에게 목판 위에 분을 바른 여귀가 앉아 있는 것을 보고 뒤따라 온 이야기를 자세히 하였다. 그리고 요망한 것을 쫓는 약을 써서 치료하게 하였다. 얼마 뒤에 낭자는 건강을 회복하였다. 그 여자는 좌의정 권람(權擥)의 제4녀였다.

권람은 남이를 넷째 딸과 혼인시키려고 복자(卜者)에게 그의 앞날이 어떠한가 알아보라 하니, 복자가 말했다.

"이 사람은 반드시 아주 귀하게 되겠습니다. 횡사(橫死, 뜻밖의 재앙으로 죽음)를 면할 길이 없으니, 정혼(定婚)함이 불가합니다."

이번에는 그의 딸의 점을 보라 하니, 복자가 말했다.

"따님은 아주 명이 짧아서 저 사람보다 먼저 죽을 것입니다. 그래서 복은 함께 누리고, 화는 보지 않아도 될 것이니, 두 사람을 혼인시켜도 좋겠습니다."

권람은 남이를 사위로 삼았다. 남이는 17세에 무과에 급제하고, 이시애의 난을 평정하였다. 또 건주에 있는 적을 물리치는 데 먼저 나아가 싸워 큰 공을 세워 병조판서에 제수(除授, 추천의 절차를 밟지 않고 임금이 직접 벼슬을 내림)되었다.

남이가 북쪽 오랑캐를 정벌할 때 시를 지었다.

白頭山石磨刀盡　백두산의 돌은 칼을 갈아 다 닳고
豆滿江水飲馬無　두만강의 물은 말을 먹여 다 마른다.
男兒二十未平國　남아로 태어나 이십에 나라를 평정하지 못하면
後世誰稱大丈夫　후세에 누가 대장부라 칭하리오.

그런데 예종 때 간신 유자광이 남이의 재능을 시기하여 '平國'의 '平' 자를 '得' 자로 고쳐 모반으로 주살하였다. 그때 남이의 나이는 28세였다. 그의 처는 몇 년 전에 이미 죽었다.

〈최동주, 『오백년 기담』, 「분귀위매(粉鬼爲媒)」, 경성 박문서관, 1913, 13〜14쪽.〉

위 이야기는 조선 후기에 씌어 진 야담집 『계산담수(鷄山談藪)』 권 1과 『역대유편(歷代類篇)』, 『금계필담(金溪筆談)』에도 실려 있다.

이 이야기에서 여귀는 홍시 목판에 붙어 권람의 집에 들어가서 그의 딸을 죽게 한다. 그런데 소년 남이는 여귀의 실체를 알아볼 수 있는 비범한 인물이다. 신이나 잡귀·잡신은 신이한 능력을 가진 사람, 비범한 인물, 앞으로 크게 될 인물을 알아본다. 그러한 인물을 해치지 않을 뿐만 아니라, 잘 대접하고 도와준다.

여귀가 남이를 알아보고 급히 도망한 것은 그가 장차 귀히 될 비범한 인물이기 때문이다. 권람의 딸은 여귀의 작용으로 죽었다가 장차 큰 인물이 될 남이가 여귀를 쫓아냄으로써 살아난다. 이 이야기에는 축귀부활의 양식이 나타난다.

당시 권세가 높던 좌의정 권람은 딸을 살려준 비범한 남이를 사위로 삼았다. 이 이야기는 소년 남이의 비범성을 드러내면서 여귀가 남이와 권람의 딸이 혼인하도록 중매하는 것으로 구성되어 있어 매우 흥미롭다.

새재 서낭신과 최명길

최명길이 소년 때의 일이다. 그가 안동부사로 있는 외숙을 뵈러 가는 길에 문경 새재를 지나게 되었다. 그때 아주 젊고 예쁜 여인이 따라오면서, 혼자 가기가 무서우니 같이 가자고 하였다. 그는 쾌히 승낙하고 함께 걸었다.

그는 여자의 정체가 궁금하였다. 그의 이런 마음을 알아차렸는지 여자가 방긋 웃으며 말했다.

"저는 사람이 아니고 새재 서낭신입니다. 안동에 사는 모 좌수(座首, 조선 시대에, 지방의 자치 기구인 향청의 우두머리)가 서울에 갔다 오는 길에 서낭당에 걸려 있는 치마를 가져다가 제 딸을 주었습니다. 지금 이런 고약한 짓을 한 좌수의 딸을 죽이러 가는 길입니다."

"인명은 재천인데, 그만한 일로 죽일 것까지는 없지 않소?"

"공은 미구에 정사공신(靖社功臣, 인조반정의 공신에게 내린 훈호)으로 영의정이 되실 것입니다. 병자호란이 일어나면 큰 공을 세우실 것입니다. 좌수의 딸은 죽일 것이로되 공의 체면을 봐서 징벌만 하겠습니다."

그가 서둘러 안동 좌수의 집을 찾아가니, 딸이 갑자기 죽어 경황이 없었다. 그가 주인을 찾아 말했다.

"내가 댁의 따님을 살릴 수도 있으니, 어서 따님 방으로 가시지요."

그가 방으로 들어가니, 새재에서 본 서낭신이 좌수 딸의 목을 누르고 있다가 그에게 인사를 하였다.

그가 좌수에게 말하였다.

"새재 서낭당에서 가져온 치마를 불사르고, 깨끗한 음식으로 제사를 드리면 회생할 것이니, 염려하지 마시오."

좌수가 백배사례(百拜謝禮, 거듭 절을 하며 고맙다는 뜻을 나타냄)하고, 그의 말대로 치성을 드리니, 딸이 다시 살아났다.

〈유증선, 『영남의 전설』, 형설출판사, 1971, 168~170쪽.〉

위 이야기는 병자호란 때 강화파의 대표로, 우의정·좌의정을 거쳐 영의정을 지낸 최명길(崔鳴吉)과 관련된 이야기다. 여기에는 서낭신의 작용으로 죽은 여인을 살려내는 축귀부활의 양식이 나타난다.

소년 최명길이 문경 새재를 넘을 때 서낭신은 그가 앞으로 귀히 되어 큰일을 할 인물임을 안다. 그래서 그에게 접근하여 좌수의 딸을 죽이려는 자기의 뜻을 말한다.

소년 최명길은 자애로운 마음이 있는 사람이라서 '그만한 일로 사람을 죽일 것까지는 없지 않느냐'며 만류한다. 서낭신은 그의 만류를 받아들여 징벌은 하되, 죽이지는 않겠다고 한다. 서낭신은 좌수 딸의 목을 눌러 죽게 했다가 최명길이 들어가자 자리를 뜬다. 이 이야기에서 서낭신은 최명길의 비범성을 드러내면서 서낭신을 가볍게 보는 좌수에게 경고를 보낸다.

서낭신앙은 우리의 민간신앙의 한 형태이다. 서낭은 마을을 지키는 수호신이다. '서낭'은 아주 오래전부터 전해 내려 온 산신신앙인 '산왕(山王)'에서 유래된 말이라고 한다. 그런데 중국의 성황(城隍)신앙이 들어와 서낭신앙과 뒤섞였다. 그래서 한자로 표기할 때에는 서낭을 城隍(성황), 서낭당을 城隍堂(성황당)으로 쓰고 있다.

지성이면 감천

옛날에 어떤 노인이 자식도 없고 가난하여 친구를 찾아가 며칠씩 얻어먹으며 지냈다. 그가 한 친구를 찾아가 며칠 묵고 있으니, 주인 친구가 말했다.

"이웃에 젊은 내외가 아기 하나를 낳고 사는데, 생활은 괜찮아. 그들 내외는 다 일찍 부모를 여의어서 어머니·아버지를 모시고 살아보지 못한 것이 한이래. 내가 그 집에 자네를 수양아버지로 모시면 어떻겠느냐고 말해 볼까 하는데, 자네 생각은 어떤가?"

"나야 좋지만, 그렇게 될까?"

주인 친구가 그 집을 찾아가 말하니, 젊은이 내외가 좋다고 하였다. 그날부터 젊은이 내외는 그 노인을 친아버지 이상으로 잘 모셨다.

몇 달이 지난 여름철에 아들 내외는 어린아이를 재운 뒤에 밭을 매러 가면서 말했다.

"아버님, 간단한 술상을 차려 놓았으니, 잡숫고 싶을 때 잡수십시오. 그리고 아기 깨거든 업고 밭으로 젖 먹이러 오셔요."

아들 내외가 밭으로 간 뒤에 노인이 술을 한 잔 먹어보니, 술맛이 참 좋았다. 주전자에 담아 놓은 술을 다 마시고 나니, 더 먹고 싶었다. 부엌으로 가서 술항아리를 찾아보니, 술이 많이 담겨 있었다. 술항아리에서 술을 마음껏 퍼마신 그는 몹시 취하였다.

얼마 후 아기가 깨어 울기 시작하자, 젖 먹이러 오라던 며느리의 말이 생각나서 아이를 업고 집을 나섰다. 노인은 아이를 업고 마을 앞에 있는 도랑의 외나무다리를 건너다가 발을 헛디뎌 도랑으로 떨어졌다. 술이 취한 노인은 도랑에서 아기를 깔아 누른 채 잠이 들었다.

며느리는 수양아버지가 아기를 데리고 올 때가 지났는데도 오지 않으므로 궁금하여 집으로 향하였다. 집으로 오다가 보니, 외나무다리 아래 도랑에서 아버지가 아기를 업은 채 코를 드르렁 드르렁 골면서 자고 있었다. 쫓아내려가 보니, 아기는 이미 죽어 있었다. 부인은 밭으로 달려가 남편에게 알리고, 함께 달려와서 아기와 수양아버지를 집으로 안아다가 눕혔다. 수양아버지는 아기가 죽은 것도 모르고, 깊은 잠에 빠져 있었다.

얼마 뒤에 아버지는 잠이 깨어서 물을 달라고 하면서, 아기는 어디 있느냐고 물었다. 내외는 아기가 자고 있다고 둘러댔다. 내외는 아버지가 이 사실을 알면, 미안해서 대번 집을 나갈 거라면서 아기를 아버지 모르게 산에다 묻기로 하였다.

　저녁밥을 지어 먹은 뒤에 내외가 아기를 묻으러 나가려고 하였다. 그때, 아버지가 며느리에게

　"아기가 아직도 자느냐?"

고 물었다. 며느리는

　"예, 깼다가 젖 먹고 또 잠이 들었어요."

하고 둘러댔다.

　땅거미가 진 뒤 아내는 아기를 안고, 남편은 연장을 들고 집을 나서려고 하였다. 그런데 청명하던 날씨가 갑자기 바람이 불면서 떼구름이 일더니, 뇌성벽력과 함께 소나기가 쏟아졌다. 장대비가 쏟아지므로 두 사람은 나가지 못하고, 다시 방으로 들어와 아기를 눕히고, 포대기를 덮어 주었다.

　얼마 뒤에 천둥·번개가 그치고, 구름도 걷혔다.

　"자, 인제 가지. 비가 안 올 것 같군"

남편의 말을 듣고, 아내가 다시 나가려고 아기를 안아 보니, 아기의 몸이 따뜻해졌다. 그래서 아기를 다시 눕히자 반시간 쯤 지나서 아기가 울기 시작했다. 두 사람은 놀랍고 기뻐서 어쩔 줄을 몰랐다. 이는 두 사람의 수양아버지에 대한 지극한 효성에 감동한 하늘이 아기를 살려준 것이다. 〈최운식, 『한국의 민담 2』, 시인사, 1999, 208~211쪽.〉

　위 이야기에서 젊은이 내외는 아이를 죽게 한 수양아버지가 무척 밉고 원망스러웠을 것이다. 그러나 아이가 죽은 사실을 알면, 수양아버지가 받을 정신적 충격이 클 것을 생각하여 아이가 죽은 사실을 알리지 않고, 가만히 산에 묻으려고 한다.

　젊은이 내외가 보인 수양아버지에 대한 속 깊은 배려와 지극한 효심은 하늘(하느님)을 감동케 하였다. 그래서 하늘은 죽은 아이를

살려준다. 이것은 효성에 감동한 하늘이 죽은 아기를 살려주는 감천부활이다. 아기의 부활은 효행에 따라 일어난 이적(異蹟)이다.

별선의 부활 ── 「김학공전」

명문가의 외아들 김학공이 다섯 살 때 아버지가 세상을 떠났다. 그러자 그 집의 노속(奴屬, 종의 신분을 가진 사람)들이 자신들의 신분해방을 위하여 모반하였다. 간신히 목숨을 구한 학공은 어머니와 헤어져 유랑하다가 어느 부잣집에 몸을 의탁하여 성장하였다.

청년이 된 학공이 그 집에서 나와 어느 섬에 갔다가, 그곳 부자인 김 동지의 딸 '별선'과 혼인하고, 그곳에 눌러 살았다. 그런데 그 섬에는 학공의 집에서 모반하고 도망친 노속들이 와서 살고 있었다. 그들은 학공의 신분을 알고 죽이려 하였다. 학공을 죽이려는 계획을 안 별선은, 학공을 살릴 궁리를 하였다. 그날 밤에 별선은 머리에 상투를 틀고, 학공은 머리를 풀게 하였다. 그리고 학공과 옷을 바꿔 입은 뒤에 학공과 자리를 바꿔 누워 있다가 죽임을 당했다.

아내의 희생으로 겨우 목숨을 구해 탈출한 학공은 아버지의 옛 친구 황 정승을 만났다. 그는 황 정승의 도움으로 학업에 힘써 과거에 급제하고, 노속들이 살고 있는 섬을 관할하는 강주 지방의 자사가 되었다. 그는 그 섬으로 가서 반도(叛徒)들을 처형하여 원수를 갚고, 별선의 시체를 빠뜨린 바닷가에 가서 죽은 그녀의 넋을 위로하였다. 그리고 그녀의 영혼이라도 만나보겠다는 생각에서 정성을 다하여 제를 지내고, 수륙재(水陸齋, 물과 육지의 홀로 떠도는 귀신들과 아귀에게 공양하는 재)를 여러 날 계속하였다. 그러던 어느 날, 서쪽으로부터 검은 구름이 일어나나고, 운무 자욱하더니 비가 내렸다. 그때 한 노인이 내려와 말했다.

"지성이면 감천이라 했으니, 정성이 지극하면 별선을 보리라. 나는 물을 지키는 신령인데, 별선이 마음이 착하고, 행실이 기특하여 하늘의 뜻을 받들어 살려 주노라."

그로부터 2~3일 더 정성을 드리니, 홀연 물결이 맑아지며 안개 자욱하고 향내가 진동하였다. 잠시 후 별선의 시신이 살아있을 때의 모습으로 떠올랐다. 가슴을 만져 보니, 온기가 있으므로, 회생단을 먹이니 완연히 살아났다. 그 뒤에 학공은 어머니와 여동생을 만난 뒤에 별선과 함께 오래도록 부귀영화를 누리며 살았다.

<『활자본 고소설전집 2』「김학공전」, 동국대학교 한국학연구소, 1976.>

「김학공전」에서 별선의 부활은 살아 있을 때의 착한 마음씨와 남편을 살리기 위해 대신 죽은 기특한 행실, 그리고 학공의 지극한 정성에 감동한 하늘이 살려준 감천부활이다. 이 이야기에서는 하늘의 감동에 의해서라고 하면서도, 물을 지키는 수신이 하늘의 뜻을 받아 별선의 부활에 참여한다.

설화나 고소설에서 구체적인 설명 없이 '하늘'이라고만 표현되는 경우가 많다. 이때의 하늘은 '우주만물을 주관하는 천신'을 뜻하기도 하고, '자연으로서의 하늘'을 뜻하기도 한다. 그러나 둘 다 '신이한 능력을 가진 절대적 존재'로 신성시된다.

지금까지 죽었던 사람이 다시 살아나는 계기를 중심으로 하여 부활의 양식을 살펴보았다. 부활의 양식에는 영물매개부활, 환혼부활, 축귀부활, 감천부활이 있다. 그런데 어떤 이야기는 이들 중 어느 한 가지 양식만 나타나지 않고, 두 가지의 혼합형이 나타나기도 한다.

「남이 장군의 결혼」에서는 남이가 여귀를 쫓은 뒤에 '요망한 것을 쫓는 약'을 써서 치료한다. 이것은 축귀부활과 영물매개부활의 혼합형이다. 「별선의 부활」에서는 하늘이 감동하여 별선을 살려주었는데, 다시 '회생단'을 먹여 소생시키는 대목이 첨가되었다. 이것은 감천부활과 영물매개부활의 혼합형이다.

성경과 한국의 부활 이야기 비교

성경에 나오는 부활이야기와 한국의 부활 이야기는 죽었던 사람이 다시 살아나는 이야기라는 점에서 일치한다. 성경에 나오는 부활 이야기 중 엘리야, 엘리사, 베드로가 죽은 사람을 살린 것은 그들의 간절한 기도를 들은 하나님의 응답에 의한 것이므로, 감천부활의 양식에 해당한다. 엘리야와 엘리사는 하나님께 간절히 기도하고, 죽은 사람의 몸에 자기의 몸을 포개어 몸에 자극을 준다. 이것은 영물매개부활의 성격을 띤 것으로 볼 수 있다. 그러므로 이 두 이야기는 감천부활에 영물매개부활의 양식이 첨가된 것으로 볼 수 있다.

「남이 장군의 결혼」에서는 축귀부활과 영물매개부활이 함께 나타난다. 「별선의 부활」에서는 감천부활과 영물매개부활이 혼합되어 나타난다. 부활의 양식이 함께 나타나는 것은 부활의 이적을 현실성이 있는 일로 나타내려고 하는 의도에서 나온 것이라 하겠다.

예수가 죽은 사람을 살린 이야기는 앞의 이야기와 조금 다르다. 예수는 죽은 사람을 살릴 수 있는 권능을 가진 분이어서 잠자는 사람을 깨우는 것처럼 '일어나라'고 하여 죽은 사람을 살려낸다. 그런데 야이로의 아들을 살리는 이야기에서는 '그 아이의 영이 돌아와서' 살아났다고 한다. 이것은 환혼부활의 성격을 띤다.

위에서 살펴본 엘리야·엘리사·베드로가 살린 사람, 예수께서 살린 과부의 아들과 회당장의 아들 야이로, 재생 설화 주인공의 부활은 또 하나의 공통점이 있다. 이들은 다시 살아났으나, 육신이 갖는 시간과 공간의 제약을 벗어나지 못하였다. 그러므로 이들은 결국은 죽고 말았을 것이다. 그래서 이들의 부활은 이 세상에서 사는 기간을 얼마 동안 연장한 것에 불과하다.

그러나 예수께서 부활하신 일은 앞의 인물들의 부활과 차원을 달리한다. 예수는 부활하면서 하나님의 크신 능력에 힘입어 시간과 공간의 제약을 벗어난 신성한 존재가 되었다. 시간의 제약을 벗어나면 '영원한 존재'가 되고, 공간의 제약을 벗어나면 '눈으로 볼 수 없는 존재'가 된다. 부활하신 예수님이 제자들에게 나타나 대화하며 못 자국이 난 손과 발을 보여 주시고, 그들 앞에서 구운 물고기를 잡수셨다. 이것은 제자들로 하여금 예수님의 부활을 믿게 하려고 돌아가시기 전의 육신의 모습을 보여주신 것이다.

부활하신 예수님은 시간과 공간의 제약에서 벗어나 하늘에 오르사 하나님 우편에 앉아 계신다. 그러므로 우리가 수시로 그 모습을 볼 수는 없지만, 영원히 우리와 함께 계시는 소중한 분이 되셨다. 예수의 부활은 기독교인들에게 죽음을 이기고 부활하신 예수님처럼 부활할 수 있다는 소망과 믿음을 갖게 해 준다.

찾아보기

최운식

약력

충남 홍성 출생, 홍성고등학교 졸업.

서울교육대학교, 국제대학(현 서경대학교) 국어국문학과 졸업.

성균관대학교 대학원 국어국문학과 석사과정 및 박사과정 수료, 문학박사.

한국교원대학교 교수, 국제대학(현 서경대학교) 교수, 중국 중앙민족대학교 객원교수, 터키 에르지예스대학교 객원교수 역임.

한국민속학회장, 청람어문교육학회장, 국제어문학회장 역임.

충청문학 수필문학본상, 도남국문학상, 대한민국 황조근정훈장 받음.

현재 한국교원대학교 명예교수, 서울 장위감리교회 원로장로.

E-mail: cws4909@hanmail.net

저서

『심청전 연구』(집문당, 1982), 『문학교육론』(공저, 집문당, 1986), 『한국의 민담 1』(시인사, 1987), 『한국의 신화』(공편저, 시인사, 1988), 『한국설화연구』(집문당, 1991), 『민속적인 삶의 의미』(한울, 1993), 『가을햇빛 비치는 창가에서』(계명문화사, 1993), 『한국 구비문학 개론』(공저, 민속원, 1995), 『한국의 점복』(공저, 민속원, 1995), 『백령도-명승지와 민속』(공저, 집문당, 1997), 『홍성의 무속과 점복』(공저, 홍성문화원, 1997), 『옛이야기에 나타난 한국인의 삶과 죽음』(한울, 1997), 『한국의 민담 2』(시인사, 1998), 『한국 민속학 개론』(공저, 민속원, 1998), 『전래동화교육의 이론과 실제』(공저, 집문당, 1998), 『한국의 효행 이야기』(집문당, 1999), 『한국의 말(馬)민속』(공저, 집문당, 1999), 『암행어사란 무엇인가』(공저, 박이정, 1999), 『홍성의 마을공동체 신앙』(공저, 홍성문화원, 1999), 『함께 떠나는 이야기 여행』(민속원, 2001), 『한국 구전설화집 4』(민속원, 2002), 『한국 구전설화집 5』(민속원, 2002), 『한국 구전설화집 6』(민속원, 2002), 『한국 구전설화집 7』(민속원, 2002), 『한국 구전설화집 10』(민속원, 2005), 『전설과 지역문화』(공저, 민속원, 2002), 『설화·고소설 교육론』(공저, 민속원, 2002), 『한국 서사의 전통과 설화문학』(민속원, 2002), 『한국 고소설 연구』(보고사, 2004), 『한국인의 삶과 문화』(보고사, 2006), 『다시 떠나는 이야기 여행』(종문화사, 2007), 『옛날 옛적에』(민속원, 2008), 『외국인을 위한 한국, 한국인 그리고 한국문화』(공저, 보고사, 2009), 『외국인을 위한 한국문학』(공저, 보고사, 2010), 『터키-1000일의 체험』(민속원, 2012), 『능소화처럼』(보고사, 2015), 『옛이야기 속 행복 찾기』(보고사, 2017), 『한국 구전설화집 23』(민속원, 2018).

성경 이야기와 한국 이야기

2020년 8월 28일 초판 1쇄 펴냄

지은이 최운식
발행인 김흥국
발행처 보고사

책임편집 황효은
표지디자인 오동준

등록 1990년 12월 13일 제6-0429호
주소 경기도 파주시 회동길 337-15 보고사 2층
전화 031-955-9797(대표), 02-922-5120~1(편집), 02-922-2246(영업)
팩스 02-922-6990
메일 kanapub3@naver.com / bogosabooks@naver.com
http://www.bogosabooks.co.kr

ISBN 979-11-6587-078-2   03230
ⓒ 최운식, 2020

정가 18,000원